Absturz im Tal der Schmetterlinge
Türkeireise - Krankenhaus inbegriffen

Martin Schrank

25. November 2007

©2007 Martin Schrank

Neue, leicht überarbeitete Auflage

(erstmals erschienen bei Frieling, Berlin 1996)

ISBN 9 783 837 013559

Umschlaggestaltung: Martin Schrank

Titelbild: Talschluss im Butterfly Valley im Süden der Türkei, Provinz Muğla

Sämtliche Rechte beim Autor

Herstellung und Verlag: Books on Demand GmbH, Norderstedt

Inhaltsverzeichnis

Wieder unterwegs

Das ist es. Ich bin wieder auf der Straße, unterwegs nach Süden, ganz allein, in geborgener Einsamkeit. Alles ist wieder wie früher: In einer Stunde wird es dunkel, und ich weiß nur, dass ich langsam ein Nachtquartier suchen muss. Wo genau das sein wird, steht in den Sternen, die noch nicht zu sehen sind. Und um mich zu erinnern, wo ich heute aufgebrochen bin, muss ich scharf nachdenken. Ich bin einfach unterwegs. Das ist es wieder. Dabei hatte es vor ein paar Jahren noch ganz anders ausgesehen. Was war das für eine dramatische Rettungsaktion! Das Gefühl, dabei im Mittelpunkt zu stehen, vermittelte allerdings eher Unbehagen, genauer ausgedrückt war es peinlich. Eine ganze Schar von Touristen wechselt sich ab, auf einer Leiter einen anderen Urlauber zu schleppen, der zu dämlich war, aufzupassen, wo er hintritt. Jetzt erinnert daran nicht mehr viel. Unterwegs ruft gelegentlich noch die Erinnerung einzelne Szenen ins Gedächtnis, und zu Hause gibt es noch den Cowboy und das Stehpult.

*

Stehpult und Cowboy

Das Stehpult wurde damals angefertigt, als das Korsett noch dran war und die Frage, ab wann man wieder gefahrlos sitzen könne, zwischen den Ärzten auf der einen Seite und den Krankengymnastinnen auf der anderen Seite umstritten war. Die Ärzte meinten, nach einem Monat könne nichts mehr passieren, wogegen die Krankengymnastinnen eine Zeit von mindestens drei Monaten ohne Sitzen für angebracht hielten. Das Sagen hatten die Ärzte. Die Krankengymnastinnen konnten aber den kritischen Zeitpunkt, an dem die ganze Belastung durch das Sitzen wieder auf die untere Wirbelsäule gehen würde, um ein paar Wochen hinauszögern.

Das Ganze ist nicht sehr beruhigend für einen Patienten, der die Ärzte vor allem von Blitzvisiten her kennt, sich dagegen aber täglich ein- bis zweimal von der Kompetenz der Krankengymnastinnen überzeugen kann. Wenn man fast täglich die Fortschritte erlebt, die man macht, wenn man das Gymnastikprogramm durchzieht, das genau auf den eigenen Fall und den momentanen Zustand abgestimmt ist, dann stärkt das verständlicherweise das Vertrauen auf das Wissen der Krankengymnastinnen. Die Ärzte lernt man ja vor allem indirekt über die Krankenschwestern und Pfleger kennen, die wie die Krankengymnastinnen den Anweisungen der Ärzte folgen müssen. In meinem Fall waren darunter Anordnungen, die sich auf die Kleiderordnung für Patienten bezogen, die noch dazu von Station zu Station unterschiedlich war. In einer Station waren Shorts im Bett Pflicht, und in einer anderen waren dieselben für bettlägerige Patienten verboten, da sie erstens Druckstellen am Rücken verursachen könnten und zweitens das Personal bei der Reinigung und Pflege behindern. Das war zwar nichts gegen die Verständigungsschwierigkeiten mit den Ärzten in dem türkischen Krankenhaus, aber es machte deutlich, dass es auch in Deutschland nicht ratsam ist, sich durch weiße Kittel zu blindem Vertrauen verleiten zu lassen.

Jedenfalls drängte sich damals der Schluss auf, dass es bis auf weiteres besser wäre, möglichst wenig zu sitzen. Ein Student muss aber viel lesen und auch schreiben. Lesen kann man auch im Liegen, aber zum Schreiben braucht man einen Tisch... oder ein Stehpult. So steht jetzt zu Hause ein einfaches, aber wunderschön gearbeitetes Stehpult. Und auf dem oberen Rand steht immer noch der gläserne Cowboy mit dem goldenen Hut und dem goldenen Colt.

Seine Figur ist die eines Schneemanns. Der Körper ist eine gut einen Zentimeter dicke blaue Kugel, die wie ein Diamant geschliffen ist. Der Kopf hat die gleiche Form und ist etwa halb so groß und aus weißem Glas. Seine Augen glitzern golden und haben den gleichen Schliff wie der Kopf und der Körper. Die Nase ist ein rotes Glaskügelchen. Kopf und Körper werden durch ein goldenes Halstuch getrennt und wohl auch verbunden. So blickt der kleine Cowboy seit Jahren stumm, aber mit funkelnden Augen von dem Pult herab. Der kleine Beschützer ist das Geschenk eines kleinen Jungen, der in der Türkei immer wieder in das Krankenzimmer zu Besuch gekommen ist.

Der Junge war zu Besuch im Krankenhaus gewesen, zusammen mit seiner Mutter, die jemand anderen besuchte. Schwester Gihan wusste, dass die beiden lange in Deutschland gewesen waren, und hatte den beiden erzählt, dass da zur Zeit noch ein kranker Deutscher im Krankenhaus ist. Der kleine Junge ging der Sache nach. Er begann, sich mit dem Fremden zu unterhalten, und erzählte und erzählte. Der Junge sprach fließend und akzentfrei deutsch. Er hatte wohl mehr Jahre in Deutschland verbracht als in der Türkei. Hier hatte er sich offensichtlich noch nicht so ganz eingelebt. Er machte Krafttraining, damit er sich gegen seine Klassenkameraden durchsetzen kann. Kraft, ja das war damals nach dem Unfall nötig gewesen, Kraft und Sturheit.

*

Dabei hatte die Misere ganz harmlos angefangen. Ein paar Tage mit Meer, Bergen und Ruhe sollten ein wenig Abstand zu den Eindrücken der vergangenen zwei Wochen bringen. Wo genau der Anfang war, ist allerdings schwer zu sagen.

Ursprünglich sollte das Ganze ja eine zweimonatige Urlaubsreise durch die Türkei werden. In dem Tal am Ende der Welt wollten wir nur eine kurze Erholungspause einlegen. Wir, das waren ein marokkanischer Englischstudent, der hier Said heißen soll, und der Ich-Erzähler, dem die Angelegenheit so peinlich ist, dass er sich am liebsten gar nicht vorstellen möchte. Im Laufe der Geschichte werden Sie ihn allerdings trotzdem näher kennen lernen. Der Autor übrigens auch. Denn die Figuren und Ereignisse, die darin vorkommen, sind natürlich nicht wirklich. Die Wirklichkeit hat zwar Anregungen gegeben, die ganze Geschichte ist allerdings erfunden oder zumindest gebogen. Und geendet hat sie in einem Krankenwagen.

*

Sankafahrt

Hier, allein im Hinterraum des Krankenwagens, liegt die Unterhaltung, ja die Spannung darin, sich einen Halt zu verschaffen, der verhindert, dass man umherrollt. Denn Gurte hat die Matratze natürlich nicht. Sie ist zwar so weich, dass man nicht verrutscht, aber man kann nie wissen, wie stark die nächste Kurve sein wird. Möglicherweise könnte die Zentrifugalkraft doch den Körper ins Rollen bringen. Und dabei könnte ein Reflex oder ein Hinunterfallen von der Matratze zur Folge haben, dass sich der gebrochene Rücken verdreht.

Eine Möglichkeit, das zu verhindern, ist, sich an der Gasflasche festzuhalten, die in der rechten Ecke über dem Kopfende angebracht ist. Das ist mit den durch unzählige Schwimmkilometer gestärkten Händen durchaus machbar. Man muss nur durch eine passende Verlagerung der Muskelanspannung in den Fingern und Armen und im Oberkörper auf die jeweiligen Kurven reagieren. Bei einer Linkskurve stützt man sich mit der Handfläche ab und spannt die Muskeln in den Armen und Schultern so, als wolle man den Arm senken. Eine Rechtskurve macht schon mehr Probleme. Die Finger sind zu kurz, beziehungsweise die Flasche ist zu dick, um sich an ihr einzuhalten. So muss man wie beim Klettern sein Glück in der Reibung suchen. Dazu schmiegt man die ganze Hand an die Flasche, als wolle man sie doch umfassen, und drückt die Finger samt Daumen so gegen das kühle Eisen, als wolle man es wie einen Schwamm zusammendrücken. Dabei darf man nur nicht so fest drücken, dass die Finger wegrutschen. Gleichzeitig spannt man die Arm- und Schultermuskeln so an, als ob man die Flasche über den Kopf auf die linke Seite schieben wolle.

Das funktioniert ganz gut, solange die Hände trocken sind. Allerdings strengt das auf der nicht gerade kurvenfreien Strecke mit der Zeit an, was allein schon ausreichen könnte, die Hände zum Schwitzen zu bringen. Außerdem wird es im Laufe des Tages immer wärmer, was auch schweißtreibend ist. Und schließlich beunruhigt noch der Gedanke, dass man ja nicht rollen darf, gleichzeitig aber locker bleiben muss, um sich nicht zu verreißen und die Wirbel gegeneinander zu verschieben. Da

führt die Ungewissheit, ob der Fahrer nicht zu einem schnellen Manöver gezwungen wird oder eine besonders tückische Kurvenkombination kommt, zu Angstschweiß. Alles zusammen sorgt natürlich mit der Zeit für Schweißhände. Und nasse Hände auf Stahl rutschen fast wie nasse Schuhe auf nassem Fels. Aber zum Glück besteht nicht die ganze Strecke aus Kurven, so dass man zwischendurch die Hände abwischen kann.

Außerdem gibt es zur Abwechslung noch eine zweite Möglichkeit, sich eine Art Halt zu verschaffen. Die Wand zwischen Fahrerkabine und Ladefläche besteht aus einer Art Wellblech, wobei die Wellen praktisch rechtwinklig sind. Man kann sich also dort ebenfalls mit Hilfe von Reibung über dem Kopf festhalten, und das sogar besser als an der Flasche. Das verschafft Abwechslung in der Belastung, und man kann sich noch mit der jeweils anderen Hand festhalten, wenn man gerade eine trockenreibt. Unterstützen kann man den Halt noch mit den Beinen. Wenn man diese anwinkelt und nach außen klappt, wirkt das wie ein Ausleger und bewahrt allein schon ganz gut vor dem Kentern. Diese letzte Methode gilt allerdings bei einem Bruch im Lendenwirbelbereich als riskant. In Deutschland wird sogar für Wochen verboten, die Beine überhaupt anzuwinkeln. Auf der Sankafahrt macht es jedenfalls keine Probleme und ist sogar die kraftsparendste Methode. Wenn man nicht weiß, dass sie eigentlich nicht ratsam ist, ist sie sogar fast komfortabel. Vermutlich ist es nur die Angst, doch umhergeworfen zu werden, die einen dazu bringt, sich zusätzlich an der Flasche oder der Trennwand einzukrallen.

Ansonsten sind die vier Stunden Fahrt halb so schlimm. Besonders auffällig ist, dass sogar die Rückenschmerzen zwischendurch verschwinden, und zwar immer dann, wenn die Straße gerade nicht besonders gut ist. Das Geruckle lockert offensichtlich Verspannungen. Und da der Fahrer recht rücksichtsvoll fährt und die Matratze und das Stoffkorsett einen gewissen Halt für den Rücken bieten, muss man keine Angst haben, durch eventuelle starke Schläge plötzlich zu verrutschen. Endlich stellt sich wieder ein sicheres Gefühl ein. Die Rückenschmerzen legen sich immer wieder für mehrere Minuten, und vier Stunden lang will keiner, dass man sich hinsetzt oder aufsteht. Und der Fahrer hat wirklich einen recht ruhigen Fahrstil. Das kann daran liegen, dass er vom Krankenhaus gewarnt wurde, dass sein Passagier recht empfindlich ist. Auch sonst zeigt er sich freundlich. Als es gegen Mittag immer wärmer wird, hält er an und fragt, wie es geht. Da ist es gut, dass man ein paar Worte türkisch kann. Teşekürler, tamam. Danke, in Ordnung. Dann spendiert er noch eine Eineinhalbliterflasche Cola und fährt danach ein paarmal besonders langsam, so dass man im Liegen trinken kann. Natürlich wirkt das zuckerhaltige Getränk stärkend, und die freundliche Geste hebt die Stimmung noch mehr. Endlich eine Kampfpause. Und auch die Aussicht, bald in den Händen von Leuten zu sein, die sich mit Rückenverletzungen auskennen, verbessert die Laune merklich.

Währenddessen schnurrt und rumpelt der Sanka weiter über die Straße, entlang der sonnigen Südküste der Türkei, von der jetzt nichts zu sehen ist als ein paar Strom- und Telefonmasten und der blaue Himmel. Die Dörfer, Städte, Menschen und Landschaften müssen auf ein späteres Treffen warten, viel später, wenn einmal alles überstanden ist. Aber bis dahin ist noch ein langer Weg zurückzulegen. Erst müssen die Brüche gut verheilen und dann der ganze Kerl hochtrainiert werden, bis er wieder reisefähig ist. Das kann dauern. Und ob dann Zeit ist, wieder in die Türkei zu fahren, ist noch eine andere Frage. Die Gegenwart liegt am Boden eines Krankenwagens, halbwegs friedlich, mit einem sonnigen Ausblick, einigermaßen sicher eingebettet in eine Matratze, mit einer Flasche Cola in Reichweite, ohne direkte Bedrohungen. So kann man es noch eine Weile aushalten. Aber bald, sehr bald wird der Augenblick kommen, in dem die Matratze verlassen werden muss. Wieder kommt die Horrorvision, die inzwischen schon so vertraut ist, dass sie kaum noch Angst macht:

Mehr oder weniger ungeübte Hände versuchen, einen hochzuheben. Meistens machen das ja im Endeffekt nur zwei Leute, wie sich inzwischen herausgestellt hat. Eine Zusammenarbeit von mehreren Helfern scheitert jedesmal an organisatorischen Schwierigkeiten. Die beiden haben natürlich ihre Mühe, die fast eineinhalb Zentner vorsichtig zu bewegen und dann nicht plötzlich fallenzulassen. Außerdem nimmt man die Last selbstverständlich wie ein Brett an den Enden. Da die Last allerdings kein Brett ist und außerdem in der Mitte gebrochen, müssen alle verfügbaren und dazu geeigneten Muskeln den Körper gerade halten. Das haben sie bisher auch fast mühelos gekonnt.

Diese Muskeln hatten jetzt aber schon tagelang kein Training mehr. Wenn sie ein einziges Mal nicht halten, wenn ein Träger nicht kräftig genug zugepackt hat, wenn einer zu früh loslässt, wenn die beiden schlecht zusammenarbeiten, dann war der ganze Kampf umsonst. Irgendeine Unachtsamkeit eines Helfers oder des Patienten, ein Niesen, irgendein Reflex, ein Ausrutscher, ein Missverständnis, irgend etwas, das die kaputten Wirbel so weit aus ihrer Lage bringt, dass das Rückenmark beschädigt wird, dass das Kabel unwiderruflich reißt, dann... - ja, was wäre dann?

Wahrscheinlich ein letzter Schrei, eine Ohnmacht, nach fast einer Woche Kampf wieder Ruhe, und die Verantwortung läge bis auf weiteres bei den Ärzten. Es wäre einfach Schicksal. „Der Arme" würde es heißen, nicht „der Versager", ein Versager, der nicht konsequent genug gekämpft hat. Später würde man sagen können, dass es „jetzt zu spät" ist, und man nichts mehr ändern kann. Keiner würde

Vorwürfe machen. Später kann man ja wieder kämpfen, das beste aus seiner Behinderung machen, die Bewunderung der Umwelt hervorrufen. Das wäre auch eine Herausforderung, eine richtige Lebensaufgabe. Aber die gilt jetzt nicht. Das Rückenmark ist noch ganz, der Körper ist stark, und hochqualifizierte Hilfe ist in fast unmittelbarer Reichweite. Das sind Glücksfälle, die in dieser Kombination schier unglaublich sind. Diesen Sturz trotz Wirbelbrüchen ohne Lähmung zu überstehen, ist schon ein Riesenglück. Dass man diesen Transport mit allen seinen Zwischenfällen ohne Schäden durchstehen kann, ist kaum zu glauben, vor allem, wenn man auf seinen Instinkt und auf die Hilfe anderer angewiesen ist. Keiner außer dem Instinkt hat gewusst, was für eine Verletzung das ist und welche Folgen eine sitzende Stellung gehabt hätte. Und trotzdem ist nichts passiert. Und auch im Krankenhaus waren letztlich alle so rücksichtsvoll gewesen, dass trotz des mangelnden Informationsflusses und aller freundlichen aber äusserst gefährlichen Hilfsangebote die Weigerung des Patienten zu sitzen respektiert wurde. Und schließlich und endlich wird mehr und mehr das Privileg bewusst, ein Mitteleuropäer zu sein, dem eine optimale ärztliche Versorgung zusteht und der einer solchen bei einer passenden Versicherung auch zugeführt wird, wenn er im Ausland einen Unfall hat. Allein die Geburt als Deutscher verleiht in diesem Fall letztendlich das Recht, in ein Krankenhaus eingeliefert zu werden, in dem auf dem modernsten Stand der Wissenschaft und Technik gearbeitet wird. Ein Türke würde selbstverständlich in dem Krankenhaus, laut Schwester Gihan einem der besten in der Türkei, bleiben müssen und zum Beispiel möglicherweise dazu verdammt sein, wochenlang auf Gips zu warten, wie der Mann mit dem gebrochenen Bein. So ungerecht und grausam das für die weniger Privilegierten ist, mit so viel Glück und solchen Privilegien ist man verpflichtet, zu kämpfen. Aufgeben wäre feige, nein unver-

antwortbar. Wenn man in einem Wettkampf aufgibt, gewinnt eben ein anderer. Wenn man aber hier aufgibt, verlieren alle. Niemand hat etwas davon, wenn ein Deutscher keine Lust mehr hat oder sich einredet, keine Kraft mehr zu haben, sich zusammenzureißen. Alle anderen, die geholfen haben, dass bisher alles gut gegangen ist, hätten sich umsonst eingesetzt. Eigentlich werden sie betrogen, wenn man erst jammert und schreit, Hilfe in Anspruch nimmt und dann einfach aufgibt. Das ist kein Spiel mehr wie viele andere Sachen, die viel zu ernst genommen werden. Das ist eine Chance, die man sofort nutzen muss, die nie wiederkommen wird. Etappe für Etappe wird das Ziel näherkommen, das Ziel, wieder laufen zu dürfen und zu können. Und diese Chance wurde dem Richtigen gegeben. Wer sonst hätte den Instinkt und die körperliche Verfassung dazu und hat außerdem die richtige Staatsbürgerschaft? Das ist überheblich, aber wie hätte man die ganzen Situationen der letzten Tage mit einer anderen Einstellung bewältigen können? Sag einmal „Ich schaff das nicht", und du hast garantiert recht.

Die restlichen Schritte werden sicher machbar sein. Schlimmer als das, was in den letzten Tagen passiert ist, kann es ja nicht mehr werden. Natürlich wird man, wenn doch noch etwas schiefgeht, später sagen können, es war zu hart, er hatte keine Chance. Aber so lange die Chance da ist, darf man nicht auf einen gnädigen Nachruf vertrauen. Am Flughafen in Antalya wird ja wohl ein Arzt dabei sein, der weiß, worum es geht. Dann wird auch der Transport von der Matratze auf die nächste Trage, die vermutlich auch für Rückenverletzte geeignet sein wird, nicht mehr so schlimm sein. Außerdem ist das ja schon fast Routine: Steif machen, also Bauch und Rükkenmuskeln anspannen, jemanden bitten, unter den Rücken zu fassen, und was das Wichtigste ist, rechtzeitig schreien, lieber zu früh und unnötig, als zu spät. Rücksicht auf die armen Träger kann in diesem Fall schlimme Folgen haben. Natürlich haben sie nicht die Absicht, jemanden abzuknicken, aber man merkt so etwas nicht gleich. Und die Unannehmlichkeiten, die ein gelegentlich schreiender Patient macht, sind sicher ungleich geringer gegenüber dem Schock, dem die Träger ausgesetzt wären, wenn der Patient in ihren Händen eine Rückenmarksverletzung erleiden würde. Und um das zu vermeiden, ist schnelle Kommunikation überlebenswichtig.

Aber noch ist Zeit. Antalya ist noch nicht erreicht. Die Masten fliegen immer noch friedlich über den blauen Himmel. Nicht einmal Minarette sind durch die hochgelegenen Fenster des Krankenwagens zu sehen. Normalerweise wäre die jetzige Lage ideal zum Einschlafen. Aber daran ist nicht zu denken. Allein die Erwartung, bald am Flughafen zu sein, hält wach. Das wäre das Schlimmste, einzuschlafen und dann aus dem Wagen gehoben zu werden wie ein nasser Sack. Bei dem Schlafmangel in der vergangenen Woche und der ungewohnten Schmerzfreiheit könnten tatsächlich Morpheus Arme so fest zupacken, dass die Helfer am Flughafen es für anständig halten könnten, den armen Verletzten schlafen zu lassen. Und wer weiß, ob sie wissen, um was für eine Verletzung es überhaupt geht. Schließlich haben sich die Diagnosen und Anweisungen nicht einmal innerhalb des Krankenhauses richtig herumgesprochen. Wie muss das erst außerhalb des Hauses sein?

Es ist sowieso notwendig, wach zu bleiben. Körper und Geist wären zwar inzwischen sicher so weit über den Ernst der Lage unterrichtet, dass gefährliche Bewegungen im Schlaf unwahrscheinlich wären. Aber immer noch kann die nächste Kurve alle Aufmerksamkeit fordern. Die paar Stunden sind jetzt bestimmt noch durchzuhalten, die letzten Stunden in dieser fremden Welt, bevor die Sicherheit des Reichs der Technik einen in ihre Obhut nimmt. Nach einiger Zeit, in der wieder Fetzen der seltsamen Ereignisse der letzten zwei Wochen durch den Kopf ziehen, hält der Fahrer noch einmal an und fragt, ob alles in Ordnung sei. Danke, alles in Ordnung. Bald sind wir in Antalya. Sehr gut, danke. Jetzt kommt also bald die nächste Runde. Die jetzige ist fast durchgestanden. Natürlich wird die Fahrt in der Nähe der Stadt unruhiger. Kurze Halts und Kurven werden häufiger. Dafür ist die Geschwindigkeit geringer. Aber man kann ja nie wissen. Anstatt kurz vor dem Etappenziel leichtsinnig zu werden, wird der Halt an der Flasche und an der Wand noch einmal verbessert. Nach und nach sieht man immer mehr Fassaden von höheren Gebäuden mit Flachdächern. Das werden jetzt die ersten größeren Vororte von Antalya sein. Jetzt wird es wirklich nicht mehr lange dauern. Auf die Kurven konzentrieren und so weit wie möglich entspannen. Die Bauch- und Rückenmuskeln schon auf die nächste Hebeaktion vorbereiten. Die paar Minuten sind schon durchzuhalten. Der Krankenwagen hält wieder an. Der Flughafen. Ausweiskontrolle. Gut, dass die Papiere noch um den Hals hängen. Weiter geht's. Gleich kommt die Umladung. Die Matratze wird in einen anderen Krankenwagen gelegt. Das Herz schlägt bis zum Hals. Keinen verhängnisvollen Flüchtigkeitsfehler kurz vor der Rettung. Den Rücken gut anspannen. Langsam, langsam, keine Hektik, bloß die Ecken nicht aus den Händen gleiten lassen, Leute. Gut gegangen. Was sollte das? War das wirklich nötig? Wahrscheinlich hat der Fahrer den Auftrag, sofort umzukehren, weil der Wagen gebraucht wird. Und weiter geht die Fahrt. Ist das doch noch nicht der Flughafen gewesen?

Wenige Minuten später geht wieder die Tür auf. Guten Tag. Ein grauaariger Mann mittleren Alters grüßt herein. Wie geht's? Gut, danke. Er stellt sich als der Arzt vor, der vom Roten Kreuz geschickt worden ist, und stellt detaillierte Fragen nach dem genauen Befinden. Das vermittelt das Gefühl, jemandem ge-

genüberzuliegen, der sich auskennt. Eine der wichtigsten Fragen ist die nach erledigten und unerledigten menschlichen Geschäften. Kranke fragt man einfach vor allen Leuten nach solchen Dingen. Aber die anderen verstehen vermutlich sowieso kein Deutsch. Mit dem großen Geschäft vom Freitag ist er noch zufrieden. Und als er erfährt, dass das kleine ohne fremde Hilfe zu schaffen ist, reicht er eine Flasche mit einer großen schrägstehenden Öffnung in den Wagen. Dezenterweise bleibt während der Arbeit die Krankenwagentür geschlossen. Die Erleichterung erlaubt gleich, noch einen großen Schluck Cola zu nehmen. Schließlich wird für die nächste Hebeaktion eine Stärkung nötig sein. Sobald sich der Arzt vergewissert hat, dass die Flüssigkeit umgefüllt worden ist, lässt er den Inhalt der Flasche beseitigen und es wird wieder einmal ernst.

Die Matratze wird wieder wie vorhin aus dem Wagen gehoben. Wieder anspannen, langsam, langsam, alles gut gegangen.

Sehr fachgerecht sind Sie ja nicht gelagert. Sie werden jetzt auf ein sogenanntes Erdnussbett oder Vakuumbett gelegt. Da liegen Sie etwas sicherer. Er deutet auf ein vorwiegend orangefarbenes Etwas, das etwa zwei Meter entfernt liegt. Der Arzt dirigiert eine Anzahl von Männern in Zivil um die Matratze herum. Vier Männer, ja es sind vier, ganze vier Männer gehen vorsichtig an die Matratze heran. Langsam und vorsichtig schieben sie ihre Unterarme unter den Körper. Eine leichte Brücke machen und den Rücken wieder fest anspannen. Javash, javash, langsam, langsam. O.K? Sobald alle bereit sind, bekommen sie das Kommando, anzuheben. O.K. Javash, javash. Im Prinzip ist die Methode nicht schlecht, wenn alle gleichzeitig und mit der gleichen Geschwindigkeit anheben. Ob man sich aber darauf verlassen kann? Wenn die Zusammenarbeit nicht ganz klappt?... Der Rücken wird leicht gebogen. Aaaah. Bevor jetzt noch etwas passiert, wird lieber vorzeitig ein Warnschrei losgelassen. Javash, javash, vorsichtig! Ganz wohl wird dem Arzt bei der Aktion auch nicht sein, aber vermutlich kann man die Umlagerung nicht besser machen. Langsam wird der Körper auf dem Erdnussbett abgelegt, besser in dem Erdnussbett: Das Ding erinnert eher an ein Schlauchboot. Hoffentlich bekommen die die Arme gut unter dem Rücken heraus. Anspannen, hoffentlich ein letztes Mal den Rücken gut durchspannen - geschafft! Jetzt dürfen Sie sich ganz entspannt hinlegen. Jetzt wird die Luft aus dem Bett abgelassen, damit es sich völlig an Ihren Körper anpasst, dann liegen Sie ganz sicher.

Sicher - was für ein Wort! Entspannen, ohne Angst - ist es jetzt überstanden, ist es jetzt geschafft?

Ins Reich der Technik

Der Arzt bedient ein paar Knöpfe an dem Gestell der Trage, wodurch ein Brummen ausgelöst wird, das an einen Kompressor erinnert. Wie das wohl funktioniert? Wenn Luft rausgenommen wird, kann sich das Ding doch nicht an den Körper schmiegen, eher müsste das Gegenteil eintreten. Aber was wäre das Gegenteil? Und doch wird die Unterlage härter, bis sich um die untere Körperhälfte eine harte Schale gebildet hat. Wie auch immer, es hat also funktioniert. Und es ist einleuchtend, dass der Rücken jetzt sicher ist, da er um keinen Zentimeter mehr verrutschen kann. Und obwohl das Schlauchboot jetzt innen steinhart ist, dürfte es auch auf Dauer relativ bequem sein, da der ganze Körper gleichmäßig aufliegt. Was sollte da drücken?

Bis alle Vorbereitungen für den Transport in das Flugzeug getroffen sind, hat der Arzt Zeit, sich über die seltsame Transportmethode seiner türkischen Kollegen zu wundern. Das mit der Matratze kommt ihm recht exotisch vor. Na ja, wenigstens in einem modernen Krankenwagen haben sie Sie hergefahren. Wir wissen nämlich, dass in der Türkei die abenteuerlichsten Rettungsfahrzeuge unterwegs sind. Daher haben wir am Telefon auch darauf bestanden, dass Sie in einem guten Auto angeliefert werden. Das war also der Grund für die Umladeaktion am Flughafen. Das Übergabefahrzeug war ein neuer Sanka, wie abgemacht. Diese Schlawiner.

Im Flugzeug wird die Liege über neun Sitzplätze gelegt und mit einem Vorhang abgeschirmt. Der Arzt und eine Stewardeß schauen gelegentlich vorbei und bieten etwas zu trinken an. Die Stewardeß leistet dem armen Verletzten außerdem ganz charmant Gesellschaft. So lässt sich der erste Flug überhaupt seit der Lieferung mit dem Klapperstorch doch ganz gut aushalten. Und auch bei der Landung gibt sich der Pilot auf die Bitte des Arztes hin ganz besonders große Mühe, was von den anderen Passagieren mit Applaus honoriert wird. In Anbetracht der Wirbelbrüche ist es wohl ratsam, selbst solche Erschütterungen zu vermeiden.

In Frankfurt wird die Liege dann auf einen Wagen gelegt, und es kommt noch mehr moderne Technik zum Einsatz. Um jede unnötige Bewegung zu vermeiden, wird extra die Nase des Riesenvogels abgesenkt und der Rollwagen mit einer Art Lastenaufzug in die Ebene der Maschine gehoben, in der die Liege während des Fluges bleiben soll. Dasselbe Manöver wird in umgekehrter Reihenfolge kurze Zeit später beim Ausladen in München durchgeführt. Das Umladen in einen hochmodernen Sanka, der schließlich in das Krankenhaus fährt, geschieht dann zwar wieder mit Muskelkraft, aber sehr gekonnt und mitsamt dem Erdnussbett.

So komfortabel war die Hinreise in die Türkei nicht gewesen.

*

In eine andere Welt in dreiundvierzig Stunden

Dreiundvierzig Stunden lang war der Istanbul-Expreß mehr oder weniger unterwegs. So lange war der Aufenthaltsort Wagen 186, Platz 56, ein Fensterplatz gegen die Fahrtrichtung, zumindest am Anfang. Das Abteil war reserviert für zwei Personen, eine von München nach Istanbul und eine von Salzburg nach Niš. Penzberg - Istanbul steht auf dem Billett - einfache Fahrt. Die Platzkarte dürfte noch in der Türkei liegen, im Tal der Schmetterlinge. Da liegt sie gut.

Am Anfang war das Abteil noch fast leer. Nur ein Österreicher war noch dabei. Der musste nach Mallnitz, das liegt hinter Bad Gastein, mitten in den Tauern. Bis dahin braucht der Zug etwa fünf Stunden. Diese Strecke legt der Abteilgenosse öfters im Monat zurück, um seine Familie zu besuchen. In München arbeitet er irgendwo am Bau. Und meistens fährt er die Strecke zusammen mit Arbeitskollegen mit dem Auto. Das geht etwa zwei Stunden schneller. Was dieses München für einen Einzugsbereich hat, und das schon für einen Job am Bau.

Bau und Bier gehören wohl immer zusammen. Der unvermeidliche dumpfe, stickige Biergeruch, der sich nach dem Genuß von ein paar Dosen des zugegebenermaßen wohlschmeckenden und erfrischenden Getränks einstellt, füllt natürlich schon nach kurzer Zeit das ganze kleine Abteil aus. Der Duft kann auch nicht entweichen. Denn gleich außerhalb des Stadtgebiets von München hat ein Regenschauer nahegelegt, das Fenster zu schließen, wenn die besten Plätze nicht unter Wasser gesetzt werden sollen.

Folglich ist bis Salzburg nicht mehr zu verbergen, dass mindestens einer im Abteil kein Gerstensaft-Abstinenzler ist, um nicht von einem penetranten Geruch zu reden. Der ist aber gleich so gut wie verflogen, sobald im überdachten Bahnhof die Fenster trockenen Hauptes wieder geöffnet werden können. Hier scheint sich der Zug langsam zu füllen, augenscheinlich vorwiegend mit mehrköpfigen Familien aus dem Balkan, die sich anfangs noch unübersichtlich auf dem Bahnsteig um ihre Gepäckberge drängen, um sich zuerst noch zu verabschieden und dann einen oder mehrere mit dem Auftrag in den über hundert Meter langen Zug zu schicken, ein Abteil ausfindig zu machen, in dem noch ausreichend Sitzplätze für sie und die mitfahrenden Angehörigen frei sind. Nach erfolgreicher Suche können sie verschiedene Strategien anwenden, um die anderen samt Gepäck in diesem Abteil unterzubringen. Wenn sie geschickt sind, zeigen sie sich am Fenster und verkünden die frohe Botschaft, dass ein Platz frei sei. Ganz Raffinierte lassen sich gleich durch das Fenster das ganze Gepäck reichen und stapeln schon das Abteil damit voll. Die anderen können sich dann Zeit lassen, sich bis zu dem Abteil durchzuwinden.

Oder die ganze Gruppe zwängt sich gemeinsam auf der Suche nach Plätzen nebst und unter Gepäck und Nachwuchs durch den engen und übervölkerten Gang und versucht, durch lautes Zurufen Kontakt zu halten, wenn die Gruppe auseinandergerissen worden ist.

Problematischer wird es, wenn die, die einen Platz für sich und die Ihren gefunden haben, sich wieder hinausquetschen, um die anderen zu holen, durch ein auf den ersten Blick undurchdringbares Gedränge von Mamas, Rucksacktouristen und Familienvätern, die ebenfalls nach freien Plätzen für sich und ihre Familien oder Gruppen suchen oder die dabei sind, ihre Familien nachzuholen, oder die ihr Gepäck in das reservierte Abteil schleppen. Dann kann es ihnen ergehen wie dem mittelgroßen mäßig untersetzten Südländer, der zurückgegangen ist, um seine Familie samt Gepäck zu holen, nachdem er gesehen hat, dass im Abteil genügend Platz für ihn frei war. Leider war er nur so kurz

da, dass man sich sein Gesicht nicht merken konnte, und außerdem hatte er nichts von einer Familie gesagt, zumindest nicht auf deutsch, so dass es ausreichend erschien, nur einen Platz freizuhalten. Und genau dieser eine Platz ist noch frei, als er mit Frau und Gepäck zurückkommt. Er trägt es mit Fassung und quetscht sich mit seiner Angetrauten nach einem verhalten enttäuscht-großzügigen O.K. mit dezent abschätzigem Blick weiter durch den Gang des eisernen Tatzelwurms, während zwei Frauen und ein Mann, alle wohl knapp dreißig, die südländisch, aber noch mehr slawisch aussehen, ihr Gepäck auf drei Sitzen verteilen, dann wieder verschwinden und gleich nachher wieder auf dem Bahnsteig bei zwei größeren Gruppen zu sehen sind. Sie nutzen wohl die Zeit, die der Zug noch braucht, um alle Fahrgäste nebst Gepäck zu schlucken, um letzte Ratschläge zu erteilen und Grüße auszurichten.

Wer ist jetzt die Person, die bis Niš reserviert hat? Die drei, die neu im Abteil sind, sehen aus, als würden sie zusammengehören. Vielleicht kommt der oder die noch. Oder hat die kleine Dunkelhaarige mit der gelben Jacke, dem blauen T-Shirt und dem hellen Teint nicht irgend etwas von ihrem Platz gesagt, während sie zielstrebig den anderen Fensterplatz für sich reservierte? Mal sehen.

Als die drei nach einer Viertelstunde zurückkommen, lässt sich zumindest schon erahnen, wer näher zusammengehört. Die Frau mit der gelben Jacke besetzt gleich wieder ihren Fensterplatz, wogegen die anderen beiden sich ihr schräg gegenüber setzen. Die zwei sind auch nicht ganz so schlicht gekleidet und sehen vom Gesicht und der Gestalt her etwas anders aus. Irgend etwas an ihrem Umgang miteinander lässt vermuten, dass die beiden enger zusammenzugehören, zum Beispiel verlobt oder sogar verheiratet sind.

Das schon seit München spärliche Gespräch mit dem Österreicher verstummt jetzt ganz. Dafür unterhalten sich die anderen drei wie alte Bekannte. Vielleicht gehören die doch zusammen, und der Mitfahrer nach Niš hat sich nicht hier eingefunden. Eigentlich ist das ja egal, aber die Aussicht auf Wochen, Monate voller Abenteuer zehrt schon in den ersten Stunden der Reise am Phlegma. Das Neue weckt Neugier und alte Erinnerungen. Die drei sprechen und sehen so aus, als ob sie Italiener oder Jugoslawen wären. Durch welche Länder fährt der Zug überhaupt? Wie kann man nur Schwierigkeiten haben, Sprachen zu unterscheiden, von denen man schon einmal etliche Bruchstücke beherrscht hat? Aber vielleicht ist das ja auch irgendeine andere der vielen Sprachen, die man in dem Vielvölkerstaat Jugoslawien findet. Niš liegt ja zum Beispiel recht weit im Süden, oder? Redet man da überhaupt serbokroatisch? Aber sind die drei überhaupt aus Niš? Das wird sich in den nächsten Stunden sicher herausstellen. Bis Niš ist der Zug ja noch mindestens einen Tag lang unterwegs. Er ist ja noch nicht einmal in Mallnitz.

Ah, jetzt hält er. Dass er an so einem kleinen Ort hält. In Deutschland hat er nach München gar nicht mehr angehalten, erst wieder in Salzburg, wie ein echter Expreß. Während sich die Sprachverwirrung immer noch nicht aufgelöst hat, hält der Zug schon wieder. Mallnitz? Nein, hier sind ja noch nicht einmal richtige Berge. Tunnel war auch noch keiner da. Der Autozug von Böckstein nach Mallnitz ist ja damals größtenteils durch einen Tunnel gefahren, und neben der Straße nach Bad Gastein sind die Schienen auch öfters in einem Berg verschwunden. Der hält ja an jedem Mauseloch, und immer sieht man nur ein bis zwei Leute aussteigen, vermutlich Pendler, die in Salzburg oder München arbeiten. Der Zug ist wohl ein Intercity, solange er durch Deutschland fährt, und er wird in Österreich zum Bummelzug. Salzburg, hier Salzburg; Sie haben Anschluss zum Nahverkehrszug nach Istanbul. So kommen also die vierzig Stunden Fahrzeit für die zweitausend Kilometer zustande. Im Urlaub hat man ja Zeit. Mal schauen, wie das noch wird.

Momentan zieht jedenfalls eine imposante Felswand vorbei, die im letzten Abendschimmer bizarre Formen erahnen lässt. Schade. Wenn der Zug gerade die schönsten Gegenden durchfährt, ist es dunkel. Ein Argument für eine Radtour. Aber diesmal ist zügiges und mehr oder weniger erholsames Fahren angesagt. Schließlich gibt es diesmal ein richtiges Ziel mit Datum und Uhrzeit. In genau fünf Wochen gegen acht Uhr abends vor dem Hotel Soundso in Amman, Jordanien. Das bedeutet etwa einen Monat Zeit für eine Türkeirundreise und danach eine minutiös vorbereitete Exkursion nach Jordanien, wenn die Lage bis dahin sicher genug erscheint. Schließlich sind vor einigen Tagen irakische Truppen in Kuwait einmarschiert, woraufhin die Zeitungen von einer Kriegsgefahr in der ganzen Region sprechen. Das Visum für den Irak wird wohl nur als Zierde im ReisePass bleiben. Noch an dem Tag, an dem die irakische Botschaft den ReisePass mit Visum zurückgeschickt hat, wurde im Radio der Einmarsch bekanntgegeben. Der Abstecher in den Irak, der fest eingeplant war, wird also vermutlich ausfallen. Falls die Fahrt nach Jordanien auch ausfallen sollte, steht eben eine achtwöchige Türkeirundreise bevor, was sicher nicht weniger reizvoll werden würde. Aber bis dahin ist noch viel Zeit, viel, viel Zeit, und wie sich herausstellen soll, noch viel, viel mehr Zeit. Aber hier ist noch nicht der richtige Platz, um das zu erzählen.

Jetzt wird es jedenfalls für den Mallnitzer Abteilgenossen langsam Zeit, auszusteigen. Böckstein, Tunnel, Mallnitz, Servus, schönes verlängertes Wochenende. Servus, gute Reise. Allmählich kehrt die nächtliche Müdigkeit im Abteil ein. Nach und nach versuchen alle, ein Schläfchen einzulegen. Bald beginnt der Mann neben der Nachbarin, an dem ihm gegenüberliegenden Sitz rumzuprobieren. Die Sitze mit der niedrigen Rückenlehne und der separaten Kopfstütze sind nämlich raffinierter gebaut, als sie aussehen. Sie lassen sich, wenn man unten zieht, zu einer halben Liege aufklappen. Und wenn man den gegenüberliegenden Sitz auch noch auszieht, hat man eine ganze Liege. Nach ein bis zwei Stunden sind alle vier dem Beispiel gefolgt und strecken sich auf den drei Betten aus, soweit man von Strecken reden kann. Das Abteil scheint nämlich gerade gut eineinhalb Meter lang zu sein. Dadurch wird die ansonsten für Ermüdete recht bequeme Idee mit den ausziehbaren Sitzen eindeutig entwertet, vor allem, wenn es sich bei diesem müden Reisenden um jemanden handelt, der deutlich länger als einen Meter sechzig ist, ja diese Länge um gut zwanzig Zentimeter überschreitet, und wenn dieser das Abteil mit drei Mitfahrern teilen muss, die ihm wildfremd sind und die er nicht mit seinen schwer verstaubaren Extremitäten belästigen will. Besonders unangenehm wird die Situation, wenn man wegen einer Knieverletzung angezogene Beine als schmerzhaft empfindet. Zum Zusammenrollen ist kein Platz. Den Kopf an die Abteilwand anzulehnen, ist wegen der Härte unerträglich. Eine weiche Kopfunterlage würde die Schlafstatt nur noch mehr verkürzen. Bleibt eigentlich nur noch der Versuch, die Beine auszustrecken und die Füße gegen die Wand zu verkeilen. Es soll ja gesund sein, die Füße hochzulagern. Leider ist das gar kein gesundes Gefühl, wenn die Beine andauernd ganz durchgestreckt an der Wand hängen. Die Nachbarin braucht gerade die Abteillänge. Da bleibt also auch nichts übrig. Über Kreuz wäre das Problem geometrisch ganz leicht zu lösen. Die junge Frau macht aber nicht nur einen sympathischen Eindruck, sondern auch einen anständigen und resoluten. Und sie würde vermutlich diesen Lösungsversuch missverstehen. Wie macht man sich also kleiner? Mit Geduld findet man auch dafür Tricks, mit viel Geduld. Hoffentlich. Probieren wir es mit Autosuggesti-

on. Du bist ein Zwerg, du schrumpfst, du wirst kürzer...

Stunden später hat die Müdigkeit es endlich geschafft, den inzwischen völlig erschöpften Reisenden einnicken zu lassen, wie auch immer, neben den anderen, die trotz einer geringeren Körperlänge ebenfalls des öfteren ihre Position ändern müssen und meistens recht schräg liegen. Wie geht das wohl zu, wenn das Abteil mit sechs Leuten voll besetzt ist? Man muss sich ja zu viert schon fast übereinanderschichten. Wir werden sehen oder auch nicht. Zumindest kann es auch im Zug gelingen, einzuschlafen.

Wie merkt man eigentlich, dass man eingeschlafen ist? Richtig, wenn man aufgeweckt wird, zum Beispiel von Zollbeamten, die gnadenlos mitten in der Nacht das Licht anknipsen, ein Passport oder einen ähnlichen Ausdruck in das Abteil werfen und warten, bis blinzelnde und gähnende Gestalten ihnen missmutig ihre Reisepapiere entgegenstrecken und ungeduldig warten, bis sie sie mit dem Ausreisestempel zurückbekommen.

Licht aus. Weiterpennen. Oder? Bevor der Zug wieder angefahren ist, geht schon wieder die Tür auf. Licht an,... das gleiche in anderer Uniform. Dazu müssen sich die beiden an der Tür noch fragen lassen, ob sie verheiratet sind. Diesmal muss der Deutsche auf seinen Einreisestempel warten. Da muss wohl ein Nest sein, voll von lauter Zollbeamten, vermutlich eine Grenze. Licht aus, versuchen, weiterzuschlafen. Der Zug fährt immer noch nicht. Er ist ja so lang. Wenn die durch alle Abteile müssen... eingeschlafen.

Eingeschlafen? Tür auf. Ignorieren, Kopf wegdrehen. Die Nachbarin erzählt etwas von Geldwechseln. Ein durch einen verständnislos starrenden Blick untermauertes Murmeln verneint deutlich, genauso wie bei den anderen Abteilgenossen. Das Licht bleibt aus. Der Schein auf dem Gang ist schon grell genug.

Tür zu. Schlafstellung suchen. Diese Grenze dürfte geschafft sein. Die Sinne versinken wieder langsam in die vorerst dunkle Traumwelt. Das gleichmäßige Tuckern des Zugs gibt ein Gefühl von Geborgenheit, von Sicherheit, dass jetzt weder Zöllner noch Geldwechsler im Zug sind. Die lauern schon auf ihre nächsten Opfer. Der müde Körper kann jetzt sorglos nach dem greifen, was ihm zusteht, was er braucht: Ruhe, Entspannung, Schlaf, Geborgenheit, blendende Helligkeit.

Blendende Helligkeit? Die Fahrkarten bitte. Offene Feindseligkeit brandet dem armen Schaffner entgegen. Die leisen Flüche und Verwünschungen der Mitreisenden hören sich neu und interessant an, aber die Müdigkeit vermindert die Aufnahmefähigkeit, so dass an dieser Stelle mangels Erinnerungsvermögen auf eine Wiedergabe verzichtet werden muss. Fahren Sie doch selber mal mit dem Istanbul-Expreß! Heute passieren Sie damit sogar noch mehr Grenzen.

Kein Schwarzfahrer dabei. Licht aus. Tür zu. Schlafen, soweit es noch möglich ist. Was kommt wohl als nächstes? Während sich die Phantasie damit beschäftigt und der Körper versucht, eine erträgliche Schlafposition zu finden, scheint sich der ersehnte Erholungszustand tatsächlich zwischenzeitlich einzustellen. In Jugoslawien hält der Zug weit weniger oft an als in Österreich. Oder man schläft im Zug so fest, dass man die Halts nicht registriert. Nur drei- oder viermal vor Belgrad hält er an. Das würde weniger stören als die Tatsache, dass die Leute, die dort einsteigen, es sich auch bequem machen wollen. Natürlich haben alle die Vorhänge ihrer Abteile zugezogen. Wer lässt sich schon gerne beim Schlafen begaffen. Die Neuzugestiegenen können also nur sehen, ob ein Platz frei ist, wenn sie die Tür aufmachen und nachschauen. Einige können offensichtlich nur richtig sehen, wenn es taghell ist. Der arme Mann an der Tür hat also die Aufgabe, den Schlaf

seiner Abteilgenossen zu schützen, indem er Neugierigen, die die Tür öffnen, auf die Finger klopft oder sie anraunzt, bevor sie den Lichtschalter bedienen können.

Gegen Morgen, noch vor Sonnenaufgang, steigen die zwei aus, die wie ein Pärchen ausgeschaut haben. Dafür setzen sich zwei andere ins Abteil. Die Frau mit dem blauen T-Shirt ist wohl tatsächlich die, die noch bis Niš mitfährt.

Langsam wird es hell, und es erscheint sinnlos, weiter schlafen zu wollen, auch wenn von Ausgeschlafenheit noch keine Rede sein kann. Aber das gehört halt zu einer langen Zugfahrt. Also werden die Sitze wieder in ihre rechtwinklige Position zurückgedrängt. Guten Morgen. Guten Morgen. Das ist das erste Gespräch. Fragen Sie bitte nicht, in welcher Sprache das war, aber es war eine passende. Passend ist auch ihre Idee, rauszugehen. Als sie mit einem sichtlich erfrischten Gesichtsausdruck zurückkommt, erinnert das an ansonsten fast automatisch ablaufende morgendliche Aktivitäten. In so einem Zug gibt es ja auch Toiletten und Waschräume. Und um diese Uhrzeit muss man noch kaum Schlange stehen, und erst eines der zwei Klos im Waggon ist hoffnungslos verstopft und steht unter Wasser. Das rare Papier hat der erfahrene Reisende natürlich selbst dabei. So kann auch die erste morgendliche Aktivität nach dem Hochklappen der Sitze zur vollen Zufriedenheit beendet werden. Der Waschraum überrascht. Wenn man auf die Fußpumpe steigt, kommt tatsächlich Wasser. Aber es ist ja erst der erste Morgen.

Dass der Zug dem Morgenland entgegenfährt, lässt sich nicht verbergen. Von den Leuten jeden Alters und Geschlechts, die sich im Gang die Beine vertreten, sehen viele recht orientalisch aus, etwa wie Türken oder Araber. Zwei junge Männer in hellen Hemden und dunklen Hosen, die dem Gesicht nach wie Araber aussehen, stehen vor dem Nachbarabteil bei ihrer Morgenzigarette beisammen. Sie scheinen sich gerade über einen hellhäutigen blonden Abteilgenossen zu amüsieren, der ausgestreckt in Shorts und geringeltem Hemd noch tief und fest zu schlummern scheint.

Ab Belgrad sitzt ein Paar mit einer erwachsenen Tochter mit im Abteil, offensichtlich Jugoslawen, da sich die Frau von gegenüber problemlos mit ihnen unterhalten kann. Die kann übrigens recht gut deutsch, und das, obwohl sie erst acht Wochen in Österreich war, um zu arbeiten. Sie ist Elektrotechnikerin und findet in ihrem Beruf keine Arbeit. Darum pendelt sie mehr als eine Tagesreise weit nach Salzburg und arbeitet dort als Verpackerin. Ihr Bruder ist Jurist und hat den gleichen Job wie sie im gleichen Betrieb. Der Arbeitsmarkt ist halt schlecht in Jugoslawien. Aber wie hat sie nur so schnell so gut deutsch gelernt? Nein, sie hat nicht schon in der Schule damit angefangen. Sie hat es nur in den acht Wochen gelernt. Wenn sich eine Sprache so schnell lernen lässt, sind das ja gute Aussichten für die lange Türkeireise.

Das Wetter ist wunderschön warm und sonnig. Man kann das Fenster ganz runterschieben, so warm ist es. Der Zug muss irgendwann die Richtung gewechselt haben, wahrscheinlich in Belgrad, wo der Aufenthalt so lang war. Das Wetter macht richtig schwermütig, erinnert an eine lange vergangene Jugoslawienreise. Man selbst sitzt im Zug und kann in der schönsten Landschaft nicht einfach aussteigen. Aber die Türkei ist bestimmt auch sehr schön.

Die Gespräche der Abteilgenossen werden immer weniger undurchsichtig. Die alten Kenntnisse in Serbokroatisch kommen immer mehr zum Vorschein. Oder man träumt im Dahindösen einfach einen Text zu dem Bild der Mitreisenden, die mehr nebenbei den Gesichtskreis illustrieren, während man in Gedanken versunken ist. Oder die Gesten und Gesichtsausdrücke der anderen und die Vorstellung davon, worüber man sich in so einem Zug halt unterhält, machen den Inhalt der Gespräche einfach klar -

nach dem Motto: Worüber sollten sie sich sonst unterhalten?

Zurückhaltung, Faulheit und Schüchternheit halten davon ab, die Sprachkenntnisse ausgiebiger zu testen und ein umfangreicheres Gespräch anzufangen. Zudem ist die Frau aus Niš eine sehr hilfsbereite Dolmetscherin. Die Leute sind alle sehr nett. Als die junge Frau, die vermutlich die Tochter des älteren Paars ist, an einem Bahnhof kurz den Zug verlassen will, bietet sie an, die Wasserflasche aufzufüllen, deren Inhalt seit München sicher nicht frischer geworden ist. Und der vermeintliche Vater gibt an einem anderen Bahnhof eine der frischen Bierdosen ab, die er gerade am Bahnsteig erworben hat. Ablehnen ist zwecklos, und das Bier schmeckt ausgezeichnet. Dass die Südländer auch immer zuvorkommender sein müssen als wir Nordlichter.

Am frühen Nachmittag hält der Zug in Niš und die Dunkelhaarige steigt aus, wie sie auch immer heißen möge. Do videnja. Auf Wiedersehen. Zwecklos. Man sieht sich doch nie wieder. Die Abteilgenossen wechseln jetzt öfter. Irgendwann fragt der Mann mit dem Bier einen anderen Mann, der ihm gerade gegenüber sitzt, ob er weiß, wie der Kurs der Mark gegenüber dem des Dollars sei. Wie man das nur verstehen kann, wenn man die Sprache so gut wie gar nicht beherrscht? Offensichtlich lernt man tatsächlich auch ein bisschen durch Zuhören, und das auch, wenn man sich gar nicht auf das Gespräch konzentriert. Jedenfalls ist es wesentlich schwieriger, sich verständlich zu machen. Aber vielleicht helfen ihnen die Informationen von jemandem weiter, der mindestens einmal täglich aus der Tageszeitung oder den Radio- und Fernsehnachrichten mit den neuesten Daten über den Dollarkurs beliefert wird. Und so schwierig sind die serbokroatischen Zahlen doch nicht, oder? Jedan sesdeset. Eins sechzig. Könntest du das bitte aufschreiben. Das ist bei Ausländern so üblich, um Missverständnisse zu vermeiden. Aha, ein Dollar kostet eine Mark sechzig. Amerikanische Dollar? Ja. Also heisst das, dass ein Dollar eine Mark sechzig wert ist und nicht eine Mark einen Dollar sechzig. Nach gründlichem Nachdenken kann man diesen Satz bejahen. So geht das eine Weile hin und her, besser rundum, weil sich das ganze Abteil beteiligt. Nach etwa einer halben Stunde ist das heitere mathematische Verwirspiel beendet. Bald darauf steigen die vermeintlichen Eltern der Frau mit dem Wasser aus. Sind sie also doch nicht die Eltern. Ein kühler Nordländer kann sich einfach nicht so leicht vorstellen, wie Menschen sofort und ohne Umschweife geselligen Kontakt miteinander aufnehmen, wenn sie einander noch nie zuvor gesehen haben. Sie reden miteinander, also sind sie verwandt. Punkt.

Die junge Frau selber ist aus Bulgarien und hat ihren Freund, einen Musiker in Titograd, besucht. Sie fährt noch mit bis Sofija. Inzwischen ist noch eine Bulgarin im Abteil, eine Frau in der zweiten Lebenshälfte im leichten geblümten Sommerkleidchen, kräftig geschminkt und mit einem österreichischen Akzent. Ansonsten spricht sie einwandfrei deutsch. Sie wohnt schon sehr lange in Wien und besucht gelegentlich ihre Verwandten in Bulgarien, so auch an diesem Tag.

Die anderen Abteilgenossen wechseln zur Zeit von Station zu Station, wobei die Stationen wieder häufiger werden. Hier dient der Zug wohl wieder als Nahverkehrszug. Einmal kommt ein junger arabisch aussehender Mann ins Abteil, der einen syrischen ReisePass in der Hand hält. Aber nach kurzer Zeit holt ihn ein anderer junger Mann ab, einer aus dem Nachbarabteil, aus dem immer häufiger lautes Lachen zu vernehmen ist, das gelegentlich von gröhlenden Gesängen unterbrochen wird. Seine Tasche lässt er seltsamerweise stehen. Ob er sie vergessen hat oder wieder zurückkommen will? Nach schätzungsweise einer Stunde holt er sie

dann kurz ab. Die Gesellschaft in dem Abteil nebenan scheint ihm besser zu gefallen. Das ist ihm nicht zu verdenken. Mit denen kann er sich sehr wahrscheinlich besser unterhalten. Warum er nur gezögert hat? Vielleicht haben die Wein oder Schnaps im Abteil, und er als braver Moslem hat deswegen Skrupel?

Die Halts werden nicht nur häufiger, sondern auch länger. Oder ist das die bulgarisch-jugoslawische Grenze? Der Zug steht jedenfalls eine Ewigkeit. Hoffentlich ist nichts kaputt. Aber die Wahlwienerin meint, das wäre vor der Grenze so üblich. Irgendwann nach langer Zeit kommen auch Zöllner. Durch das Fenster sieht man einige Leute aussteigen. Einer von ihnen ist der Syrer von vorhin, der Schwierigkeiten mit dem Visum zu haben scheint. Er diskutiert mit ein paar Leuten, und dann geht er, wohin auch immer, jedenfalls nicht in die Richtung des Zuges. Dabei schaut er recht ratlos aus.

Nach zwei Stunden und zwei Passkontrollen geht die Fahrt weiter. Die anschließende Fahrkartenkontrolle stört diesmal nicht besonders. Es ist ja noch hellichter Tag, und der Schaffner weckt keinen auf. Langsame, nichtssagende Gespräche begleiten den trüben Sonnenuntergang in einem fremden Land, von dem ein paar Wiesen, wenige Hügel und kurze Ausblicke auf durchfahrene Städte alles sein werden, was die mageren Informationen und die diffuse Vorstellung von dem fremden Land Bulgarien bebildert.

An einer der nächsten Stationen steigt die Wahlwienerin aus. Und gerade, als ein Gespräch mit der anderen Bulgarin zustande kommen will, fährt der Zug in Sofija ein, und sie muss ihre Sachen zusammenpacken.

Mitten in der Nacht hält also der Zug in Sofija, der Hauptstadt eines so fremden Landes, von der man eigentlich nur das imposante Bahnhofsgebäude von der Schienenseite aus sieht und eine riesige Uhr, die dort befestigt ist und irgendeine Zeit gegen neun Uhr anzeigt. Ist es nicht erst acht? Vielleicht funktioniert die große Uhr überhaupt nicht. Es heißt ja von so kommunistischen Ländern, dass da viele riesige Sachen zum Angeben rumstehen, die nicht funktionieren. Aber vermutlich ist Bulgarien einfach in einer anderen Zeitzone. Zumindest bestätigen die beiden Tschechoslowaken, die zusteigen, die Zeit auf der großen Uhr. Sportlich schauen die beiden schlanken Männer um die dreißig aus mit ihren karierten Bermudas. Man könnte sie glatt für Briten halten, wenn die Gesichter dafür nicht doch etwas zu mitteleuropäisch wären.

Außerdem steigt noch ein russisches Ehepaar zu, junge, recht wohlgenährte Leute aus der Hauptstadt des Paradieses der Arbeiter und Bauern. Die mit einem weiten Rock und einer Jacke bekleidete Frau mit dem lustigen Gesicht, die wohl immer gute Laune ausstrahlt, könnte man sogar als drall bezeichnen, wenn man ungalant wäre. Ihr Mann mit der knallroten Trainingshose dagegen scheint sein mindestens ebenso hohes Gewicht eher in gewaltigen Muskeln angelegt zu haben. Wie kann das Weltreich bei einer so kraftstrotzenden Bevölkerung so heruntergekommen sein, wie man das zur Zeit immer wieder im Fernsehen sieht? Hungerwinter nimmt man den beiden jedenfalls nicht ab.

Wieviele Stunden der Zug auch in dem Bahnhof gestanden ist, drei oder vier, irgendwann setzt er sich doch wieder in Bewegung. So kommt also die Fahrtzeit von vierzig Stunden zusammen. Inzwischen haben sich alle Abteilgenossen - diesmal passt das Wort besonders gut - einigermaßen kennengelernt. Tschechoslowakisch und Russisch sind ziemlich ähnliche Sprachen, wie die vier bemerken. Sie unterhalten sich recht problemlos. Die Russin kann auch etwas serbokroatisch, woher auch immer. Jedenfalls funktioniert die Verständigung so einigermaßen. Das scheint zwischen allen slawischen Europäern so zu sein. Die Jugoslawin und die Bulgarin haben sich ja auch problemlos unterhalten. Die vier bestätigen das. Sie sind bereits durch mehrere Länder gereist, und das ohne größere sprachliche Schwierigkeiten.

Bis der Zug weiterfährt, ist das Abteil wieder in eine Liegelandschaft verwandelt worden. Diesmal wird es etwas enger als in der vorigen Nacht, weil eine Person mehr im Abteil ist. Dafür ist aber die Müdigkeit größer. Recht bald kommt noch die obligatorische Fahrkartenkontrolle. Der Schaffner fragt wie gehabt das Pärchen, ob es verheiratet ist, und alle sind froh, als das Licht wieder ausgemacht werden kann. Gegen halb vier, als alle gerade ruhig, tief und fest schlafen, hält der Zug wieder. Das scheint jetzt schon die türkische Grenze zu sein. Im Halbschlaf wartet man auf die unvermeidlichen Zollbeamten. Irgendwann kommen zwei Männer in Uniform vorbei, die nach etwas suchen, vermutlich Schmuggelware. Die Papiere verlangt aber niemand. Vielleicht haben die nicht so viele Leute, und der Zug ist ja so lang und vermutlich auch recht voll. Mit der Zeit sieht man im Halbschlaf wie im Traum immer mehr Leute aussteigen, bis es sich irgendwie herumspricht, dass man seinen Einreisestempel im Zollhaus abholen muss. Man soll also mitten in der Nacht aussteigen und das ganze Gepäck alleine zurücklassen. Dieb möchte man jetzt sein. Aber da geistern sicher noch einige Beamte auf der Suche nach Schmuggelgut rum. Die schrecken Langfinger sicher ab, und wenn finstere Subjekte die nicht gerade erfolgversprechenden Gepäckstücke von fünf Rucksacktouristen sehen, suchen sie sich sicher etwas Lohnenderes. Bis man lange überlegt, ob man das Gepäck unbewacht zurücklassen soll, sind bereits die ersten Abteilgenossen wieder zurück. Das Gepäck ist somit nicht mehr allein. Also auf in das Gewühl. Eine unübersehbare Menge müder und unwilliger Reisender hat sich inzwischen ebenfalls aufgerafft und strömt mit Papieren bewaffnet auf das Zollhäuschen zu, wo fünf Beamte hinter ihren Schaltern sitzen und die Reisepässe mit Stempeln verzieren. Ein lebensgefährliches Gedränge wird durch Absperrungen verhindert, die die Leute zwingen, sich in Reihen anzustellen. Ellenbogen lohnen sich daher nur vor dem Haus, wo auch schon Hunderte versuchen, eine günstige Strömung in Richtung der Reihen im Schalterraum zu erwischen. Glücklicherweise sind die Leute zu müde für einen ernsthaften Kampf, oder sie sehen ein, dass sie nachher nur auf die Leute warten müssten, vor die sie sich gedrängt hätten. Drängeln tun tatsächlich nur die, die ihr Visum bereits erhalten haben und zurück zum Zug wollen. Die müssen sich nämlich durch die Schlange hinter sich durchkämpfen. Einige müssen sich zweimal anstellen. Der Schalterbeamte hat von ihnen verlangt, den Fahrausweis vorzuzeigen, und sie hatten ihn nicht dabei. So stehen hinten am Ende der Reihe viele schimpfende oder erschöpfte Mädchen. Was nehmen die auch ihre Tickets nicht mit. So etwas hat man doch immer im obersten Fach des Rucksacks und der Rucksack ist... hoffentlich friedlich auf dem Gepäckgitter im Abteil. Oha. Ob die Beamten alle nach der Fahrkarte fragen? Das wäre zu viel Aufwand und gäbe zuviel Unruhe. Außerdem sind bisher nur junge Mädchen in Shorts schimpfend und ohne Visum zurückgekommen. Und falls sie doch danach fragen sollten, kann man das Papier ja noch schnell holen. Dann ist sicher nicht mehr so viel los wie jetzt, wo noch der ganze Bahnsteig eine einzige Warteschlange zu sein scheint.

Die Leute vorne werden recht schnell weniger, und die Schalterfenster vor den schnauzbärtigen Schalterbeamten kommen immer näher. Der Beamte fragt nichts nach und stempelt den ReisePass anstandslos ab. Überhaupt scheint die ganze Zeremonie reibungslos abzulaufen. Diese Methode ist sicher viel weniger arbeitsaufwendig, als in jedem Abteil einzeln

die Leute aufzuwecken und sie schlaftrunken ihre Papiere hervorkramen zu lassen. Nur ist es auch nicht die feine Art, harmlose Reisende um vier Uhr nachts aus dem Zug zu jagen. Aber wer es bequemer haben will, kann ja fliegen.

Etwa um fünf Uhr setzt sich der Zug wieder in Bewegung, und gegen Sonnenaufgang, als alle wieder brav schlafen, kommt die Fahrkartenkontrolle. Günaydin. Guten Morgen. Aha, wir sind in der Türkei. Der erste Hauptteil der Reise beginnt.

Heute steht keiner zu Sonnenaufgang auf. Alle versuchen, noch möglichst viel Schlaf aus der kurzen Nacht mitzunehmen. Im Verlauf des Vormittags gibt dann einer nach dem anderen auf und beginnt den Tag. Am Gang ist viel mehr los als am Tag vorher. Die Leute machen auch einen geschäftigeren Eindruck. In wenigen Stunden wird die lange Fahrt beendet sein, und die große alte Stadt Istanbul wird die Reisenden verschlingen. Vorher sieht man noch den europäischen Teil der Türkei, schönes buntes, meist hügeliges Land mit viel Grün und zwischendurch ein paar verträumte Dörfer. Und weit ist die Fahrt noch! Dabei macht die Türkei westlich von Istanbul auf der Karte nur einen winzigen Bruchteil des ganzen Landes aus.

Winzig ist auch die Kaffeemaschine der beiden Tschechoslowaken, die von allen bewundert wird. Damit spart man sicher viel Geld auf der Reise. Ein Gaststättenbesuch in Istanbul dürfte tatsächlich die Reisekasse eines Touristen aus einem devisenarmen Ostblockland wesentlich belasten, vor allem, wenn der kurze Aufenthalt und die knappen Devisen vornehmlich für Einkäufe genutzt werden sollen. In so einer Metropole gibt es ja alles zu kaufen, und vermutlich ist vieles billiger als in den heruntergewirtschafteten Heimatländern. Darum machen die vier wohl auch ihre strapaziösen Gewalttouren. Die Tschechen erzählen, dass sie innerhalb von sieben Tagen fünftausend Kilometer zurückgelegt haben, Aufenthaltstage eingerechnet. Die Russen sind ähnliche Kilometerfresser, wie sie stolz berichten. Als Student vergisst man leicht, dass es Leute gibt, die einer geregelten Arbeit nachgehen und längst nicht so viel Zeit zur freien Verfügung haben. Für einen Kurzurlaub und zum Einkaufen außerhalb der Planwirtschaftsländer ist eine Fahrt in das von Sehenswürdigkeiten und Bazaren strotzende Istanbul sicher nicht so abwegig.

Abwegig ist auch die Idee nicht, Kaffee zu machen. Den Tschechoslowaken fehlt nur das Wasser für ihre Zweiportionenmaschine. Aber im Gepäcknetz liegt ja eine halbvolle Flasche mit fast frischem jugoslawischen Wasser. Nachdem die beiden ihren kostbaren Kaffeevorrat etwas weiter reduziert haben, beginnt das eigentliche Frühstück, bei dem internationale Köstlichkeiten ausgetauscht werden: Bulgarische Pfirsiche, die noch kurz vor dem Bahnhof in Sofija von den Tschechoslowaken erstanden worden waren, russische Bonbons und Birnen vom Bodensee. Die Pfirsiche sind vor Spritzmittel kaum zu erkennen. Aber mit etwas Wasser lässt sich die graue pelzige Schicht ganz gut abreiben. Das Fenster dient als Ausguß. Der Mann gegenüber verzehrt die Frucht genüßlich und ungereinigt. Für ein oder zwei lohnt sich der Aufwand mit dem Waschen doch gar nicht. Das bisschen Gift spürt doch kein Mensch. Vermutlich gibt es im Osten tatsächlich so wenig Obst, dass das bisschen Gift darin nicht ins Gewicht fällt, nicht in der absoluten Menge und nicht im Vergleich zum Vitaminwert. Die Russen wollen anfangs die Birnen gar nicht annehmen, wohl, weil diese Früchte bei ihnen unbekannt oder furchtbar teuer sind.

Je näher Istanbul rückt, desto öfter gehen die Leute auf den Gang und lehnen sich da aus dem Fenster, um zu rauchen, um zu schauen oder einfach nur, um die warme sonnendurchstrahlte Luft zu genießen. Das Wort frisch sei hier ausgeklammert. Zumindest rein scheint sie nicht zu sein, wenn man die vor zwei Tagen

noch fast weiße Hose betrachtet, wo inzwischen die Falten, die sich beim Sitzen bilden, hoffnungslos verrußt sind. Der schmutzige Eindruck wird dadurch gemildert, dass das ganze Kleidungsstück von einem Grauschleier überzogen ist.

Eigentlich müsste der Zug jetzt langsam in Istanbul einfahren, wenn er pünktlich wäre. Ob die langen Wartezeiten an den Grenzen und Hauptbahnhöfen in die Fahrtzeit im Fahrplan eingerechnet worden sind? Das hat mindestens zehn bis fünfzehn Stunden ausgemacht. Gefahren ist der Zug also beachtlich schnell für seine Länge und sein Alter. Die reine Fahrzeit betrug wohl unter dreißig Stunden für die zweitausend Kilometer. Die Wartezeiten werden nicht so genau kalkulierbar sein.

Nach weiterem Dahindösen, kurzen Gesprächen und Ausflügen auf den Gang passiert der Zug endlich größere Siedlungen, und das Wort Istanbul fällt bei den Gangnachbarn, die aussehen, als wüßten sie, wovon sie reden. Sie schauen wie echte Türken aus, die ihre größte Stadt sicher schon öfters gesehen haben.

Kaum fährt man zweiundvierzig Stunden, schon ist man am Ziel. Der Nachbar auf der anderen Seite, vermutlich der aus dem Nachbarabteil, der gestern einen so gesunden Schlaf gehabt hatte, meint dazu, der Zug werde vermutlich noch einen großen Bogen durch die halbe Stadt machen. Das Ziel wird also noch auf sich warten lassen. Gut: Kaum sitzt man dreiundvierzig Stunden im Zug, schon ist man da.

Die Reise ins Tal der Schmetterlinge war zwar kürzer, aber auf jeden Fall komplizierter gewesen. Und Said hatte sie mit dem Hauch eines Geheimnisses umgeben. Nur er hatte eine Vorstellung davon, was als nächstes passieren würde und wo eigentlich das Ziel war. Er hatte nur verraten, dass das Ziel ein schönes Stück Natur zum Ausspannen war und dass es galt, ein Boot zu erreichen, das um acht Uhr morgens ablegt.

*

Nachtfahrt

Um keine Zeit zu versäumen, soll die Nacht zur Fahrt an die Anlegestelle des Bootes genutzt werden. Said ist etwa zwei Wochen vorher bereits in dem Tal gewesen. Es muss ihm dort so gut gefallen haben, dass er es noch seinem neuen deutschen Freund zeigen will, bevor er sich auf die Reise in sein Heimatland macht.

Der Treffpunkt für den Aufbruch ist ein Restaurant neben der Bushaltestelle des Städtchens, das den Ausgangspunkt für die Unternehmungen des vergangenen Tages gebildet hatte. Dort wird zuerst als Stärkung ein Abendessen eingenommen. Dann beginnt die Odyssee, das Abenteuer. Das nächste Ziel heißt Ortaca. Um dort hinzukommen, wird ein Dolmuşbus angehalten, der noch Plätze frei hat. Der Minibus kommt tatsächlich um acht Uhr in Ortaca an. Dort wird im Restaurant gleich neben der Bushaltestelle die mehrstündige Wartezeit auf den letzten Bus nach Osten mit einem sehr rührenden Karatefilm überbrückt. Dieser Film zieht Said voll in seinen Bann, obwohl er ihn schon kennt. Schon auf einer Marokkoreise vor einigen Jahren ist aufgefallen, dass Karatefilme bei vielen Marokkanern überaus beliebt sind und auch eine gewisse Wirkung auf die betroffenen Zuschauer haben. Als ich damals ein Kleidungsstück reparieren wollte und dazu ein Pappkärtchen Sternzwirn hervorholte, war es nicht leicht, die staunenden marokkanischen Freunde darüber aufzuklären, dass es sich dabei nur um Nähgarn handelte, das auf ein sternförmiges Stück Pappe aufgewickelt war. Schließlich werfen in fast jedem Karatefilm schwarz vermummte lautlose mordlüsterne Bösewichter mit tödlichen Sternen um sich.

In diesem Film lehrt ein alter Karatemeister einen Jungen all seine Künste, damit dieser irgendeine wichtige Aufgabe erfüllen kann. Besonders fasziniert ist Said von zwei Szenen: In der einen lernt der Junge, auf einem Bein auf einem dünnen Pfahl im brandenden Meer zu stehen, und in der anderen baut der Meister den am Boden zerstörten Jungen dadurch auf, dass er ihm durch sanfte Handkantenschläge auf den Rücken Energie zuführt, die er sich jeweils vorher durch Reiben der Hände holt.

Ob der Film für Said auch beim zweiten Ansehen so spannend ist oder ob er seinem Begleiter den Genuss nicht vorenthalten will, ist nicht festzustellen. Jedenfalls macht der Wirt während des Films, etwa gegen neun Uhr, darauf aufmerksam, dass ein Bus angekommen ist, und Said ist trotz der vorgerückten Stunde dafür, auf den nächsten zu warten. Es genügt, den Bus um zwei Uhr fünfzehn zu nehmen, dann ist die Wartezeit in Ölüdeniz nicht so lang. Er scheint den Busfahrplan ja ganz gut zu kennen. Nach dem glücklichen Ende des Karatefilms läuft im Fernseher eine deutsche Diskussionsrunde. Vielleicht wollen die gastfreundlichen Leute dem deutschen Gast etwas Heimisches bieten, und zugleich demonstrieren sie wohl, dass sie international angebunden sind, vermutlich über Satellit.

Tatsächlich kommt recht pünktlich um viertel nach zwei noch ein Minibus, der mit fünf Fahrgästen für türkische Verhältnisse fast leer ist. Nach einer kurzen Fahrzeit eröffnet Said, dass es nötig ist, vor Fethiye noch einmal umzusteigen. Der Busfahrer ist allerdings nicht sicher, ob der Minibus, der uns mitnehmen soll, um diese Zeit noch hält. In einer stockfinsteren lauen Nacht, an irgendeiner menschenleeren Kreuzung in der Türkei soll jetzt also noch ein Bus nach Fethiye anhalten. Ob der Bus jetzt an dieser Seite der Kreuzung hält oder an der? Aus der Richtung wird er vermutlich kommen. Das Wichtigste ist, dass der Fahrer erkennt, dass man mitfahren will. Da. Ein Bus. Winken. Er hält. Um diese Zeit noch? Da habt ihr aber Glück gehabt, meint einer der zwei jungen Männer, die noch im Bus sitzen. Fast hätten wir euch nicht gesehen. Diesmal fahren tatsächlich keine anderen Fahrgäste mehr mit. Der vierte im Bus ist offensichtlich ein Freund des Fahrers.

Während die Müdigkeit langsam beginnt, den späten Fahrgästen die Augenlider schwerer und schwerer zu machen und einzelne Traumsequenzen ablaufen lässt, steuert der wackere Bus samt Fahrer und Passagieren endlich dem Tagesziel entgegen, nein, dem Nachtziel.

*

Ankunft in Istanbul

Der Istanbul-Expreß ist trotz einer mehrstündigen Verspätung schon um die Mittagszeit in die Stadt eingefahren. Dann war zwar noch ein Bogen durch die Stadt zurückzulegen, der ungefähr eine Stunde dauerte, aber immer noch lag der ganze Nachmittag vor den Reisenden.

Dass eine Stadt so viele Vororte haben kann. So groß kann sie doch gar nicht sein. Wie groß ist Istanbul überhaupt? Sind große Städte nicht besonders gefährlich? In Marokko auf dem Land hatten alle vor den großen Städten gewarnt. Jetzt gibt es kein Zurück mehr. Außerdem soll die Türkei ein zivilisiertes Land sein. Und der Nachbar traut sich auch allein her. Er kommt aus Innsbruck. Es war also richtig, ihn auf deutsch anzureden.

Langsam wird die Bebauung immer dichter. Das Zentrum scheint zu nahen. Es wird wohl Zeit, die Sachen zusammenzupacken. Das eigene Gepäck ist gleich verstaut. Bleibt nur der Müll. Als zivilisierte Menschen können wir das Zeug nicht einfach rumliegen lassen. Wie würde das aussehen vor jemandem aus der anderen Macht- und Kulturhemisphäre. Also packen Ost und West einträchtig den gemeinsam und von den Vorgängern produzierten gröbsten Dreck in die größten Plastiktüten, die gerade verfügbar sind. Was in zwei Tagen für Müllmengen anfallen können, ohne dass man von einem ausschweifenden Leben reden kann, ist schon imposant. Istanbul Hauptbahnhof. Auf Wiedersehen. Gute Fahrt noch. Die Vier tun sich zusammen. Der alleinreisende Deutsche, der andere Interessen hat, als besser und günstiger als zu Hause einzukaufen, steht vorerst recht ratlos auf dem Bahnsteig rum, genauso wie drei aus dem Nachbarabteil. Die wissen also vermutlich auch noch nicht, wohin sie als nächstes sollen, mittags, mit je einer Reisetasche oder einem Rucksack bepackt als Neuankömmlinge in einer Großstadt.

Einer von den dreien ist der Innsbrucker, und die anderen beiden scheinen ihrer momentanen Unterhaltung nach Araber zu sein. Man kann sie ja fragen, aus welchem Land sie kommen. Min aina anta? Woher kommst du? Ana min Tunisia. Ich bin aus Tunesien. Der Freund des Angesprochenen wird stutzig. Warum sprichst du arabisch? Er fragt auf englisch. Warum nicht? Er schaut noch misstrauischer. Das muss doch einen Grund haben. Arabisch ist eine schöne Sprache. Das Gespräch geht auf diese Art und Weise noch ein bisschen hin und her. Der Araber wirkt dabei etwas verwundert oder irritiert. Vielleicht kommt er sich auf den Arm genommen vor: Arabisch ist eine schöne Sprache. Kann das ein Grund sein, und noch dazu für einen Europäer? Aber was antwortet man, wenn man den eigentlichen Grund selbst nicht mehr kennt und einfach die anfangs mühsam erworbenen Sprachkenntnisse nicht ganz verkommen lassen will? Man sollte auf Reisen wohl besser einfach innerhalb von Klischees bleiben, um nicht aufzufallen, und nichts tun, was man nicht von den Schubladengenossen erwartet. Deutsche sprechen recht gut englisch und sonst vielleicht noch französisch. Wenn man innerhalb seiner in jahrzehntelanger Arbeit

eingerichteten Schublade bleibt, erspart das bö-
ses und vor allem misstrauisches Blut. Hat nicht
damals in Marokko ein junger Einheimischer
erzählt, dass man einen Amerikaner gerüchte-
weise für einen Spion der Arbeiterklasse gehalten hatte, weil er fließend Arabisch und Berber
gelernt hatte, als Bauarbeiter im Mittleren At-
las arbeitete und dabei Studien anstellte? Der
tunesische Gesprächspartner beruhigt sich vorerst schnell. Es ist halt irgendwie ungewöhnlich, dass ein Deutscher Arabisch lernt. Das
macht irgendwie keinen Sinn.

Wenn er meint. Nicht ungewöhnlich findet er
offensichtlich, dass er schnellstens nach Bagdad will, um dort rechtzeitig sein Medizinstu-
dium fortzusetzen, obwohl tausende von Ge-
rüchten über eine Kriegsgefahr im Irak kur-
sieren, seit Saddam Hussein vor zwei Wochen
Kuwait überfallen lassen hat. Wie Lars später
erzählt, will er auf keinen Fall das Semester
versäumen. Hoffen wir, dass er die chirurgi-
schen Eingriffe der UNO-Bomber in das Stadt-
bild Bagdads wenige Monate später heil überstanden hat.

Bei den skeptischen Gedanken wäre es inkon-
sequent, ihm den fast neuen Einreisevisum-
stempel für den Irak zu zeigen. Man muss nicht
alles verbreiten. Vielleicht würde ihn das noch
mehr irritieren. Er betont noch einmal, dass er
es interessant findet, wenn ein Europäer sich
ohne Grund mit der arabischen Sprache be-
fasst. Vielleicht können wir irgendwann noch
einmal darüber diskutieren. Aber jetzt will er
sich gleich nach einer Möglichkeit zur Weiterfahrt nach Bagdad umsehen. Offensichtlich ist
er wirklich in Eile. Die anderen beiden, Hans,
der Innsbrucker und Hassan, der andere Tunesier, wollen zunächst ein paar Tage in Istanbul bleiben. Denen kann man sich vorerst anschließen.

*

Als Tourist in Istanbul und auf Tour ins Tal der Schmetterlinge

Als der Busfahrer die beiden späten Fahrgäste nach einer mit verschwommenen Gedanken überbrückten Weile in eine kleine Ortschaft, vermutlich Fethiye, entlässt, ist es etwa vier Uhr.

Von hier fahren ab sechs Uhr Dolmuştaxis nach Ölüdeniz. Die Wartezeit bis dahin wird damit verbracht, einen Platz zu suchen, der bestimmt an einer Sammeltaxistrecke liegt.

Warten, das war in Istanbul praktisch ein Fremdwort gewesen, da kam alles auf einen zu, schneller als man denken konnte.

*

Frisch in Istanbul

Rooms; one person, two person, three person! Zimmer, ein Person, zwei Person, drei Person! Die Stadt nimmt die Reisenden auf. Zumindest macht sie Annäherungsversuche, in diesem Fall in der Gestalt eines vielleicht sechzehn- bis achtzehnjährigen Jungen, der Hans, dem Innsbrucker, einen Zettel in die Hand drückt, auf dem Name, Adresse und Lageplan eines Hotels aufgedruckt und die Übernachtungspreise handschriftlich notiert sind.

Man soll aber nicht dem ersten besten trauen. Irgendwie fühlen sich die Neuankömmlinge überrumpelt. Kaum hat man den Zug verlassen, soll man sich schon für eine Unterkunft entscheiden. Und die soll noch dazu preiswert sein. Während sich der Junge abwartend in der Nähe hält, bewegen sich die vier, die sich inzwischen zusammengeschlossen haben, auf den Bahnhofsvorplatz zu. Auch dort hat sich wohl die Ankunft des Istanbul-Expreß aus dem Norden herumgesprochen. Ein paar Taxifahrer bieten ihre Dienste an. Sie wissen günstige Hotels. An die 30 000 Lira pro Person, knapp 20 DM. Das ist aber deutlich teurer als das Angebot auf dem Zettel. Den kennt der Taxifahrer natürlich nicht, der die neuen Touristen an Land ziehen will. Billiger geht's in Istanbul nicht. Und zu Fuß erreicht man nur völlig überteuerte Hotels. Die Kollegen, die genauso günstige Hotels wissen, bestätigen dies. Na ja, es ist halt eine Großstadt, teuer, gefährlich und unübersichtlich, und ein Taxifahrer, dein Freund und Helfer, wird sich schon auskennen. Das sollen zumindest die überrumpelten Neuankömmlinge denken. Pech, dass diese in den wenigen Minuten, die sie hier sind, bereits ein Angebot für 11 000 Lira bekommen haben. Es wäre hart, die hilfsbereiten Männer als Schwindler zu bezeichnen, aber die unschöne Vokabel ist vermutlich zumindest in diesem Fall nicht ganz aus der Luft gegriffen.

Vorerst verhandelt jeder der Reisenden mit einem der Taxifahrer und gibt die wichtigsten Informationen an die anderen weiter. Dazwischen findet eine Lagebesprechung statt. Wem soll man glauben, wem lieber nicht? Will der Junge eine allzu armselige, halb verfallene und versiffte Bruchbude vollkriegen, wie die mitleidigen Blicke der Taxifahrer glauben machen wollen? Oder wollen die Taxifahrer einfach ihren Brüdern oder sonstigen Bekannten oder Verwandten gegen Provision Leute ankarren? Die letzte Vermutung drängt sich einfach auf.

Der Junge, der am Bahnsteig die Zettel verteilt hat, ist immer noch da und konkretisiert noch einmal sein Angebot. 11 000 Lira pro Person, gut sechs Mark. Das hört sich verdächtig billig an, wenn es in der ganzen Stadt nichts für unter 30 000 Lira geben soll. Aber es soll ja gleich in der Nähe sein. Man kann sich die Bude ja mal anschauen. Dann sieht man schon, ob sie bewohnbar ist. Es ist ja erst zwölf Uhr Mittag, früh genug, um sich dann noch nach einem anderen Hotel umzusehen.

Nach einem Entscheidungsprozess von ein paar Minuten Dauer bleiben die Taxifahrer unverrichteter Dinge stehen und müssen auf die nächsten Reisenden warten. Der Junge führt drei der Neuankömmlinge tatsächlich in ein Hotel, das gleich in der Nähe liegt. Der Vierte verabschiedet sich gleich, um nach einer Fahrgelegenheit nach Bagdad zu suchen.

Das Wohnviertel ist nicht gerade malerisch, aber es liegt zentral. Das Zimmer im dritten Stock, das der Mann von der Rezeption zeigt, ist ganz einfach eingerichtet. An drei Zimmerseiten steht je ein Bett mit eisernem Gestell, und an der vierten Wand befindet sich ein kleiner Tisch. Über diesem gibt das einzige kleine Fenster den Blick zur fensterlosen Wand eines Nachbargebäudes frei. Gleich neben dem Ausgang um die Ecke ist das Etagenstehklo. Die Dusche im Stockwerk ist zwar geschlossen, aber das Waschbecken davor ist frei zugänglich, und schon einen Stock darunter ist eine benutzbare Dusche. Es ist also alles vorhanden. Für eine Großstadt ist der Preis

vermutlich wirklich nicht zu teuer. Das Zimmer wird genommen.

Ein Schlafplatz in Istanbul ist also schon gesichert. Jetzt kann die Erkundung der Stadt losgehen. Heute müssen nur zwei Termine beachtet werden: Hassan, der Tunesier, hat in etwa zwei Stunden eine Verabredung mit seinem Landsmann, und gegen sechs wollen Kathrin und Tobias, Freunde aus München, die zufällig auch gerade in Istanbul sind, am Hauptbahnhof sein.

Da gerade erst Mittag ist, ist es noch möglich, sich einen ersten Überblick über die Lage des Hotels zu verschaffen und einige Besorgungen zu machen. Für Besorgungen braucht man aber üblicherweise Geld, am besten einheimisches Geld. Das sind in diesem Fall türkische Lira, die sich, wie jeder weiß, in der Türkei selbst günstiger einwechseln lassen als in Deutschland, wo die Banken diese phantastisch hohen Gewinnspannen haben. Und wenn man Reiseschecks hat, bekommt man das ausländische Geld sogar zum Devisenkurs, weil man ja schließlich eine Gebühr dafür bezahlt hat. Also geht es zu dritt los zum Wechseln, jeder mit einer anderen Zahlungsmethode, der Deutsche mit Reiseschecks, der Österreicher mit Euroschecks und der Tunesier mit Bargeld. Wechseln kann man erfahrungsgemäß am Hauptbahnhof, wo täglich unzählige Menschen aus dem Ausland ankommen. Außerdem hat in diesem Fall der Hauptbahnhof den Vorteil, dass der Weg dorthin bekannt ist. Man geht bis zu der tristen, trüben, dunklen Straße mit der hohen Schallschutzmauer und dann nach links, bis man ihn sieht. Leider ist dort die Suche nach einer Wechselstube oder einer Bank vergeblich.

Dafür gibt es am Hauptbahnhof viele andere Möglichkeiten. Zum Beispiel kann man Simits, das sind Sesamringe, Ayran, also ein Joghurtgetränk, oder Limonade kaufen oder sich die Schuhe putzen lassen. Am repräsentativen Bahnhof übernehmen diese Aufgabe keine kleinen Jungen wie in Filmen oder Büchern, sondern erfahrene gestandene, oft schon mehr oder weniger angegraute Erwachsene. Aber was sollten die mit Mark? Der kleine Junge, der die Stadtpläne loswerden will, weiß es offensichtlich. Stadtpläne, gaaanz günstig, nur zwei Deutsche Mark. Wie der auf die Idee kommt, dass die drei Ausländer Mark haben könnten, ist rätselhaft. Vielleicht gibt es in Istanbul noch mehr deutsche Touristen. Jedenfalls kann ein Stadtplan nicht schaden, wenn man ein paar Tage in der Millionenstadt bleiben will. Der Junge hat Glück. Wenn er Lira verlangt hätte, wäre er auf leere Taschen gestoßen.

Um diese Taschen zu füllen, muss eine Bank gefunden werden. Mit dem Stadtplan kann man sich wohl nicht mehr so leicht hoffnungslos verirren. Ganz offensichtlich gibt es in Sichtweite des Bahnhofs weder eine Bank noch eine Wechselstube. Und auch der nahe kleine Hafen ist zwar voll von Imbissbuden und Simitständen, aber die einzige Wechselmöglichkeit, die dort geboten wird, ist Lira gegen Jetons. Jeton, Jeton, Jetooonn! Jeton, Jeton, Jetooonn!

Also auf in die andere Richtung. Irgendwo bergauf, in der Richtung des Hotels, wird wohl ein Geschäftsviertel sein. Der Instinkt führt die inzwischen hungrigen Ausländer an einem Döner-Kebab-Verkäufer vorbei in die Nähe des vor kurzem bezogenen Hotels. Und siehe da, von Straße zu Straße werden die Geschäfte häufiger. Die Bank kann nicht mehr weit sein. Bald führt der Weg zu einem kleinen Busreisebüro. Dort werden einigermaßen billig Reisen per Bus in größere Städte in größerer Entfernung angeboten, sogar nach Teheran, München, Damaskus oder Bagdad. Jetzt wird auch klar, warum Hassan in diese Richtung gehen wollte. Er war an diesem Reisebüro mit seinem Landsmann verabredet. Und tatsächlich steht der gerade da. Er hat schon einen Bus nach Bagdad. Vor dem Büro wird soeben einer der urigen Kleinbusse von den Reisenden in Besitz genommen, das heißt, das Gepäck wird

möglichst sicher auf das Dach geschnürt, bevor die Passagiere sich selbst in das Gefährtchen stopfen mit der Aussicht, darin Tausende von Kilometern über Straßen jeder Qualität durch oft brütenden Sonnenschein geschaukelt zu werden. Viel Spaß dabei! Gute Fahrt und viel Glück wünscht man natürlich. Das wird er brauchen können. Wenigstens kommt er jetzt voraussichtlich rechtzeitig zur Uni.

Und die anderen finden ganz in der Nähe endlich eine Bank. Die schaut innen genauso seriös aus wie eine in Deutschland, nur, dass man statt auf Teppichböden auf kalten Marmorfliesen Schlange steht. Das macht in Kombination mit den großen Propellern an der Decke einen Bankaufenthalt angenehm kühl, so dass einem spätestens jetzt die staubige Hitze Istanbuls bewußt wird, die auf der Straße herrscht.

Bei der Behandlung der Schecks scheint sich die Bank längst an die touristischen Zahlungsmittel gewöhnt zu haben. Man legt seinen Scheck und den Pass vor den Bankangestellten, wird an den zuständigen Kollegen verwiesen, unterschreibt vor dessen Augen den Scheck, wartet kurz und wird an einen Schalter in einem Glaskasten geschickt. Dort muss man eine Quittung unterschreiben und erhält dafür einen Beleg und den Gegenwert seines Schecks abzüglich einer ansehnlichen Provision.

Auf letzteres war vom heimischen Kreditinstitut nicht hingewiesen worden. Reiseschecks sind doch angeblich so billig, und hier wird die bereits bezahlte Gebühr einfach versechsfacht. Mit Touristen kann man das ja machen. Die haben ja Geld. Wie könnten sie sonst reisen? Die Banken machen es den gutmütigsten Kunden schwer, nicht von Raffgeiern zu sprechen. Selber schuld. Warum ist man so gutgläubig und fällt auf die Werbesprüche von Organisationen herein, die professionell mit Geld zu tun haben und denen man schon an ihren protzigen Filialen ansieht, dass sie einen guten Schnitt machen? Bezeichnungen wie Halsabschneider und Verbrecher und Zustandsbeschreibungen wie Saustall sind vielleicht zutreffend aber für sich zu hart, zumindest aus dem Munde eines Ausländers, der mit den Sitten und Gebräuchen des Landes noch nicht so vertraut ist und der sich im Interesse eines guten Auskommens mit den Einheimischen alles gefallen lassen und sich nicht provozieren lassen sollte. Da bleibt nichts anderes übrig, als beim nächsten Mal eine andere Zahlungsart zu wählen und möglichst viele Leute vorbeugend vor halsabschneiderischen Praktiken zu warnen.

Der Ärger mit der Bank ist gleich vergessen und die Zeit etwas fortgeschritten. Der Hunger wird stärker. War auf dem Weg zwischen Bahnhof und Reisebüro nicht ein Kebabverkäufer? Das kleine Lokal mit dem Straßenverkauf, das praktisch zwischen dem Hotel und dem Bahnhof liegt, ist gleich gefunden. Die erste in Istanbul eingenommene Mahlzeit, das mit ein paar Tomatenscheiben und Zwiebelringen und viel Fleisch gefüllte Fladenbrot, erweist sich als wohlschmeckende Stärkung. Vor dem Verhungern müssen die Fremden also keine Angst haben.

Was gibt es sonst noch zu sehen in der Nähe? Bis sechs Uhr, zur Verabredung mit Kathrin und Tobias am Platz vor dem Hauptbahnhof, sind noch fast zwei Stunden Zeit, genug für einen Spaziergang. Der geht zuerst über eine größere Straße zurück zum Bahnhof, weiter zur Anlegestelle, wo man sich vor Angeboten für Bosporusrundfahrten nicht retten kann, und von dort zur Galatabrücke, einem für einen Voralpenbewohner faszinierenden Bauwerk mit einer vielseitigen Nutzung. Oben führt eine mehrspurige Straße mit einem für deutsche Verhältnisse breiten Gehweg darüber. Darunter befindet sich noch ein zweites Stockwerk, in dem auf der Bahnhofseite zwei Restaurants den Platz füllen, den die Boote nicht zum durchfahren brauchen. Diese Restaurants erreicht man nur über einen Gehweg, der durch

Treppen vom Bahnhofsufer und von der Mitte der Brücke aus zu erreichen ist. Und unter diesem Gehweg werden von kleinen Booten aus Fische verkauft.

Jenseits der Brücke wird vorerst die Uferlinie zur Orientierung benutzt. Dort begegnet man auf der landeinwärts gelegenen Seite praktisch nur großen Bauten im schmutzigen Einheitsgrau einer von Abgasen zerschundenen Großstadt. Weiter in Ufernähe werden die Häuser mehr in weiß gehalten. Auch gibt es dort mehr grüne Flächen. Viele Gebäude scheinen offiziellen Charakter zu haben. Jedenfalls sind die meisten Grundstücke auf dieser Seite abgesperrt. Hie und da kommt man auch an einem Palast oder an einer Moschee vorbei. Einmal sieht man auf der linken Straßenseite eine Menge Leute, die mit irgendwelchen bedruckten Papieren, vermutlich Wertpapieren, handeln. Nach einer Weile wird es Zeit, umzudrehen, um Kathrin und Tobias nicht zu verpassen, die Hans und Hassan noch gar nicht kennen. Ob sie tatsächlich hier sind? Ob sie bereits ein Schiff nach Osten gekriegt haben und schon die Schwarzmeerküste entlangstreifen? Hat Kathrin tatsächlich sechs gesagt? War es nicht doch fünf oder acht? Wird schon schief gehen. Tatsächlich dauert es bis dreiviertel sechs, bis der Bahnhof wieder erreicht ist. Innerhalb der nächsten halben Stunde wird sich herausstellen, ob die eher zufällige und unverbindliche Verabredung geklappt hat. Sind das die beiden da oben auf der Fußgängerbrücke? Ah, Hallo! Gut angekommen? Wo seid ihr untergekommen? Auch gleich in der Nähe. Habt ihr auch Hunger? Suchen wir ein Lokal.

Zu fünft wagen sich die Fremden auch landeinwärts. Dort findet man hin und wieder einen gastronomischen Betrieb, der vorsichtig, sorgfältig und kritisch von außen begutachtet wird. Kann man da reingehen? Schaut es sauber aus? Wissen die schon, was Nepp ist? Ist der Laden sympathisch? Der Appetit steigt. Die Beine werden schwerer. Die Ansprüche sinken. Schaut die Bar da unten nicht ganz brauchbar aus? Die haben sogar einen Garten. Das Lokal hat ein Buffet, wie es im Reiseführer steht. Es ist also typisch. Leider ist das Essen nicht mehr warm. Man müsste zu einer üblicheren Zeit essen gehen. Was ist hier üblich? Ob hier nur mittags warm gekocht wird? Ob erst wieder gekocht wird, wenn die alte Ration aufgegessen ist? Hoffentlich wissen die Krankheitserreger nichts davon, dass sie sich hier relativ ungeniert verbreiten könnten. Bei soviel Angst sollte man vielleicht doch lieber ein ganz typisches Touristenlokal aufsuchen, wo bestimmt alles warm serviert wird. Das ist vielleicht teurer und nicht ganz so typisch, aber dafür möglicherweise verträglicher für die mitteleuropäische Darmflora.

Dabei schmeckt das Essen hier gar nicht schlecht. Nur das kalte Öl und die Ungewissheit über das Alter der Speisen könnten Schwierigkeiten für Magen und Darm befürchten lassen. Vermutlich entstehen die meisten der üblichen Durchfälle von Nordeuropäern in südlichen Ländern durch Angst und Misstrauen. Das sind aufmunternde Worte und wären an und für sich beruhigend, wenn man nicht bereits des öfteren eines Besseren belehrt worden wäre. Es ist wohl das Beste, wenn man nicht zu viel Angst hat und gleichzeitig nicht allzu unvorsichtig ist. Außerdem gibt es ja Hausmittel zur durchfallprophylaktischen Desinfektion der Magenflora. Wofür schleppt man denn zwei Flaschen Schnaps mit? Die sind ja für solche Zwecke gedacht. Kommt ihr nachher noch zu uns ins Hotel mit zum Desinfizieren?

Langsam lernt sich die ziemlich zufällig zusammengewürfelte Gruppe besser kennen. Und auch eine Lösung der Sprachprobleme beginnt sich abzuzeichnen. Der Tunesier Hassan spricht arabisch, französisch und italienisch. Von diesen Sprachen kann sein deutscher Zimmergenosse nur ein paar Brocken arabisch und der österreichische etwas französisch. Damit dürfte die Kommunikation innerhalb des Zimmers zwar notdürftig, aber stockend funktionieren. Dagegen sind die Französischkenntnisse von Kathrin offensichtlich besser, so dass sie dolmetschen kann. Vor allem Hans findet die Unterhaltung auf französisch anstrengend, und die Unterhaltungsversuche auf arabisch erfordern einen erheblichen Mut zur Lücke, so dass Kathrins Kenntnisse durchaus willkommen sind. Nach einem schmackhaften und für deutsche Verhältnisse preisgünstigen Mahl macht sich die Gruppe auf den Heimweg. Der Rückweg ist nicht schwer zu finden, da er erstens nicht weit ist und zweitens nur bergab führen kann, da die Hotels praktisch auf Meereshöhe liegen. Die Idee mit dem Desinfizieren kommt recht gut an. Kathrin und Hans kommen noch mit, nachdem sie die Gruppe an ihrem Hotel vorbeigeführt haben, das tatsächlich nicht weit entfernt vom anderen liegt. Sie werden also wohl den Rückweg finden.

Eine ganz spontane Party

Der um zwei Drittel angewachsene Haufen kommt mit einem freundlichen Gruß an den einerseits skeptischen und andererseits neugierigen Blicken der beiden Leute an der Hotelrezeption vorbei. Der Skeptische ist vermutlich der Pförtner und der Neugierige der Junge vom Bahnhof, der wohl eine Art Hotelboy ist. Die beiden Gäste finden ihr Hotel feiner. Dafür kostet es auch tausend Lira mehr. Der Komfort reicht aber allemal für eine gemütlich schwatzende und gelegentlich lachende Runde, die fleißig eine Tasse mit Himbeergeist kreisen lässt. Ob die wohltuend desinfizierende Flüssigkeit nebenbei die Stimmbänder kräftigt oder das Gehör schädigt, sei dahingestellt. Jedenfalls klopft es nicht allzu lange Zeit, nachdem eine Flasche mit einem halben Liter geleert ist. Der Pförtner, oder welche

Stellung er auch immer inne hat, bittet darum, ruhig zu sein und ihm damit Schwierigkeiten zu ersparen. Don t make noise, please. Be quiet... Macht keinen Lärm, bitte. Seid leise... also Pschschsch. Nachdem er das letzte Wort (Pschschsch) wiederholt hat, macht er die Tür wieder hinter sich zu. Hans regt sich auf. Was will denn der? Wir sind doch leise. Der soll sich nicht so aufführen. Wichtigtuer. Oder wollte er nachschauen, was in dem Zimmer los ist? Spanner.

Ein paar Minuten später klopft es wieder. Was will er denn jetzt schon wieder? Wenn er sich wieder aufführt, kann er was erleben. Hans macht die Tür auf. Pschschsch. Be quiet. Don t make any noise. Pschschsch! Pschschsch! Zwei stärker angetrunkene ziemlich junge Mädchen betreten das Zimmer, nehmen einen beziehungsweise eine der Anwesenden nach dem oder der anderen in den Arm und verteilen Küsschen. Nach dieser Begrüßung fordern die beiden wiederholt mit einer Mischung aus ernster Miene und unvermeidlichem Kichern zur Ruhe auf. Pschschsch! Don t make any noise. Be quiet.

Die eine, ein zierliches blondes Mädchen, wiederholt die Aufforderung nochmals. Don t make any noise. Be quiet. Look, I am a serious person. I m a very serious person. I don t drink. I don t speak loudly. And I do not even laugh. Macht keinen Lärm. Seid leise. Ich bin eine sehr ernsthafte Person. Ich trinke nicht. Und ich lache nicht einmal. I m never smoking because I m playing floot. Ich rauche nie, weil ich Flöte spiele. Sie steckt sich eine Zigarette an. Mein Vater sagt, wenn man Flöte spielt, darf man nicht rauchen. Und ich will gut Flöte spielen. Darum rauche ich nicht. Wir waren in ganz Europa. Wir haben Budapest gesehen, wir waren in Zellamsee und jetzt sind wir in Istanbul. Sie verteilt wieder Küsschen.

Offensichtlich hat sie, die sich mit Pia vorstellt, mehr Alkohol abbekommen als Marga,

eine nicht ganz so zierliche kleine Brünette, die auch deutlich angetrunken ist.

Die Türkei ist ein tolles Land. Und die Türken sind so nett. Die laden einen zum Essen ein, zeigen einem Teppiche und alle Sehenswürdigkeiten, sind ganz freundlich, und man muss nicht einmal etwas kaufen.

Als der Redeschwall etwas nachlässt, stellen sich alle vor. Die Mädchen sind aus Finnland, achtzehn Jahre alt und unterwegs in Europa. In drei Tagen müssen sie wieder nach Hause fliegen. Mein Vater hat gehört, dass es in der Türkei Krieg gibt. Da hat er gleich angerufen und gesagt, dass wir sofort zurückfliegen müssen. Und wenn Vater das sagt, dann tun wir das. Wir sind sehr ernsthafte und folgsame Mädchen.

Offensichtlich wollen die Mädels zum Abschluss der Reise noch Abenteuer erleben. Warum hätten sie sonst unser Zimmer gestürmt? Ihr Pech ist nur, dass sie auf drei brave junge Männer gestoßen sind, die außerdem noch gerade Besuch haben. Vermutlich haben sie tüchtige Schutzengel.

Als die Runde gerade beginnt, sich in Grüppchen aufzuteilen, und die Mädchen im Begriff sind, sich an ihren Favoriten heranzumachen, den geheimnisvollen, gutaussehenden Tunesier Hassan mit dem verschmitzten Grinsen, klopft es wieder. Diesmal ist es vermutlich wirklich zu laut. Die kleinen Mädchen haben einfach zu viel getrunken und können ihre Lautstärke nicht mehr regeln. Irgend jemand macht auf. Ein leicht nervöser, ziemlich junger Mann, der gar nicht wie ein Türke aussieht, will etwas fragen, erspäht die Mädchen und weiß vermutlich nicht, ob er erleichtert sein soll, sie gefunden zu haben, oder entsetzt, dass sie tatsächlich in ein Zimmer mit wildfremden Leuten eingefallen sind, in dem noch dazu die Frauen ganz deutlich in der Unterzahl sind. Puh, da sind sie ja. Komm ruhig rein und nimm Platz. Das scheint ja inzwischen eine öffentliche Party zu sein. Der Junge ist auch Finne und reist mit den Mädchen. Außerdem hat sich ihnen ein Franzose namens Michel angeschlossen. Er versichert glaubhaft, dass die beiden Mädchen nur Blödsinn im Kopf haben und er inzwischen recht gestresst und genervt ist. Aber irgendwie will er sie auch nicht alleine lassen.

Es klopft wieder. Wer das jetzt wohl ist? Um diese Zeit höchstens noch der Portier, der die Feier auflösen will. Oder doch ein neuer Gast? Die Tür wird wieder aufgemacht. Sofort wird der Junge als Michel erkannt und hereingebeten. Die Runde kann weitergehen. Pia scheint mehr Chancen bei Hassan zu haben, wogegen sich Marga noch bei den anderen Männern umschaut.

Wieder klopft es. Der Pförtner bittet um Ruhe. Pschschsch. Ihr könnt feiern, aber seid um Himmels Willen ruhiger. Er verschwindet wieder. Hans regt sich wieder auf. So ein unsympathischer Wichtigtuer. Wen sollen wir denn stören? Irgendwie hat er recht. Schließlich dürfte ein ansehnlicher Teil der Hotelgäste in diesem Zimmer versammelt sein. Und die finden sich nicht zu laut. Der Geräuschpegel wird durch die Unterbrechung nicht wesentlich beeinflusst.

Hassan scheint ein Geräusch an der Tür gehört zu haben und macht auf. Pschschsch. Der Hotelboy steht draußen mit einem Lächeln zwischen Unbedarftheit und Schlitzohrigkeit. Wahrscheinlich ist er neugierig und will wissen, was in dem Zimmer los ist. Er wird freundlich hereingewunken und von den Finninnen mit Küsschen empfangen. Das scheint ihm zu gefallen, vor allem, da Marga sich jetzt besonders um ihn kümmert, soweit dies bei einem wildfremden, etwas schüchternen Jungen möglich ist, der praktisch keinen gemeinsamen Wortschatz mit jemandem im Zimmer hat.

Er erspäht ein deutsch-türkisch / türkisch-deutsches Wörterbuch, nimmt es in die Hand und blättert darin herum. Verheiratet - evli? Ja.

Evlimisin? Sind Sie verheiratet? Danke. Offensichtlich hat er soeben einen wichtigen Satz für einen Beschäftigten im Hotelgewerbe gelernt. Es stellt sich heraus, dass er Haschim heißt und aus der Gegend von Trabzon kommt, an der Schwarzmeerküste nahe der damaligen sowjetischen Grenze, fast am nordöstlichen Ende der Türkei. Und von dort fährt er zum Arbeiten nach Istanbul, wegen eines lausigen Hoteljobs. Aber der scheint ihm Spaß zu machen. Er scheint immer gut gelaunt und zu Blödsinn aufgelegt zu sein. Vermutlich war er nur zu dem Zimmer geschickt worden, um für Ruhe zu sorgen. Aber wie sollte er der Einladung von so netten Leuten widerstehen, vor allem, wenn er gleich von zwei hübschen Mädchen mit Küsschen empfangen wird?

Die Stimmung im Zimmer hat sich inzwischen noch gehoben, obwohl der letzte Tropfen Himbeergeist schon mindestens eine Stunde, bevor die Mädchen gekommen sind, seiner Aufgabe zugeführt worden war. Und das Zwetschgenwasser, das noch vorrätig wäre, könnte verheerende Folgen haben. Die Finninnen sind ja schon ausgeflippt genug und darüber hinaus so blau, wie man nur sein kann. Das muss man nicht ausufern lassen. Es ist ja auch ohne weiteren Alkohol lustig genug.

Einmal im Laufe der Nacht öffnet sich die Tür wieder einmal, und man sieht draußen Hassan, der jemanden hereinzuwinken scheint. Fast kriechend und sich vor Lachen den Bauch haltend kehrt er in das Zimmer zurück. Manche lachen mit, andere schauen verwundert. Ist er jetzt abgedreht? Hat er etwas Verrücktes angestellt? Hassan winkt noch einmal jemanden aus dem Gang heran. In der Verwunderung, wer denn jetzt noch zu Besuch kommen soll, taucht mit langsamen Bewegungen ein in eine weiße, großzügig geschnittene Feinripp-Unterhose und ein Trägerunterhemd aus dem gleichen Stoff gekleideter, von den Jahren bereits gezeichneter, leicht untersetzter grauaariger Mann in der Tür auf. Ob das ein Hotelnachbar ist, der sich beschweren will? Hassan winkt ihn herein. Der neue Gast setzt sich in der Nähe der Tür mit verschränkten Beinen auf den Boden an die Wand und schaut zu, wie sich die ganzen jungen Ausländer unterhalten. Seinem zufriedenen Gesichtsausdruck nach scheint ihm das zu gefallen. Dabei gibt es nichts Spektakuläres zu sehen. Ein paar junge Leute sitzen auf drei Betten und zwei Stühlen rum und unterhalten sich über irgend etwas, von dem er höchstwahrscheinlich nichts versteht. Wer ist das denn? Vermutlich ein Türke aus einem Nachbarzimmer, dem Hassan erzählt hat, hier wäre die volle Party am Dampfen.

Nach einer Weile, in der er mehr oder weniger unbeachtet in seiner Ecke gesessen hat, versucht er, das Wort zu ergreifen. Dazu richtet er sich auf und macht mit unverkennbarem Stolz Handzeichen, die bedeuten, dass er schon fünfundfünfzig Jahre alt ist. Und gerade, als alle gespannt sind, was er jetzt sagt, klopft es wieder. Der Redner zieht sich sofort an seine Wand zurück. Vor der Tür steht etwas aufgebracht der Portier. Diesmal macht er einen noch nervöseren Eindruck. Er schaut sich im Zimmer um, erblickt den fünfundfünfzigjährigen Landsmann und bedeutet ihm unmissverständlich, aber gerade noch höflich, die Feier zu verlassen. Haschim geht vorsichtshalber freiwillig. Den Rest bittet der Portier nochmals um Ruhe. Er will keinen Ärger. Nachdem der Ärger über diese Unterbrechung verflogen ist, folgt wiederholt ein anhaltendes Gelächter über den Gast in Unterhosen. Einige Stunden nach Mitternacht verabschieden sich die Gäste tatsächlich, und die ersten Stunden Schlaf in der fremden Stadt werden fällig, um sie am nächsten Tag tapfer erkunden zu können, Treffpunkt etwa um elf Uhr im Hotel von Kathrin und Tobias.

Hafenrundfahrt

Nach einigen Stunden Schlaf wird die für die Mitteleuropäer ungewohnte Hitze unerträglicher als die Müdigkeit und schafft es mit Hilfe des Istanbuler Straßenlärms, die drei Fremden zu wecken. Guten Morgen. Wie spät? Oh, da könnte man ja fast schon Kathrin und Tobias abholen. Gut, dass wir keine feste Zeit verabredet haben. Da ist noch ein bisschen Zeit zum Duschen. Die Dusche, die ein Stockwerk tiefer liegt, ist recht einfach konstruiert. In einem gekachelten Raum sind an einer Wand über Kopfhöhe ein Brausekopf und auf Kniehöhe ein Wasserhahn montiert. Das ist im Prinzip leicht zu reinigen und deshalb auch relativ sauber, obwohl die Anlage relativ häufig besucht wird. Jedenfalls gibt es eine halboffizielle Warteschleife von Gästen aus zwei Stockwerken und drei Kontinenten, die aber bald durchlaufen ist, da auch die anderen noch mehr vorhaben in dieser berühmten Stadt.

Bald sind alle durch ein kurzes Duschbad erfrischt und bereit, der Stadt ins Auge zu blicken. Es gibt zwar leise Klagen über den geringen Wasserfluß, aber andere Gäste, die schon einige Tage hier verweilt haben, sollen schon schlechter dran gewesen sein, zum Beispiel mit ein paar Tropfen oder gar einer plötzlichen Wasserabstellung bei einem vollständig eingeseiften Körper. Fein, doch Glück gehabt. Wenn andere mehr Pech gehabt haben, lassen sich vordergründige Unannehmlichkeiten deutlich leichter ertragen.

Die spontane nächtliche Party scheint gut angekommen zu sein. Hans erzählt, er habe Haschim auf der Treppe getroffen, und der habe sich mehrmals ganz herzlich bedankt. Der Junge wird ganz weg gewesen sein von den blonden Finninnen mit den für einen jungen Moslem aus dem Osten der Türkei trotz aller Harmlosigkeit vermutlich unglaublich freizügigen Manieren. Andere hätten gefragt, wo heute abend die Party wäre. Aber das weiß jetzt noch keiner. Erst ist der Tag dran. Kathrin und Tobias warten.

Das andere Hotel ist tatsächlich nur zwei Ecken weiter. Hans geht zum Hotel, das erst im zweiten Stock anfängt, während die beiden anderen vor dem Haus warten. Nach wenigen Minuten kommt er zurück, um zu berichten, dass Kerstin und Tobias bald kommen und das Hotel viel komfortabler aussieht als das eigene. Die haben sogar ein Haustelefon.

Nach kurzer Zeit ist die Gruppe komplett und macht sich auf zum Hafen. Eine Bosporusrundfahrt dürfte nicht allzu schwer zu bekommen sein. Schließlich wurde eine solche am Tag vorher beiden Gruppen von Neuankömmlingen innerhalb kürzester Zeit des öfteren angeboten. Gestärkt durch einen Kebab, der am inzwischen bereits vertrauten Stand auf dem Weg zum Bahnhof erstanden wird, erreichen die fünf bald den auch schon bekannten Hafen, wo gerade zwei größere Fähren und etliche kleine Barkassen nur auf sie zu warten scheinen. Eines der Boote wird bestimmt eine Rundfahrt mit ihnen machen.

Wollen Sie eine Bosporusrundfahrt machen? Der Gedankenleser, der gleichzeitig Kapitän einer kleinen Barkasse ist, versichert, dass die großen Ausflugsboote nebenan erst in einer Stunde ablegen und er dagegen losfährt, sobald sein Boot voll ist. Abgemacht, so lange wird das ja nicht dauern. Und eine Rundfahrt verspricht auf so einer kleinen Nußschale romantischer zu werden als auf einem großen Schiff mit mehreren Decks, wo man vielleicht nicht einmal einen Platz an der Reling bekommt. Der Preis macht auch einen ganz üblichen Eindruck. Jedenfalls ist er genauso hoch wie bei den Angeboten vom vorigen Tag.

Natürlich dauert es noch über eine Dreiviertelstunde, bis das Boot mit gut zwei Dutzend Passagieren voll besetzt ist und endlich ablegt.

Das kann natürlich etwas ärgerlich stimmen, wenn man, um die Abfahrt nicht zu versäumen und sich die besten Plätze zu sichern, die ganze Zeit in einer Barkasse sitzt, die, durch die Anlegetaue gebremst und dadurch manchmal etwas ruckartig, auf den Wellen auf- und abhüpft, welche die vorbeifahrenden Schiffe gegen die Kaimauer schicken. Bei dem nicht gerade abwechslungsreichen Ausblick auf die Kaimauer, die Unterseite der Galatabrücke mit den zwei Restaurants, das benachbarte große Rundfahrtschiff, das sich immer mehr füllt und auch bald abfahren wird, oder die Umrisse am im Dunst mehr oder weniger schemenhaft zu erkennenden gegenüberliegenden Ufer, bleibt nicht viel mehr übrig, als sich zu unterhalten, auf die Warterei zu schimpfen, und sich auf die Rundfahrt zu freuen. Die beiden letzten Punkte erledigen sich mehr oder weniger nebenbei. Der erste dürfte der ergiebigste und zeitfüllendste sein, wenn man sich zum größten Teil erst seit weniger als einem Tag kennt und doch neugierig ist, mit wem man in den nächsten Tagen die fremde Stadt kennen lernen will, und gleichzeitig seine ganzen gesammelten und oft schon fast wieder abgelegten Fremdsprachenkenntnisse aktivieren muss. Ach ja, eigentlich könnte man ja jetzt die geliehene Kamera ausprobieren. Schließlich hatte das nette Mädchen die Kamera mit der Auflage hergeliehen, ja recht viele Bilder zu machen und mitzubringen. Die Kamera ist ersetzbar, aber die Bilder nicht.

Das Gerät ist faszinierend. Wenn man in den Sucher schaut, ist erst alles ganz schwarz, aber sobald man den Apparat einschaltet, ertönt ein Surren, und der Objektivschutz öffnet sich ganz automatisch. Wenn man genau hinschaut, bewegt sich sogar das Objektiv etwas nach vorne. Das Genialste daran ist aber, dass man, wenn man auf bestimmte andere Knöpfe drückt, dieses Objektiv weiter aus- und einfahren kann und damit erreicht, dass die Bilder ausschauen, als wären sie näher da oder weiter weg. So kann man von der Seitenansicht der Galatabrücke mit den zwei kleinen Restaurants im Untergeschoß von ein und demselben Standpunkt beziehungsweise Schaukelpunkt aus zwei Bilder machen, die aussehen, als wären sie aus unterschiedlichen Entfernungen aufgenommen worden.

Endlich legt das Boot ab. Der große Nachbar dürfte auch bald so weit sein. Aber auf dem kleinen Boot ist es bestimmt schöner. Gemütlich tuckert die Nußschale erst einmal weg vom inzwischen vertrauten Ufer und der nun auch schon des öfteren überschrittenen Galatabrücke und gibt nach und nach einen immer totaleren Blick auf die Silhouette des Stadtteils um den Bahnhof frei. Die muss natürlich fotografiert werden. Ob die Bilder auch so dunstig werden wie der Originalblick? Da kann man sowieso nichts machen. Das Wetter gehört dazu. Haben die viele Moscheen! Schon vom Ufer aus sieht man etliche große. Und im Hintergrund erblickt man durch jede Baulücke elegante schlanke Minarette, mehr als in mitteleuropäischen alten Städten Kirchtürme. Mit der Zeit fällt auf, dass man in der ersten Begeisterung sämtliche Moscheen und Ausblicke auf die verschiedenen an die Hänge geschmiegten Stadtteile Istanbuls knipst, ohne zu wissen, was genau man festhält. Auf den Fotos wird man nicht einmal mehr auseinanderhalten können, ob die Motive immer die gleiche Moschee oder verschiedene Gotteshäuser sind. Aber mit dem Gerät macht das Knipsen Spaß. Man zeigt später halt nur die gelungensten Aufnahmen. Das sind ja jetzt erst Übungen mit dem neuen Apparat. Auch Entchen und Schiffe kann man fotografieren. Die Kriegsschiffe da vorne sind leider etwas zu weit weg. Ob die bereitliegen zum Auslaufen in Richtung östliches Mittelmeer, von wo die Titelseiten der Zeitungen immer noch schrecklichere Kriegsbefürchtungen bezüglich des Irak äußern? Ob

man die Schiffe fotografieren darf? Ein Polizist ist nicht zu sehen, aber die Touristen sind sowieso zu weit weg für das auf eine Brennweite von siebzig Millimetern voll ausgefahrene Objektiv der kleinen Kamera. Da kann Tobias mit seiner professionellen Ausrüstung sein imposantes Teleobjektiv ausnutzen, obwohl das Bild natürlich bei dem Geschaukle der Nußschale höchstwahrscheinlich verwackeln wird. Sachen, die einen verbotenen und damit verwegenen Anschein haben, wie das Fotografieren von Kriegsanlagen und Brücken, lassen sich nur sehr schwer unterlassen. Die Boote sind im Kasten, und keiner hat es registriert. Jetzt kann nichts mehr passieren. Ist das in der Türkei überhaupt verboten? Sind das überhaupt Schiffe, die in den Irak wollen? Vermutlich trifft keines von beiden zu. Aber manchmal genügt auch der bloße Anschein des Abenteuerlichen und Verwegenen.

Jetzt muss doch bald die berühmte Brücke von Asien nach Europa kommen. Die asiatische Seite sieht man ja schon. Was gibt es da zu sehen? Im Reiseführer steht irgend etwas, dass da hauptsächlich Wohnviertel sind und kaum touristische Attraktionen. Das da vorne könnte die berühmte Brücke sein. Leider sieht man sie in dem Dunst gar nicht richtig. Aber die Barkasse steuert zielstrebig darauf zu. Nach und nach werden alle verfügbaren Fotoapparate an Bord gezückt. Die anderen scheinen also das gleiche zu denken. Fast schon unter der Brücke deutet der Kapitän auf das Bauwerk, eine ewig lange, von Autos rauschende Hängebrücke, von der man vorwiegend die wenig malerische Unterseite sieht.

Weiter geht die Rundfahrt, vorbei an immer grüneren Siedlungen auf beiden Seiten. Die asiatische Seite scheint etwas weniger bebaut zu sein. Ob man da anders lebt als in Europa? Vom Schiff aus sieht man leider nur die Landschaft und die Häuser, aber keine Menschen. Das Fernweh, die Neugier und die Entdeckungslust werden noch größer. Bald wird man mehr von dem riesigen fremden Land sehen, bald. Zwar werden das hauptsächlich andere Städte und Touristengebiete sein und nicht die kleinen Dörfer, die man auf einer Radtour sehen würde, aber die wird man von den Straßen aus sehen. Und die Städte wird man durchwandern können, dort einkaufen und essen, Einheimische nach einer Pension oder einem Hotel fragen, mit ganz normalen Bussen fahren wie viele andere hier auch. Sicher wird man vertrauter werden mit dem Land.

Aber die nächste Station wird eine Mittagspause in irgendeinem Vorort sein, wie der Kapitän verlauten lässt. Schon steuert die Barkasse, die inzwischen gewendet hat und wieder Kurs auf das Zentrum nimmt, näher auf das Ufer zu. Langsam beginnt sich tatsächlich Appetit zu regen, der vermutlich nur durch das Misstrauen gegen die ungewohnte Ernährung und das Unbehagen gegen die ungewohnten Bakterien in einem völlig fremden Land leicht gezügelt ist. Aber ein Kebabbrot genügt eben nicht für einen ganzen Tag. Und in einem Vorort ist das Essen sicher noch billiger als in der berühmten und touristisch erschlossenen Millionenstadt.

Das europäische Ufer nähert sich zusehends. Offensichtlich steuert die Nußschale auf eine Lücke zwischen den vielen Fischerbooten vor einer der Ortschaften zu, die sich seit zwei Stunden unendlich aneinanderreihen. Tatsächlich taucht bald ein Steg auf, auf den die Barkasse jetzt direkt zusteuert. Der Kapitän rät den Passagieren, möglichst in dem kleinen Restaurant direkt neben dem Steg zu speisen, das er persönlich empfehlen kann. Eine Dreiviertelstunde Aufenthalt ist vorgesehen. Der Kahn drosselt seine Geschwindigkeit, treibt zwischen die anderen Boote und legt an.

Man wird wohl auch irgendwo in der Nähe etwas essen können. Wenn der Wirt vom Kapitän eines Rundfahrtbootes empfohlen wird, weiß er bestimmt schon, dass man Touristen anders zur Kasse bittet als Einheimische. Vielleicht hat er sich auch extra für die Fremden auf Wiener Schnitzel oder Würstchen mit Pommes umgestellt. Zumindest muss er die Provision für den Kapitän wieder hereinwirtschaften. Und was noch dafür spricht, ein anderes Restaurant zu suchen, ist die Tatsache, dass man das Land doch noch so weit wie möglich auf eigene Faust erkunden will. Der Ort schaut zwar ganz nett aus, aber er scheint mit Gaststätten nicht gerade überversorgt zu sein, zumindest nicht in unmittelbarer Nähe. Wer weiß, wie lange es dauert, bis man eine bessere Alternative findet. Vermutlich ist es bis dahin wieder Zeit zum Ablegen. Und dann ist man wieder etwa zwei Stunden auf dem Wasser, und der Magen hängt bis Istanbul vermutlich bis zum Kiel. Außerdem ist noch lange nicht gesagt, dass das empfohlene Restaurant schlecht ist. Und die Preise sind sicher nicht so abenteuerlich wie die in deutschen Fremdenverkehrsorten.

Das kleine Restaurant ist gleich neben dem Steg und erlaubt durch große Scheiben einen Blick auf den Bosporus. Das Essen ist nicht schlecht und kaum teurer als in Istanbul. Da allerdings die Mittagszeit schon lange wieder vorbei ist, können die Speisen zwar recht prompt serviert werden, sind dafür aber kalt.

Sehr pünktlich geht es wieder weiter. Noch ein Foto von dem Steg mit den Fischerbooten. Das ist malerisch. Findest du? Gut. Klick.

Langsam aber unbeirrbar schaukelt die kleine Barkasse ihre vom Mittagessen und von der Seeluft müden, vor sich hin dösenden, sinnierenden und träumenden Passagiere zurück nach Istanbul.

*

Service im Morgengrauen

Langsam kündigt der Himmel den Tag an. Er verliert nach und nach seine Dunkelheit, noch bevor sich ein erster Schimmer des Morgenrots am Horizont zeigt. Gleichzeitig wird die Temperatur noch etwas kühler. Und gleichzeitig erhascht Said an einer Straße, durch die das Sammeltaxi bestimmt fährt, einen armen Wirt, der wohl gerade sein Morgengebet verrichtet hat und sich widerwillig überreden lässt, ein Tavlaspiel auszuleihen. Damit sollte man sich wachhalten können. Die Regeln sitzen ja inzwischen. Man muss nur schnell die Möglichkeiten durchrechnen. Irgendwie ist nach einer durchwachten Nacht das Gehirn zu träge, um gravierende Fehler zu machen. Said gewinnt zwar die ersten Spiele souverän, muss sich aber nach harten Kämpfen immer öfter knapp geschlagen geben. Ob er seinen Gegner, der sich keiner Änderung seiner eigenen Spielweise bewusst ist, dadurch aufmuntern will? Oder macht sich doch langsam der statistische Vorteil der anderen Ausspieltaktik bemerkbar? Jedenfalls tut er so, als wäre er über seine plötzlichen Niederlagen etwas verwirrt, und drängt dazu, das Spiel zurückzugeben und aufzubrechen. Vor allem ist es bereits deutlich nach sechs, und kein Auto hat sich bisher auf der Straße blicken lassen. Das Taxi fährt wohl doch eine andere Strecke. An einer Parallelstraße ist es dann tatsächlich kein Problem, einen Platz in einem Dolmuştaxi zu bekommen, und um halb acht, gerade pünktlich, hält es in Ölüdeniz.

Es bleibt locker genug Zeit, zum Strand zu gehen, um das erste Boot zu erwischen. Zwanzig Minuten vor dem vermeintlichen Abfahrtstermin ist der Strand erreicht, und ein Plakat, das dem Layout nach eine Werbung für ein Konzert sein könnte. Außerdem ist alles auf englisch geschrieben, nicht türkisch. Offensichtlich sollen sich nur ausländische Touristen angesprochen fühlen. Butterfly Valley ist der Name des angepriesenen Ziels, Tal der Schmetterlinge. Sleeping on the Roof - Auf dem Dach schlafen, steht als Hauptüberschrift über einem Foto von einer Landschaft, die von einer primitiven Hütte auf Stelzen beherrscht wird. Tree houses for Backpackers - Baumhäuser für Rucksacktouristen. Die Zielgruppe ist auch noch recht eindeutig eingegrenzt. Offensichtlich sind Rucksacktouristen angesprochen, die für Romantik empfänglich sind. Also nichts wie hin. Um des Reimes willen wird auch noch Rent A Tent - Miete ein Zelt - angeboten. Und das Ganze ist mit einem dicken goldgelben Rahmen versehen. Ganz unten steht, ebenfalls in deutlicher Schrift: Abfahrt 11.00 Uhr. Das kann nicht sein. Vor nur einer Woche fuhren noch zwei Boote, eines um acht und eines um halb zwölf. Warten wir also bis acht. Nur nicht Einschlafen. Kein Schiff. Das Plakat scheint recht zu haben. Nicht so schlimm. Dann gehen wir inzwischen frühstücken. Man sieht ja vom Strand aus etliche Cafés mit Terrasse, wie an jedem beliebigen kleinen Ferienort am Strand in Südfrankreich oder Spanien auch.

Ob Said ahnt, was jetzt bevorsteht? Er ist ja über den Osten der Türkei angereist, wo man noch nicht weiß, wieviel Geld man für wie wenig Aufwand aus Touristen herausholen kann. Vermutlich ist er die ehrliche, naive türkische Gastronomie gewöhnt, wo man sich bemüht, dem Gast zu ehrlichen Preisen nach bestem Wissen und Gewissen seine Wünsche zu erfüllen. Dieser Strand mit seinen Sonnenschirmchen lässt allerdings darauf schließen, dass die Ortschaft touristisch bereits voll erschlossen ist und damit auch der Geschäftssinn der einheimischen Gastronomen an den internationalen Nepp angepasst wurde. Auch eine Sichtung der umliegenden Cafés mit ihren internationalen Speisekarten lässt internationalen Touristenstandard vermuten, also Höchstpreise für minimalen Aufwand. Tatsächlich ist Said etwas entgeistert, nachdem er die Preise gelesen hat. Aber wo sonst soll man um diese Uhrzeit schon ein Frühstück bekommen? Und immerhin bekommt man in der Türkei Weißbrot in beliebiger Menge inklusive. Irgendwie wird man also schon sattwerden können. In dem sympathischeren der beiden Cafés, die schon geöffnet haben, wird also ein Frühstück bestellt. Eine genaue Beschreibung soll dem Leser erspart bleiben. Wieder findet sich eine Theorie bestätigt, dass man in der Gastronomie unter internationalem Standard eine Art kleinsten gemeinsamen Nenner bezüglich Menge und Qualität zu den höchsten bekannten Preisen versteht. Jedenfalls muss man hier das Brot extra nachbestellen. Dafür ist es aber strohtrocken, so wie es vermutlich kein normaler türkischer Wirt seinen Gästen anzubieten wagen würde. Die sonstigen Zutaten in winzigen Portionspäckchen reichen nicht aus, einen Geschmack in den Mund zu bekommen. Alles in allem ist das Ganze genauso erbärmlich wie ein übliches internationales Hotelfrühstück. Die Hoteliers und Gastronomen, die ein anständiges Frühstück anbieten, mögen mir verzeihen. Aber offensichtlich geht man normalerweise davon aus, dass als Frühstück eine Tasse eines heißen Getränkes eigentlich völlig ausreicht und Beigaben wie Brot, Butter und dergleichen als besonderer Service anzusehen sind, der dankend abzulehnen ist. Der hohe Preis ist vermutlich mit dem Beitrag zur Abmagerung übergewichtiger Touristen zu rechtfertigen. All die möglichen Rechtfertigungen in Ehren: Hungrige, normalgewichtige Rucksacktouristen werden sich solche Adressen merken und in Zukunft meiden. Zumindest ist die Zeit bis zur Abfahrt des Bootes wieder etwas kürzer geworden, und eine kleine Stärkung war es doch. Und eine Überraschung gibt es am Ende des kargen Mahles obendrein: Das Frühstück ist um einiges teurer, als ausgezeichnet war. Wahrscheinlich hat der Tee oder das Brot extra gekostet.

Jetzt drängt sich richtig auf, womit man die restlichen zwei Stunden Zeit bis zur Ankunft des Boots nutzen sollte: mit einem Schläfchen am Strand. Der Körper beginnt, sich daran zu erinnern, dass er in der vergangenen Nacht keinen Schlaf bekommen hat. Allerdings kostet ein Schlafplatz am Strand unter einem Schirm pauschal fünftausend türkische Lira, drei Mark. Das ist die Größenordnung einer Übernachtung unter einfachen Verhältnissen in kleineren türkischen Fremdenverkehrsorten. Das hier ist allerdings ein Urlaubsstrand, was man ja schon an dem überteuerten Frühstück mit dem alten Brot gemerkt hat. Natürlich weiß jeder, dass ein Ausländer vor Geld stinkt und auf jede Gelegenheit wartet, den Gestank loszuwerden. Es gibt allerdings ausreichend Gelegenheiten, mit dem Geld jemand anderen zu belasten. Vielen Dank.

Während man sich lange über die Sitten an typischen Urlaubsorten auslässt und auch sonst einige Reiseerfahrungen austauscht, wird eine der beliebtesten Freizeitbeschäftigungen der Marokkaner ausgeübt: Spazierengehen. Damit können die restlichen gut eineinhalb Stunden Wartezeit leicht überbrückt werden, ohne völlig in der Sonne zu verschmoren.

Das hier ist eben auch ein Fremdenverkehrsort, wo die Leute wissen, was man mit Touristen macht. Dabei ist das hier sicher noch harmlos im Vergleich zu manchen mitteleuropäischen Fremdenverkehrsorten. Nach und nach findet man schon heraus, was man mitmacht und worum man lieber einen großen Bogen macht. Man fährt ja auch in ferne Länder, um zu lernen. In Istanbul war das nicht anders.

*

Überraschungen

Erholt und fast ausgeschlafen werden die Touristen nach ihrer ruhigen und beschaulichen Hafenrundfahrt wieder im lauten und lebendigen Istanbul abgeliefert. Für große Besichtigungen ist es jetzt, am späten Nachmittag, schon zu spät. Für Neuankömmlinge empfiehlt sich in einem solchen Fall ein Bummel. Bei dieser Gelegenheit kann man gleich ein sympathisches Lokal für ein Abendessen ausfindig machen.

Das ist nicht allzu schwierig. Schon nach einer Viertelstunde Spaziergang landeinwärts wird die Gruppe von einem jungen Mann mit Brille in fließendem Englisch angesprochen. Are you students? Seid ihr Studenten? Ich bin auch Student. Ich weiß, dass Studenten wenig Geld haben. Ich kann euch helfen, und ihr helft mir. Er zeigt auf ein kleines, sauber aussehendes Lokal, vor dem etliche Tische mit roten Decken stehen. Bei mir ist das Essen sehr gut und billig. Jeder Teller kostet für euch viertausend Lira. Ihr könnt euch erst das warme Buffet anschauen und dann selbst entscheiden.

Wo ist da der Haken? Wenn man schon auf der Straße angesprochen wird, ist üblicherweise Nepp im Spiel. Sonst hätte der Betrieb das nicht nötig. Und wenn der Preis so niedrig aussieht, ist bestimmt ein Trick mit dabei. Oder das Essen ist dementsprechend. Man muss sich also ganz genau vergewissern, um einen Geschäftsmann, der seine Kunden mit Wortspielen auszutricksen versucht, zumindest zum Lügen zu zwingen. Falls er doch ehrlich ist, ist das umso besser für beide Seiten. Falls er gelogen hat, verliert er wenigstens sein Gesicht. Viertausend Lira pro Essen? Nur viertausend Lira. Pro Teller? Pro Teller. Ihr könnt euch am Buffet geben lassen, was ihr wollt wahrscheinlich auch Bekannte aus dem Hotel mitgebracht hätten. Bei der großen Konkurrenz und noch dazu in der Nachsaison sind unseriöse Angebote

reiner wirtschaftlicher Selbstmord, außer man setzt ausschließlich auf Kunden, die nur einmal kommen. Da er ehrlich aussieht, das Essen noch heiß ist, einen appetitlichen Eindruck macht und das Angebot für ein Fremdenverkehrsgebiet wirklich günstig ist, setzten sich die Fremden an einen der rot gedeckten Tische. Einige haben sich bei dem kalten Mittagessen in dem Vorort zurückgehalten und sind jetzt schon wieder recht hungrig.

Bald stapeln sich auf den Tellern gefüllte Paprikaschoten neben gebratenen Auberginen, Bohnen und Hackfleischbälle, Reis in Aubergine, Kebab und andere orientalische Leckereien in verschiedensten Zusammensetzungen. Schließlich wird hier ja pro Teller berechnet. Und arm schaut das Lokal nicht aus. So kann man guten Gewissens genießen. Nur auf das Bier oder den Raki muss man hier verzichten, da das Lokal direkt neben einer Moschee liegt. Das kann man akzeptieren. Man muss halt diesmal mit Tee desinfizieren. Den gibt es zwar im Restaurant selbst nicht, aber in dem Viertel macht ein Teeverkäufer seine Runde durch die Restaurants. Alles in allem wird man hier also bestens versorgt. Es schmeckt wirklich gut, und alle sind zufrieden. Man fragt sich nur am Schluss, warum der Ober bei jedem so lange rechnet, bevor er kassiert. Schließlich hat jeder genau einen Teller voll gegessen, und der kostet viertausend Lira. Das kann doch nicht so schwer sein.

Allmählich erhärtet sich ein Verdacht, der am Anfang fast ausgeräumt worden war. Der Dummkopf hat es also doch gewagt. Und gleich so blöd. Die durchschnittlich achttausend Lira pro Essen, die der Ober schließlich errechnet, wären für das Essen an und für sich nicht zu viel gewesen. Aber warum musste der Student am Anfang immer wieder versichern, dass jeder Teller Essen viertausend Lira kostet? Ob der Mann aus Spaß Touristen reinlegt? Jedenfalls kommen die bestimmt kein zweites Mal, obwohl das Essen gut war und die Preise anständig. Hier zeigen die Mitteleuropäer eine gewisse Humorlosigkeit gegenüber Lügen, zumindest, wenn diese so dreist und direkt sind. Nicht jeder lässt sich gern für blöd verkaufen. Als der Student zur Rede gestellt wird, betrachtet er die Menüs und meint, dafür wären viertausend Lira wirklich zu wenig. Der Frage nach seinem großspurig unterbreiteten Preisangebot weicht der „Freund" wie erwartet mit fadenscheinigen Ausreden aus. Das Tragische daran ist, dass er nicht nur sich selbst Schaden zugefügt hat. Er hat wenigstens noch seinen Spaß gehabt und Touristen an der Nase herumgeführt. Aber er nährt mit dem Spielchen Vorurteile, die Orientalen eine grundsätzliche Unzuverlässigkeit bescheinigen, und zieht damit das Ansehen seiner Landsleute in den Dreck.

Das Lokal zwei Häuser weiter scheint ein ähnliches Angebot auf vergleichbarem Niveau zu haben. Das Essen kostet dort um die sechstausend Lira. Das kann man sich für den nächsten Tag merken. Vielleicht versteht der Nachbar mit der Zeit, dass bei Mitteleuropäern ein Lügner meist schlechter ankommt als etwas höhere Preise. Wie dem auch sei, die Truppe macht sich jetzt zum Frischmachen für den Abend auf in die Hotels, die gar nicht weit weg liegen.

Als Tobias und Kathrin die drei anderen abholen, treffen sie ihre Gäste von der vergangenen Party, die gerade aufbrechen, um ihren letzten Abend in der Türkei zu verbringen. Nur Pia fehlt. Ihr geht es nicht so gut. Schnell hat sich die ganze Gruppe von acht Leuten darauf geeinigt, den Gülhane Park zu besuchen, einen bekannten Vergnügungspark, der ganz in der Nähe liegt. Da Eintritt verlangt wird, muss er eine Sehenswürdigkeit sein. Um diese Zeit sieht man allerdings nicht mehr sehr viel. Vom Eingangsbereich aus stechen vor allem Biertische ins Auge, die an deutsche Volksfeste erinnern. Zielstrebig steuert die ganze Gruppe einen der Tische an, von denen noch nicht einmal die

Hälfte besetzt sind.

Nach wenigen Minuten kommt ein Kellner und nimmt die Bestellungen auf. Als acht Bier bestellt werden, müssen die Gäste erst einmal den Tisch wechseln. Die Gruppe ist offensichtlich an einem Familientisch gesessen, wie ein Blick in einen Reiseführer klärt. Diese Tische haben die Besonderheit, dass sich auch Frauen an sie setzen dürfen, was ansonsten in der Öffentlichkeit nicht üblich ist. Dafür herrscht dort Alkoholverbot. Schon zum zweiten Mal innerhalb kurzer Zeit wird einem bewusst gemacht, dass Alkohol in islamischen Ländern mehr geduldet als erlaubt ist. Männern wird er aber gerne serviert, wenn der Gastronom eine Lizenz zum Ausschank von Alkohol hat. Für Touristinnen werden in diesem Fall Ausnahmen gemacht.

Bevor jeder sein Bier bekommt, wird noch eine große Schale mit Obst auf den Tisch gestellt. Ein Willkommensgeschenk? Oder eine Selbstbedienungsmöglichkeit wie in Deutschland der Brotkorb, wo jedes verzehrte Stück einzeln berechnet wird? Letzteres ist wahrscheinlicher, obwohl diese Art von Service eigentlich nicht üblich ist. Brot ist normalerweise im Preis für das Essen mit inbegriffen. Also doch ein Geschenk? Man wird sehen. Die Schale an sich war schon eine Überraschung, die nächste wird bei der Abrechnung folgen. Wenn man nicht beachtet, dass Obst nicht zu Bier passt, sind die appetitlichen Obst eine gute Gelegenheit, sich um seinen Vitaminhaushalt zu kümmern. Nachdem man eine Weile über Gott, die Welt und die Türkei geredet hat, die Biergläser leer geworden sind und sich der Obstberg merkbar reduziert hat, kommt wieder einmal die Stunde der Rechnung. Natürlich wird das Obst berechnet, was einige mehr und andere weniger wundert. Der Preis erscheint allerdings recht hoch, beinahe auf deutschem Niveau. Aber das haben ja die in Kauf genommen, die mitgegessen haben. Nur weiß keiner mehr, welchen Anteil er genau an dem verzehrten Obst hatte. Einige hatten gar nichts, andere mehr. Aber man hat sich schnell geeinigt, nachdem der Ober belehrt worden ist, dass man das mit dem Obst nicht ganz korrekt findet. Das haben wir aber nicht bestellt. Ihr habt es aber gegessen. Das ist also genauso wie mit dem Brot in Deutschland. Und es hat keinen Sinn, sich zu beschweren. Man muss einfach rechtzeitig fragen. Sicher sind nicht alle Türken Lügner wie der „Student" vom Abendessen.

Sehr bald verabschieden sich die drei, die am nächsten Tag fliegen müssen. Sie wollen Pia nicht zu lange allein lassen. Gute Heimfahrt und schönen Gruß. Danke, und euch noch eine schöne Zeit in der Türkei.

Damit sich das Eintrittsgeld lohnt, schauen sich die anderen an, was noch zu entdecken ist. Um diese Uhrzeit findet man eigentlich nur noch eine Art Markt mit Souvenir- und Süßigkeitenständen und einer Waage. Waagen sind in Istanbul überhaupt häufig anzutreffen. An belebteren Straßen sieht man immer wieder Männer und Jungen, die sich selbständig gemacht haben und mit einer einfachen Küchenwaage ihre Dienste anbieten. Hier steht allerdings ein hochmoderner Wiegeautomat mit digitaler Anzeige. Auch das sonstige Angebot wird um einiges feiner dargeboten, als das auf der Straße der Fall wäre. Die aufwendigste Schau zieht der Eisverkäufer ab, ein schlanker, großgewachsener Mann mit Schnurrbart, der in eine bunte, folkloristische Tracht gekleidet ist. Wenn jemand ein Eis kauft, öffnet er den Deckel seiner Eisdose und greift mit einer Hand zu einer Eistüte und mit der anderen zu einem langstieligen Löffel. Den Löffel lässt er in kühnen Schwüngen durch die Luft sausen, bis er ihn, fast nebenbei, kräftig gegen eine Glocke schlägt und mit dem nächsten Schwung in die Eismasse taucht, einen ansehnlichen Batzen aufnimmt und diesen mit einem letzten Looping in die Waffeltüte versenkt.

*

Aufbruch ans Ende der Welt

Während des Spaziergangs hat ein Boot angelegt. Inzwischen sind auch noch einige Leute gekommen, die mit ins Tal der Schmetterlinge wollen. Offensichtlich fühlen sich von dem Werbeplakat vor allem junge und gut gebaute Leute vorwiegend weiblichen Geschlechts mit europäischem Aussehen angesprochen. Ob Said wegen der hübschen Blondinen so von dem Tal beeindruckt war? Zugeben würde er das wohl nie.

Ein junger, großer und sehniger Türke mit langer pechschwarzer Mähne bittet die Leute auf sein Boot. Der junge Robinson Crusoe gibt einen Empfang auf seiner Insel. Das romantische Abenteuer Tal der Schmetterlinge kann beginnen. Der Choreograph hat an alles gedacht. Bereits der Einstieg in das Boot erfordert Kletterkünste, da es am ganzen Strand keinen Steg gibt. Das stört allerdings niemanden, denn tatsächlich sind außer einem ergrauten Herren mit verwegenem Pferdeschwanz und sonnengegerbtem Gesicht nur junge Leute unter den fünfzehn Passagieren, die sich nach und nach auf dem Deck des Bootes niederlassen und erwartungsvoll auf das ruhige, erfrischend türkise Meer blicken. Auch die Kleidung der Touristen lässt keine Ansprüche auf Luxus vermuten. Praktisch alle tragen Jeans, entweder ausgefranst oder in Bermudalänge. Die einheitliche Oberbekleidung ist bei dem Wetter das T-Shirt, vertreten in gedeckten Farben oder Pink. Das Gepäck ist jeweils in einem Tramperrucksack verstaut. Wahrscheinlich ist das die ganz normale Ausstattung von Strandurlaubern, die nur auffällt, wenn man so etwas noch nie mitgemacht hat. Was Said wohl von dieser Fahrt erwartet? Er muss ja von seinem ersten Aufenthalt in dem Tal mit dem malerischen Namen richtig begeistert gewesen sein. Sonst hätte er wohl nicht die anstrengende Nachtfahrt auf sich und seinen neuen Reisegenossen genommen, um hierher zurückzukehren. Vielleicht ist die Natur dort diese Reise wert. Vielleicht ist auch die Stimmung hier besonders locker, lockerer, als er es von Marokko oder der restlichen Türkei gewohnt ist. Dieses leichte Leben ist wohl das, was einen Urlaub gelungen macht. Dazu müssen die richtigen Leute beisammen sein, und die Umgebung muss stimmen. Ob die Umgebung stimmt, merkt man manchmal nicht auf den ersten Blick. Wie war das noch mal in Istanbul?

*

Rock im Tünel

Die Attraktionen des Marktes können die fünf jungen Touristen nicht lange halten. Ob Istanbul ein Nachtleben hat? Das kann man herausfinden. Wofür residiert man denn praktisch mitten im touristischen Zentrum? Der Islam gilt zwar als sittenstreng, aber Istanbul ist eine Großstadt, die Millionen von Touristen anzieht, die sich amüsieren wollen. Und Geld hat ja bekanntlich im Zweifelsfall die eigentliche Macht auf der Welt. Schließlich können Restaurants und Geschäfte auch Lizenzen für den Ausschank und Verkauf von alkoholischen Getränken erwerben. Dann gibt es sicher auch Lokale, die bis spät in die Nacht aufhaben dürfen. Man muss sich wahrscheinlich nur umsehen. Der Ausgang des Gülhane Park ist gleich wiedergefunden, und schon ist man wieder in den Straßen Istanbuls, die jetzt viel ruhiger sind als am Tag. Eigentlich erkennt man sie nicht wieder. Anstatt des Gewusels von Autos, Fußgängern und Straßenverkäufern, die die schwülwarme und lärmende Luft durchschneiden und eindicken, sieht man nur vereinzelte

Fußgängergruppen, die in der angenehm lauen Abendluft vom und zum Park unterwegs sind, und einige wenige Autos, die es wegen ihrer geringen Zahl nicht mehr schaffen, aus jedem Versuch, eine Straße zu überqueren, eine lebensgefährliche Unternehmung zu machen. Unter solchen Umständen ist ein Spaziergang schon für sich angenehm, auch wenn man keine offenen Kneipen mehr findet.

An irgendeiner der tausend Straßen geht Hans plötzlich auf eine Gestalt zu, die gerade vom Untergeschoß eines der unzähligen großen, dunkelgrauen Häuser eine schmale Freitreppe heraufkommt. Wahrscheinlich fragt er nach der Kneipenszene in Istanbul. Die fremde Gestalt schaut der Haarfarbe und der Kleidung nach wie ein nördlicher Ausländer aus. Nach einem kurzen Gespräch verabschieden sich die beiden mit einem „Servus", und Hans kann über das Gespräch aufklären. Das war ein Nachbar aus Innsbruck. Der hat sich genauso gewundert wie ich. Mitten in der Nacht trifft man auf der Straße einen Nachbarn. Das gibt's doch nicht. Übrigens, er hat gemeint, die Kneipe da unten, Tünel oder so, die wäre ganz gut. Da wäre er schon öfter gewesen. Ich kenne aber seinen Geschmack nicht, ob das wirklich was Gescheites ist.

Das lässt sich nachprüfen. Von der Straße aus wäre man kaum auf die Idee gekommen, dass da unten ein Lokal ist. Aber wenn man die Stufen hinuntergeht, erkennt man den leuchtenden Schriftzug Tünel. Und wenn man sich dem nähert, hört man auch, dass irgendwo Musik sein muss. Sobald man allerdings die Tür öffnet und einen Blick ins Innere wirft, möchte man es gerne bei dem einen Blick belassen. Der Name des Lokals kommt wohl von seinem Zuschnitt. Der Raum ist sehr länglich und endet in einer Theke. Die Wände des Tunnels sind etwa auf Augenhöhe mit Spiegelreihen verziert. Davor, auf Thekenhöhe, zieht sich je ein langes Brett die Wand entlang, das gut ausreicht, um Biergläser darauf abzustellen. Vor dem Brett reihen sich Barhocker. Auf diesen schließlich sitzen Männer jeden Alters, aber vorwiegend jüngere, in regelmäßigen Abständen nebeneinander, ein jeder seinem Bierglas und dem Spiegel zugewandt. In der Mitte bleibt ein breiter Durchgang zum Tresen. Die Anordnung eignet sich vielleicht, um in Ruhe sein Bier zu trinken und mitzubekommen, wer alles da ist, ohne dabei jemandem in die Augen sehen zu müssen und ohne beim Trinken gestört zu werden, sie ist aber gewiss nicht kommunikativ und lässt eher an eine Art Trinkfabrik oder Abfüllhalle denken, Tunnel zum Rausch. Optisch wäre die ganze Szenerie dazu geeignet, Fremde, die sich amüsieren und Land und Leute kennenlernen wollen, etwas Lebendigeres suchen zu lassen, wenn da nicht die Musik wäre.

Ein super Lied. Das können wir ja noch anhören und dann gehen. Das melodiöse Rockstück wird postwendend von einem anderen mitreißenden Rhythmus abgelöst, der fast noch besser ins Ohr geht. Die Musik ist es wert. Bleiben wir doch für ein Bier. Und die Gruppe mit Frau findet sich am Tresen wieder und versucht, die längliche Geometrie des Raumes durch eine runde Sitz- und Stehordnung zu durchbrechen. Während der ersten Biere wird klar, was die Leute dazu bewegt, sich in diesen Abfülltunnel zu setzen. Die Musik, der schwungvolle, wohltönende Rock n Roll verleiht dem tristen Anblick eine heitere Stimmung, hinterlässt von den Haarspitzen bis zu den Zehen das Gefühl, sich zu amüsieren, gibt dem Raum eine Lebendigkeit, die mit den Augen beim besten Willen nicht zu erkennen ist; der Rhythmus heitert auf und die Melodie stimmt gleichzeitig friedlich. Der Wirt und Diskjockey hat eine gute Hand und trifft genau den Geschmack der Neuankömmlinge.

Ein Bier nach dem anderen steigt in den Kopf, wogegen die Musik in die Beine kriecht. Bei Kathrin und Tobias hat sie die durchschlagendste Wirkung. Wie auf Kommando schweben sie auf einmal Hand in Hand in den Freiraum vor dem Tresen und tanzen Rock n Roll. Ungeachtet der Tatsache, dass sie Fremde sind, dass Kathrin die einzige Frau im Lokal ist, dass das ganze offensichtlich als eine reine Trinkhalle gedacht ist, ohne irgendwelche Bedenken zu zeigen, legen sie plötzlich los, fegen durch das Lokal, saugen die Musik auf und lassen sie wirken, tanzen sich erst richtig in Schwung. Sicher werden sie über die Spiegel von allen beobachtet. Die drei Begleiter stehen erst ratlos da und wissen nicht, was sie tun sollen. Genauso geht es wohl den anderen Gästen, die sich nach und nach umdrehen, um das Tanzpaar direkt bestaunen zu können, das nicht daran denkt, aufzuhören. Die ersten Türken beginnen, im Rhythmus zu klatschen. Die Tanzeinlage kommt gut an. Nach wenigen Minuten haben fast alle Anwesenden einen Kreis um die beiden gebildet und feuern sie mit rhythmischem Klatschen an. Das Lokal ist nicht mehr wiederzuerkennen. Die beiden haben mit ihrer spontanen Idee den friedlich-tristen Trinkabend in eine fetzige Tanzshow verwandelt, auf die alle nur gewartet zu haben scheinen. Nur die Musik ist gleichgeblieben. Keiner sitzt mehr vor seinem Spiegel, keiner geniert sich jetzt, der Musik nachzugeben und sich klatschend mitzuwiegen. Ein Knoten ist geplatzt. Die Stimmung kann nicht besser sein. Das Tanzpaar gibt jetzt natürlich sein Bestes, soweit das auf dem engen Raum möglich ist. Die beiden bleiben der Mittelpunkt. Auf der improvisierten Tanzfläche sind sie nach wie vor allein. Schließlich haben die durchweg männlichen Zuschauer ihre Frauen nicht dabei. Lied um Lied reißen sich die beiden und die Zuschauer gegenseitig mit. Was nur eine kurze Einlage zur Auflockerung hätte sein sollen, wird wohl zum unvergesslichen Erlebnis. Noch einmal wird der Tanz wilder, bis die beiden unter allgemeinem Applaus zu ihren Plätzen zurückkeilen. Jetzt gibt es natürlich einen Aufhänger für Unterhaltungsthemen, die weitere Themen ergeben und so weiter. Die Leute beginnen also, sich miteinander zu unterhalten, kleine Gesprächsgruppen bilden sich.

Schon bald nachdem die Fremden ihr Bier ausgetrunken und gezahlt haben, ist Sperrstunde, ein Uhr. Auf der Straße oberhalb der Treppe vor dem Lokal versuchen ein paar der jungen Türken, ein Gespräch zustande zu bringen. Mangels gemeinsamer Sprache bleibt es beim Woher? Wohin? Wie heißt du? Wie alt? Einer versucht, seine Einstellung zu Völkerverständigung und Toleranz zum Ausdruck zu bringen. Erst zeigt er auf sich und deutet eine betende Verneigung an. Das heißt wohl, dass er Moslem ist. Dann deutet er auf sein deutsches Gegenüber und macht ein Kreuzzeichen und ein fragendes Gesicht. Evet. Ja, ich bin Christ, und du bist Moslem. Er wiederholt noch einmal seine Gesten, um sich zu vergewissern, dass die Botschaft so weit klar ist. Gut. Dann fügt er die Gesten mit weiteren Handbewegungen zu einem Satz zusammen. Egal, ob Christ oder Moslem. I love you.

Auf dem Heimweg ins Hotel taucht die Frage auf, wo diesmal die Party stattfinden soll. Das wird sich ergeben. Auf jeden Fall gehen erst einmal alle fünf in das Hotel, wo sich am vorigen Tag die seltsame Feier ergeben hatte. Aber diesmal macht der Portier nicht mit. Erstens lässt er Kathrin und Tobias nicht mehr mit auf das Zimmer und weist darauf hin, dass er heute Ruhe im Zimmer haben will. Bis morgen. Zweitens kommt er wenig später noch einmal und will die Ausweise haben, was besonders Hans in Rage bringt. Auf jeden Fall entfällt an dem Abend bei der Stimmung die Party. Als sich die restlichen drei oben ein wenig beruhigt und ausgeruht haben, kommt Michel vorbei und erzählt, dass das Treffen heute ein Stockwerk tiefer im Zimmer von zwei jungen Engländerinnen stattfindet. Dort sind viele neue Leute aus ungefähr acht Ländern versammelt. Aber der nervöse Portier, der wohl Orgien be-

fürchtet, bittet alle paar Minuten um Ruhe, weil sich angeblich irgendwelche anderen Hotelgäste aufregen.

Dabei hat das Zimmer eine Doppeltür, die Unterhaltung findet in Zimmerlautstärke statt, und diesmal sind wohl wirklich fast alle Hotelgäste versammelt. Aber da es sowieso schon wieder sehr spät ist, die Gastgeberinnen beginnen, müde zu werden, und der Chef keine Ruhe geben will und bereits mit Drohungen beginnt, löst sich die Versammlung sehr bald auf.

Auf dem Zimmer wird noch die Rakiflasche geöffnet, die eigentlich für die heutige Party gedacht war, natürlich nur aus medizinischen Gründen, zum Desinfizieren.

Aber sehr bald macht sich bemerkbar, dass Hassan zu viel getrunken hat. Das war eigentlich schon aufgefallen, als er im Tünel ein Bier nach dem anderen geleert hatte, obwohl er sonst eigentlich fast nichts trinkt. Der plötzliche Drang zum Alkohol hat auch einen Grund: Pia. Das Mädchen hat ihm völlig den Kopf verdreht. Zumindest bildet er sich das ein. Er will von Hans, dass er Pia das ausrichtet und sie holt. Aber der denkt natürlich nicht daran und sucht Hinderungsgründe. Da musst du schon selber gehen. Mit mir kommt sie bestimmt nicht mit. Du musst sie holen. Geh runter und sag, sie soll kommen. Wie stellt der sich das vor? Was will er eigentlich gerade von der? Hassan jammert weiter im Halbdelirium und versucht immer wieder, Hans mit Schmeicheleien und Scherzen zu überreden. Du gönnst sie mir nicht. Natürlich kommt sie, wenn du es sagst. Hans ist der Verzweiflung nahe. Geh doch selbst. Der Hassan ist so blau. Hoffentlich geht er nicht tatsächlich. Das kann Ärger geben, bei dem Alkoholspiegel. Vorerst liegt er aber auf seinem Bett und muckst sich nicht mehr. Sendepause.

Was will der mit der überhaupt? Eine Dümmere und Leichtsinnigere kann er wohl nicht mehr finden. So was ist er wahrscheinlich nicht gewohnt. Während sich die anderen beiden noch etwas beraten und unterhalten, steht Hassan auf und wankt aus dem Zimmer. Vielleicht geht er jetzt wirklich selber. Hans entschließt sich kurz darauf, nachzuschauen, ob er keinen Blödsinn macht. Gleich ist er wieder zurück. Durch die offene Tür hört man Putzgeräusche. Hassan hat es nicht mehr bis zum Klo geschafft und im Waschbecken im Flur eine Inventur der letzten Mahlzeiten vorgenommen. Wenigstens macht er es selber sauber. Während die anderen beiden sich noch Gedanken über ihn machen, wankt er zurück ins Zimmer, zieht gerade noch das Nötigste wie seine Schuhe und die Jeans aus, lallt etwas davon, dass Hans jetzt endlich die Pia holen soll, legt sich ins Bett und fällt in Schlaf wie ein Toter.

*

Ankunft im Paradies

Nachdem das Boot schon eine Weile die felsige Küste entlanggetuckert ist, gibt es einen Anlass, die Bekleidung auf das Allernötigste zu reduzieren: Der Kapitän steuert an der von Steilwänden gesäumten Küste in eine kleine Bucht und stellt vor einer besonders malerischen Grotte den Motor ab.

Das Bild, das sich hier bietet, versetzt den Betrachter wirklich in eine euphorische Ferienstimmung. Das friedliche Meerwasser, in dem sich gerade die Strahlen der Mittagssonne brechen, hat hier eine schier unwiderstehliche Anziehungskraft. Fast alle Passagiere verfallen dem Zauber und finden sich mitten in der Szenerie wieder, friedlich badende Menschen im klaren türkisen Wasser in der leicht rötlich schimmernden Felsenbucht, fast zu schön für einen Werbeprospekt...

Als nach einer kurzen Weile alle über die Strickleiter an das Deck des Bootes zurück-

geklettert sind und sich wohlig und zum Teil blau eingefärbt von der Farbe der Bordwand in der Sonne trocknen lassen, tuckert der Motor leise weiter und führt die Schar wohlgemuter, entspannter Touristen weiter die Küste entlang, bis ein flacher, üppig bewachsener Uferstreifen auftaucht, der links und rechts ebenfalls von steilen Felswänden begrenzt wird. Während sich das Boot diesem Ufer nähert, werden vor und inmitten der Vegetation auch Spuren menschlicher Besiedlung sichtbar: drei kleine Häuser mit überdachter Terrasse und fast in der Mitte des Tals in Ufernähe eine größere wandlose Hütte auf hohen Stelzen, die optisch also nicht nur das Werbeplakat beherrscht, sondern das ganze Tal. Hinter der Hütte sind beim Näherkommen einige spitzige gelbe Zelte zu erkennen. Schließlich werden noch einige Leute sichtbar, die ein Sonnenbad nehmen. Dort legt das Boot schließlich an einem Steg an und entlässt seine Passagiere ins „Tal der Schmetterlinge".

Wie bei der Ankunft an jedem Urlaubsort beginnt der Aufenthalt mit der Suche nach einem geeigneten Quartier. Die Auswahl ist nicht allzu groß. Im ganzen Tal gibt es drei Häuser. Die dienen als Restaurants und Cafés. Zur Zeit hat nur eines davon geöffnet. Dort klärt einer der Angestellten über die Alternativen bei der Übernachtung auf. Die billigste Übernachtung ist die „auf dem Dach", also in der offenen Stelzenhütte, und als noble Alternative kann man ein Zelt mieten. Nachdem die Zelte untersucht und als muffig und unromantisch befunden worden sind, werden die Rucksäcke auf jeweils eine der Matratzen auf dem Holzgestell plaziert. Sobald die Neuankömmlinge ihr Lager markiert haben und zum Restaurant zurückgekehrt sind, fragt sie ein anderer der Angestellten nach dem Vornamen und dem Schlafplatz, um beides in ein Buch einzutragen, anhand dessen wohl am Ende des Aufenthalts die Rechnung geschrieben werden wird.

Außerdem fragt er nach den Wünschen für das Mittagessen. Zur Auswahl stehen einfache orientalische Gerichte aus Hülsenfrüchten, deren Namen einem Europäer allerdings nichts sagen. Sogar Said, der bereits einige Wochen in der Türkei unterwegs war und außerdem aus einem arabischen Land stammt, von dem man also annehmen würde, dass er sich in der Küche der Region auskennt, möchte sich die Gerichte genauer erklären lassen. Die Erklärungen scheinen ihn aber nicht zufriedenzustellen. Nach ein paar Nachfragen macht er sich auf in die Küche, zusammen mit seinem deutschen Freund, dem die Situation bereits peinlich ist und der ihn zaghaft zurückzuhalten versucht. Lass doch, das Essen wird schon gut sein. Ich will aber genau wissen, was ich bestelle. Das ist so üblich. Offensichtlich ist er die Buffets aus anderen türkischen Restaurants gewohnt, wo in Glasvitrinen die verschiedenen Gerichte ausgestellt sind, die noch übrig sind. In der Küche steuert er sofort auf den Koch zu, der gerade in einem riesigen Kochtopf rührt, und bittet ihn, ihm die einzelnen Gerichte zu zeigen und zu erklären. Der junge Türke beginnt auch, anfangs geduldig, aber von Minute zu Minute zusehends genervter, die Deckel von den einzelnen Töpfen zu lüften, und den Inhalt den Augen des Fragers preiszugeben. Schon bald wird er durch einen Kollegen erlöst, der die in der Küche unerwünschten Besucher hinauskomplimentiert. So geht das nicht. Geht bitte raus. Said ist äusserst beleidigt. Er findet das Verhalten der Leute hier unverschämt und kann sich nicht beruhigen.

Manchmal wirkt er irgendwie kindisch. Aber wahrscheinlich ist das ein Missverständnis. In der Türkei und vermutlich auch in Marokko scheint es üblich zu sein, dass man das Essen begutachten kann, bevor man es bestellt. Zum Beispiel gibt es oft Vitrinen, in denen das Essen zur Schau gestellt wird. Das hat den Vorteil, dass man schon während der Bestellung sieht, was man bekommt. Dafür ist es zumindest in einfachen Restaurants in diesen Ländern üblich, dass nur jeweils zu den Essenszeiten gekocht wird. Dieses Essen wird dann so lange ausgeteilt, wie der Vorrat reicht. Daher ist es ratsam, sich zu erkundigen, wann in den einzelnen Regionen üblicherweise gekocht wird, wenn man warme, frisch zubereitete Mahlzeiten schätzt.

Ein Essen anzubieten, ohne es den Gästen vor der Bestellung zu zeigen, scheint Said unfreundlich, wenn nicht sogar unseriös zu finden. Widerwillig lässt er sich dazu herab, einen Teller gekochte Bohnen zu bestellen. Viel lieber hätte er das Essen boykottiert. Aber er fühlt sich etwas schwach, und im ganzen Tal gibt es zur Zeit nur diese eine Verpflegungsmöglichkeit. Wenigstens sind die Preise niedrig und die Hülsenfrüchtepampen, die angeboten werden, nahrhaft und angenehm gewürzt. Nach dem Essen helfen ihm zur Aufmunterung vorerst ein paar Spiele Tavla. Nachdem er das erste gewonnen hat, scheint sich seine Laune tatsächlich vorübergehend zu bessern. Er schilt nur die Fehler seines Gegners. Aber irgendwie ist er selbst nicht ganz bei der Sache. Und der Gegner hat sich inzwischen die Kritik zu Herzen genommen. Die nächsten Spiele verliert Said. Bald bist du der Champion. Ob er inzwischen die statistische Rechnung mit der Abschlussstrategie versteht? Aber ein Crack wird sich wohl nicht von einem Anfänger belehren lassen. Nachdem Said noch ein paar Runden verloren hat, ist er müde und möchte sich hinlegen. Er fühlt sich krank. Vielleicht war er deshalb so gereizt und unkonzentriert.

Schlafen - nein, das wäre jetzt nichts, mitten am Nachmittag, bei dem herrlichen Wetter. Said hat erzählt, dass es landeinwärts in dem Tal einen wundervollen Wasserfall geben soll. Das hört sich nach frischem Wasser an, herrlich erfrischendem Wasser, nach schattenspendenden Bäumen und kühlen Felswänden, nach rauschender Ruhe. Natürlich gibt es das daheim auch, aber erstens wäre jetzt ein wenig Musse sehr angenehm, um die ersten zwei Wochen der Reise zu verarbeiten, die einerseits schon wieder so weit weg sind, dass sie auch bereits Monate zurückliegen könnten, aber andererseits noch gar nicht richtig vorüber sind, zumindest noch nicht verdaut. Und zweitens schadet sicher etwas Entspannung nicht, um Kräfte für die Reise in die eigentliche Fremde zu sammeln, die Fahrt in den Osten, deren Ziel letztlich von ein paar Politikern abhängt.

Der Schlaf hat Zeit bis heute abend. Jetzt wird das Tal ausgekundschaftet, von außen nach innen, vom Wasser zum Fels. Zuerst ist die Bucht mit dem wunderbar warmen und klaren Wasser an der Reihe, das sich vermutlich vorzüglich zum schwimmen eignet. Schuhe aus und los! Ha - ha - heiß. Die Steine glühen ja fast. Darum haben die meisten der anderen, die am Strand liegen, Badeschlappen an. Aber es sind ja nur ein paar Meter über den glühenden Kies. Dann ist man im lauen Wasser und kann in Ruhe seine Runden drehen. Wenn nur das Wasser nicht so salzig wäre. Das Salz brennt fast so in den Augen wie das Chlor im Schwimmbad. Aber das Brennen gibt sich mit der Zeit. Vielleicht gewöhnen sich die Augen daran, im Gegensatz zum Chlor. Außerdem kann man ja versuchen, seine Technik umzustellen. Wenn man den Kopf über dem Wasser behält, sieht man auch mehr von der Umgebung. Geradeaus, vom Strand weg, schwimmt man auf das offene Meer zu, und links und rechts, im Abstand von wenigen hundert Metern, rahmen zwei Hunderte von Metern hohe, fast senkrechte Felswände die Bucht ein, die sich in der Form eines Trichters dem Meer öffnet. Man fühlt sich geschützt zwischen den hohen Wänden, die nur an wenigen Stellen bewachsen sind, soweit man das ohne Brille erkennen kann. Hier kann man öfters schwimmen gehen, wie zu Hause, wo in diesem Sommer jede Möglichkeit ge-

nutzt wurde, ein bis zwei Stunden durch die Seen zu kraulen. Für heute genügt eine halbe Stunde. Dann ist wirklich noch Zeit für einen Spaziergang. Den könnte man zweckmäßigerweise mit einem Bad in Süßwasser verbinden, um das Salz von dem sonst erfrischenden Bad in der Bucht abzuwaschen. Denn wo es einen Wasserfall gibt, ist auch genug klares Wasser. Und wenn nicht, oder wenn der Wasserfall zu versteckt oder zu weit weg für einen Abendspaziergang ist, gibt es dafür bestimmt das eine oder andere zu entdecken. Die zwei Tage sind voraussichtlich viel zu kurz, auch für so ein kleines Tal, und die kurze Zeit muss man ausnutzen. Irgend etwas Neues kann man immer sehen und lernen. Ein Spaziergang ohne festen Plan kann hier sicher genauso interessant werden wie in Istanbul.

*

Dezimiert

Am nächsten Morgen, der wieder gegen Mittag beginnt, kommt Tobias allein vorbei, nachdem er unten den Ausweis abgeben musste. Natürlich schläft Hassan seinen Rausch aus und ist noch nicht zu gebrauchen. Lassen wir ihn schlafen. Kathrin ist krank und hütet das Bett beziehungsweise das Zimmer. Hans will einen befreundeten Teppichhändler besuchen, von dem seine Eltern ihre Teppiche beziehen. Also splittert sich die Gruppe für den heutigen Tag etwas auf. Die Entdeckungsreise zu zweit mit Tobias führt vorerst in einem Tempo, das der Mittagshitze angemessen ist, durch die umliegenden Gassen in ein kleines Çayhane, ein Teehaus. In diesem einfachen, hellen Raum mit offenen Fenstern und Türen, dessen Boden mit Sägemehl bedeckt ist, kann man zwischen Einheimischen ein Glas Tee schlürfen, sich unterhalten und die anderen Gäste beobachten, die das gleiche machen oder Back Gammon spielen.

Gestärkt durch das süße Getränk, keimt wieder Abenteuerlust auf. Essen wir in einem möglichst typischen Lokal. Das da schaut typisch aus. Wenigstens scheint der Besitzer sich nicht so reich geneppt zu haben, dass das Lokal völlig neu wirken würde. Außerdem liegt das Schaufenster, hinter dem das Buffet aufgereiht ist, im Schatten, was darauf schließen lässt, dass es hier einigermaßen kühl ist. Auf dem Buffet liegen mehrere Speisen, die bestimmt noch vor wenigen Stunden warm waren, vor allem verschiedene Kebab- und Gemüsegerichte in Öl und daneben Reis und Joghurt. Der leere Magen überredet zu einer Mutprobe. Auf die Teller werden einstmals gebratene Auberginen in ebenfalls kaltem Öl geladen, dazu Joghurt und als Krönung eine lange Pepperoni. Bald wird Kathrin Gesellschaft haben. Bei Joghurt kann man vermutlich nicht viel falsch machen, aber das kalte Öl schaut doch sehr verdächtig aus. Tobias gibt als erster auf. Er schlägt einen empirischen Test vor, ein Experiment. Der Joghurt gelte als harmlos. Und er isst nur noch die Pepperoni. Wenn er dann auch Durchfall bekommen sollte, war sogar die nicht mehr für einen mitteleuropäischen Magen geeignet. Offensichtlich ist er sich seiner Sache sehr sicher. Die Schärfe der Pepperoni müsste ja eigentlich eine desinfizierende Wirkung haben. Und die Auberginen sehen schon nach der Rache des Sultans aus. Dafür schmecken sie aber nicht schlecht. Und vielleicht hat sich der Magen inzwischen an die türkischen Bakterien gewöhnt. Was tut man nicht alles für die Wissenschaft. Erst einmal isst man sich satt. Ob man später Magen und Darm entleert oder gleich mit leerem Magen umherläuft, ist letztendlich gleich. Und die Kalorien werden jetzt benötigt, für die weitere Erkundung Istanbuls.

Das waren also jetzt wohl ein ganz typisches türkisches Teehaus und ein typisch türkisches Mittagessen. Was ist noch typisch für die Türkei, wenn wir schon dabei sind? Typisch für Istanbul ist jedenfalls, dass man immer wieder einmal angesprochen wird. Sind Sie Deutsche? Ja. Und aus welcher Stadt? Aus München. Aha, Bayern. Ich war sechzehn Jahre in Bayern. Ich kenne mich aus. Wisst ihr, was der Unterschied zwischen einem Bayern und einem Türken ist? Der Türke spricht besser deutsch. Übrigens, wollt ihr Teppiche anschauen? Nein, danke, wir sind noch einige Wochen in der Türkei unterwegs und haben nicht vor, die ganze Zeit Teppiche mitzuschleppen. Aber anschauen könnt ihr sie doch. Vielleicht gefallen sie euch so, dass ihr am Ende eures Urlaubs wiederkommt. Außerdem müßt ihr nichts kaufen. Kommt einfach rein. Aber wir kaufen wirklich nichts. Kein Problem. In seinem Geschäft, einem Raum, in dem sich an allen Wänden Teppiche in verschiedenen Größen und Farben stapeln, zeigt er dann den mäßig interessierten Besuchern ein paar seiner schönen Teppiche. Sie sind wirklich nicht hässlich, aber vermutlich wird weiter im Osten das Angebot um ein mehrfaches günstiger, da die Handelsspannen in einer Großstadt wie Istanbul relativ hoch sein dürften, vor allem bei Touristen. Ja die Teppiche sind sehr schön, aber wir haben wirklich nicht vor, welche zu kaufen. Wir stehlen dir nur deine Zeit. Nein, nein, um diese Zeit ist sowieso nichts los, und ich unterhalte mich gern. Ist der nicht besonders schön?

Im Schatten der Blauen Moschee

Nach einem freundlichen Abschied führt der Weg weiter zum Platz zwischen der blauen Moschee und der Hagia Sofia. Die hat Kathrin schon bei einer früheren Türkeireise gesehen und besonders die blaue Moschee empfohlen. Wie alle berühmten Sehenswürdigkeiten sind die beiden beeindruckend großen und doch nicht klotzigen Gebäude von Andenkenhändlern und Süßigkeitenverkäufern umlagert. Was für einem Angebot man da widerstehen kann! Es gibt natürlich besonders geschäftstüchtige Händler, die nicht locker lassen. Oder sie haben ein solches Sendungsbewusstsein, dass sie glauben, der Tourist käme ohne seine Ware nicht aus. Zumindest scheint das bei dem Jungen der Fall zu sein, der unbedingt seine Dias loswerden will. Mister, Dias, nur zwanzig Deutschmark. Nein, danke. Schöne Dias. Topkapi Serail, Dolmabahçe Serail... Nein, danke, wirklich nicht. Offensichtlich war das „nein" nicht abweisend genug. Schließlich will er ja nur seinen Job machen, da genügt es, wenn man freundlich ablehnt. Aber der Junge hat das Lächeln falsch interpretiert und läuft mit zwei Vierundzwanziger - Klarsichttaschen voll mit pappgerahmten Dias hinterher. Fünfzehn Deutschmark, ganz schöne Dias. Nein, danke, wirklich nicht. Ich brauche keine Dias. Zehn Mark. Zehn Deutschmark. Das kostet in Deutschland fast ein Film. Und man muss in dem Museum nicht selber mit dem Fotoapparat rumknipsen. Vielleicht kann man sich ja die Besichtigung sparen. Was sollen endlose Stunden in dunklen Museen, wenn die ganze Türkei mit unzähligen geheimnisvollen Dörfern, Städten und Landschaften wartet. So langweilig ist das Land bestimmt nicht, dass es nur in Museen lebendig und sehenswert erscheint. Außerdem steht so ein Museum noch länger, und man kann es auch noch im hohen Alter besuchen, wenn andere Reisen zu beschwerlich geworden sind. Zehn Mark? Gut, überredet. Teşekürler iderim. Vielen Dank, auf Wiedersehen. Günaydin. Das Topkapi Serail kann jetzt den Bekannten zu Hause gezeigt werden, ohne dass man sich selber die hochgezüchtete Kultur antun muss. Und falls es doch besichtigt werden sollte, kann der Fotoapparat zu Hause bleiben. Wer weiß, ob man in dem Museum überhaupt mit Blitz fotografieren darf.

Tobias, der schon ein paar Schritte vorausgegangen ist, wohl, um dem Verkäufer zu signalisieren, dass er wenig Zeit zum Verhandeln hat, meint auch, dass der Junge seine Gewinnspanne in etwa auf Null reduziert haben muss.

Die nächste Versuchung naht in der Gestalt eines Jungen, der Postkarten von Istanbul verkaufen will, zu einem ganz normalen Preis. Auf den Karten, die er bereitwillig herzeigt, sind auch lauter sehr schöne Motive zu sehen. Leider ist die Qualität der Abzüge alles andere als schön. Sind es keine schönen Karten? Scheiße Karten? Sag gleich, dass es scheiße Karten sind, dann weiß ich, was ist. Der Junge hat recht, aber sollte man mitten in einem Moscheehof derart derbe Ausdrücke gebrauchen? Tobias meint, die Karten wären wirklich nicht schön, aber typisch. Außerdem ist gerade eine gute Gelegenheit, um Karten zu schreiben. Bei der Hitze kann man sowieso nicht viel unternehmen. Zu einem Sonderpreis wird der Junge einen Zehnerpack Karten mit Kuverts los.

Im relativ kühlen Innenhof der beeindruckenden Moschee sitzen noch mehrere Leute im Schatten. Einer davon ist ein Gymnasiast, der Verwandte in Istanbul besucht. Bei denen besteht Wassermangel. Sie bekommen nur zwei- bis dreimal pro Woche für wenige Stunden Trinkwasser aus der Leitung. An den Tagen müssen sie den kostbaren Stoff natürlich horten. Oh. Und unsereiner duscht bis zu zweimal täglich, findet den mangelnden Wasserdruck noch lästig und mokiert sich später zu Hause darüber, dass es auf vier Etagen nur zwei Duschen gibt. Sind wir etwas Besseres?

Der Gymnasiast fragt, wohin die Reise noch gehen soll. Er selbst wohnt in Konya, ganz in der Nähe der bizarren Landschaft Kappadokien. Falls du da vorbeikommst, kannst du ja vorbeischauen. Meistens bin ich im Copyshop, der ist mitten im Zentrum. Da kannst du nach Mister Perfect fragen. Ich kann dir dann die Sehenswürdigkeiten von Konya zeigen, das ist an einem Vormittag oder Nachmittag passiert, so viel gibt es da nicht zu sehen. Warst du schon in der Moschee?

Inzwischen ist Tobias fertig mit dem Kartenschreiben und kommt mit. Wie üblich werden am Eingang die Schuhe ausgezogen, und für Besucher mit Shorts oder freien Oberarmen und für Frauen ohne Kopfbedeckung werden Tücher ausgegeben. Die blaue Moschee ist der blanke Wahnsinn. Eigentlich besteht der Wandschmuck des gewaltigen Raumes nur aus geometrischen Mustern und arabischen Schriftzügen, aber in einer Komposition, die an Lebendigkeit mit jeder noch so von Engelchen und Heiligen verzierten Kirche mithalten kann, irgendwie sogar erhabener wirkt. Obwohl außer den Separées für die Frauen, einer Art Kanzel und einer quaderförmigen Erhebung und vier riesiger Säulen mit einem Umfang von vielleicht fünfzehn Metern nur Teppiche als Mobiliar vorhanden sind, schaut das Ganze auch nicht leer aus. Das kann nicht an den Menschen allein liegen. Zwar sind, durch eine Art Zaun getrennt, etliche betende und meditierende Einheimische und eine viel größere Zahl von Touristen in der Moschee, aber in der riesigen Halle schauen alle fast verloren aus. Die Seite mit den Touristen erkennt man an den Kameras, an den einheitlichen Handtüchern, die die nicht statthaften Blößen verhüllen, und am in allen Sprachen ausgedrückten Staunen. Mister Perfect erzählt, dass man als gläubiger Moslem in einer Moschee strenggenommen überhaupt nicht sprechen sollte. Außerdem würden die Blitzlichter die Betenden in ihrer Versenkung in Allah stören. Und eigentlich seien in einer Moschee Bilder nicht nur als Wandschmuck verboten. Vielmehr dürfe der Gläubige beim Beten gar keine Bilder bei sich haben, also zum Beispiel weder Fotos, zum Beispiel in Ausweisen, noch Geld. Das erinnert an das zweite Gebot, das man auch als Christ in der Schule und in

der Kirche lernt, dessen Umsetzung aber keinen mehr interessiert. Die würfelförmige Erhebung sei übrigens für die Sultane gewesen, und zwar nicht dazu, um sie zu erhöhen, sondern um sie vor Attentätern zu schützen. Der Sultan betete auf dem Kasten, damit seine Soldaten den Weg zu ihm versperren konnten. Heute, im Zeitalter der Handfeuerwaffen, würde sich dieser Platz wohl nicht mehr für diesen Zweck empfehlen.

Die benachbarte Hagia Sofia soll ein anderes Mal besichtigt werden. Jetzt wird Kathrin besucht. Ihr geht es noch nicht viel besser. Aber das Hotel ist komfortabel: Außer dem Zimmertelefon gehört ein mit Polstersesseln ausgestatteter Fernsehraum zur Ausstattung. Wie im eigenen Hotel fehlt natürlich auch die Bar nicht, und ab der Rezeption im ersten Stock führt ein Aufzug nach oben. Das Zimmer von Kathrin und Tobias hat sogar eine eigene abgetrennte Nasszelle mit Sitzklo und Dusche. Dazu ist gerade noch Platz für ein Doppelbett, zwei Rucksäcke und ein Nachtkästchen. Damit ist das Zimmer voll. Die Besucher müssen sich fast drängen, um gemeinsam mit Kathrin reden zu können.

Dir geht es noch nicht besser? Da ist es aber an der Zeit, die alten Hausmittel auszuprobieren. Zuerst bekommt sie einen Schluck Raki, auch wenn der Schnaps eigentlich nur prophylaktisch desinfizieren soll. Um den Mineralverlust auszugleichen, bekommt sie noch ein isotonisches Getränk verabreicht, ebenfalls mit Raki verfeinert. Beide Maßnahmen haben zwar keinen sofortigen Erfolg, aber Kathrin lässt sich davon überzeugen, dass es ihr guttun wird. Jeweils einen Schluck Raki brauchen die beiden Besucher inzwischen auch, die nach kürzester Zeit das zimmereigene Klo ebenfalls sehr zu schätzen gelernt haben. Es müssen die Pepperoni sein, die diese durchschlagende Wirkung haben, Tobias hat ja praktisch nichts anderes gegessen. Jedenfalls muss der Magen-Darm-Trakt jetzt nachgefüllt werden, und Kathrin lässt sich auch überzeugen, dass es ihr guttun wird, zum Abendessen mitzukommen.

Da zuerst noch Hassan und Hans abgeholt werden müssen, hat sie noch eine kleine Verschnaufpause.

Diesmal darf Tobias überhaupt nicht mehr ins Hotel. Wahrscheinlich befürchtet der Rezeptionschef, dass er einen schlechten Einfluß ausübt, oder er will von vornherein eine dritte Party vermeiden.

Jedenfalls sind Hans und Hassan bereits auf dem Zimmer, und nach kurzer Zeit kann die dritte Suche nach einem Abendessen beginnen. Kathrin ist auch schon fertig, als sie abgeholt wird, und diesmal geht die Gruppe etwas weiter auf den Hügel hinauf, in eine Straße, an der sich praktisch Gaststätte an Gaststätte reiht. Nach ausgefeilten Kriterien wird eine davon ausgesucht. Sieht es sauber aus? Ein Durchfall genügt. Stehen Preistafeln rum? Wo viele Wirtschaften sind, fühlt sich sicher auch der Nepp wohl. Die erwählte Wirtschaft macht zwar diesmal keinen großen Umsatz, da die meisten leicht angeschlagen sind, aber es wird wieder einmal ein netter Abend, einer der letzten in Istanbul. Am nächsten Tag wollen sich fast alle über Möglichkeiten zur Weiterreise erkundigen. Nur Hans erwartet Freunde, die nachkommen. Aber alle wollen sich noch einmal treffen. Bis dahin wird etwas mehr Schlaf den vom Durchfall leicht mitgenommenen Körpern sicher guttun. Gute Nacht. Gute Nacht.

*

Für heute dürfte die Runde in dem schön lauwarmen Wasser genügen. Das Tal wartet. Said hatte ja gesagt, das Tal wäre sehr gut zum Ausspannen. Ob er dabei an Bademöglichkeiten gedacht hatte, ist allerdings fraglich. Eher hatte er die Unberührtheit von der hektischen Zivilisation gemeint, oder die hübschen jungen Frauen,

die hier eindeutig in der Mehrheit sind. Aber man will ihm nichts andichten. Schließlich gibt er sich sehr konservativ. Konservativ hat sich allerdings Omar anfangs auch gegeben, und dann wollte er seine Frau für eine Nacht herleihen. Der Wirt in Pamukkale hatte sich dagegen von Anfang an tolerant gezeigt, als er unbedingt seine beiden ledigen und alleinreisenden Gäste verkuppeln wollte. Aber das gehört jetzt nicht hierher. Doch, natürlich gehört es hierher. Auch das waren die Erlebnisse, die hier verdaut werden sollen, aber später. Erst einmal ist etwas Entspannung nötig.

Entspannung verspricht ein Spaziergang ins Innere des Tals. Der Weg liegt, soweit man vom Ufer aus sieht, im Schatten von hohem Gras, Bäumen und Büschen. Nur auf den ersten paar hundert Metern führt der Trampelpfad in der Sonne durch hohes, dünnes Gras, links vorbei an dem aufgestelzten Schlafplatz und dem kleinen Zeltplatz. Wenig später streift er die einsame Nasszelle des Tals. Hier steht ein weißer Holzverschlag, an dem außen ein Waschbecken und innen eine Dusche und ein Stehklo installiert sind. Das ist vermutlich die einzige Sanitäranlage und die äusserste Grenze der Zivilisation in dem Tal. Dahinter beginnt die nur durch einen Trampelpfad erschlossene und hoffentlich nicht mit Zivilisationsmüll markierte Wildnis. Und Bäume und Büsche spenden Schatten, kühlenden Schatten. In einem Land wie der Türkei, wo es oft recht heiß ist, zieht die Aussicht auf Kühle unwiderstehlich an. So war es natürlich auch im staubigen Moloch Istanbul.

*

Im Untergrund

Wieder einmal weckt der Lärm der Großstadt die müden Reisenden auf. Der Zeitpunkt der

Verabredung mit Kathrin und Tobias passt nach den Erfahrungen der vorherigen Tage ohne Eile genau in den morgendlichen Rhythmus, der sich inzwischen eingespielt hat. Die beiden sind auch schon fertig und waren sogar schon fleißig: Sie haben für den nächsten Tag die Schiffsreise nach Osten gebucht.

Heute soll noch einmal ganz gemütlich Istanbul erkundet werden, zu Fuß, wie in den letzten Tagen auch. Wofür wohnt man denn im Zentrum?

Immer wärmer wird die dicke und laute Luft der Großstadt. Einem Spätaufsteher bleibt es eben verwehrt, sich nach einem kühlen Morgen langsam an die größer werdende Hitze des Tages gewöhnen zu können. Eigentlich ist gar keine Lust mehr vorhanden, etwas zu unternehmen. Aber Kathrin hat eine rettende Idee. Hier irgendwo muss es sein, ganz in der Nähe. Tatsächlich, hier ist es. Habt ihr eure Studentenausweise dabei? Aha, dafür hätte man so etwas brauchen können. Wir besichtigen jetzt die Zisterne von Istanbul. Im Reiseführer steht, dass von hier aus früher die ganze Stadt mit Wasser versorgt wurde. Und angenehm kühl ist es hier, genau das richtige für dieses Wetter. Wie lange darf man hier bleiben?

Nicht nur das Klima ist hier unten angenehm. Das unterirdische Gewölbe bietet auch etwas für Auge und Ohr. Man steht mitten in einer geheimnisvoll erhabenen, sparsam beleuchteten Höhle und fühlt sich von einer seltsam leisen aber widerhallenden Musik gebannt. Dabei entsteht eine so feierliche Stimmung, dass man es nicht wagt, die Stimme zu erheben, höchstens ein gelegentliches Flüstern stört die sphärischen Klänge. Über dem glasklaren Wasser ist ein Netz von Stegen verlegt, so dass viele Besucher gleichzeitig trockenen Fußes die alte Anlage besichtigen können. Und damit sie wirklich alles sehen können, sind etliche Scheinwerfer angebracht, aber so geschickt, dass sie die ruhige Stimmung nicht stören. Eigentlich ist die ganze Zisterne nur ein großes unterirdisches Gewölbe, dessen Decke von vielen Säulen gestützt wird. Diese Säulen wiederum werden von großen Steinköpfen getragen, die wohl Dämonen oder Wassergeister darstellen. Ob alle Säulen auf solchen Köpfen ruhen, ist in der dämmrigen Beleuchtung nicht zu erkennen. Nur wenige der alten Charakterköpfe liegen in der Nähe eines Stegs und werden beleuchtet. Diese riesigen, meist wild blickenden Häupter haben durchaus unterschiedliche Gesichter und blicken in unterschiedliche Richtungen, nach verschiedenen Seiten oder sogar nach oben. Die verschiedenen Kopfstellungen werden wohl ihren Grund in irgendeiner Aufgabenteilung haben. Wer weiß, wofür die einzelnen zuständig sind. Wahrscheinlich sollen diese Geister das Wasser vor Verunreinigungen schützen.

An bestimmten besonders feuchten Stellen an der Decke sieht man, dass das Wasser offensichtlich tropfenweise durch die Decke kommt. Man hört es aber auch. Die seltsamen Töne, die ständig in einem undefinierbaren Rhythmus zu hören sind, entpuppen sich als Tropfgeräusche. Man kann aber nicht nachverfolgen, ob ein einzelner Tropfen ein bestimmtes Geräusch gemacht hat, da in der riesigen Höhle ständig Tausende von Tropfen fast gleichzeitig niederfallen, so dass man nicht einmal mit Sicherheit sagen kann, was ein Tropfen war und was ein Widerhall. Vielleicht gibt es in der Höhle gar kein Echo, sondern der jeweilige Hall ist in Wirklichkeit nur ein Tropfen, der an einer anderen Stelle kurz nach einem anderen Tropen niederfällt. Vielleicht hallen die Tropfen auch mehrfach wider, wer weiß. Jedenfalls scheinen viele Leute vorzuhaben, wiederzukommen. Wie aus vielen öffentlichen Wasserstellen und Nischen in der ganzen Welt, blitzen auch vom Grund der Zisterne unzählige Münzen unterschiedlichster Farbe und Größe. Es soll ja überall so sein, dass man an einen Ort eines Tages zurückkehrt, wenn man dort eine Münze an eine schwer erreichbare Stelle oder ins Wasser geworfen hat.

Irgendwie ist es kaum zu glauben, dass nur wenige Meter über diesem ruhigen Ort die Millionenstadt Istanbul mit all ihrer Hektik und ihrem ganzen Leben brandet und dass da oben inzwischen die volle Mittagshitze wartet. Als die fünf, gestärkt durch die Ruhe und die Kühle und voller Tatendrang, diesen alten verzauberten Ort verlassen und sich wieder dem Tageslicht stellen, werden sie zuerst wie durch einen gleißend glühenden Hammer zurückgeworfen. Das ist nicht wahr. Hätten wir doch länger bleiben sollen? Schöne Plakate gibt es hier. Was ist das? Eines der Bilder zeigt einen scheinbar verschneiten Berg, wo Menschen in Badekleidung in Wasserfällen stehen. Beim näheren Hinsehen besteht der Berg aus lauter kleinen waagerecht und senkrecht versetzt angeordneten Wasserlöchern, die von Schnee eingefasst sind. Was ist das? Das sind Kalksinterterrassen. Das soll echt bizarr sein da. Bekannte von mir sind da schon gewesen und waren begeistert. Die lassen aber bloß noch am Wochenende das Wasser hinunterlaufen, dann schaut es am besten aus. „Pamukkale" steht über dem Plakat. Das kann man sich merken. Vielleicht liegt es auf der weiteren Reiseroute in Reichweite. Und jetzt frischen Mutes auf die Straße, in die drückende Hitze.

*

Hier im Tal der Schmetterlinge ist es jetzt nicht mehr heiß. Die Bäume spenden Schatten, und bald werden wohl auch die Felswände den Sonnenstrahlen ihren Weg auf den schmalen Pfad verstellen.

Ein Bad in einem Bach ist verlockender als eine Dusche in der Nasszelle. Vor allem deutet nichts auf eine Verschmutzung des Rinnsals hin. Das Tal ist offensichtlich bis auf die Touristenanlagen unbewohnt.

Allerdings müsste das unscheinbare Gewässer für ein Bad zur Quelle hin breiter werden. Das klingt unlogisch, aber wenn am Ende tatsächlich ein Wasserfall sein sollte, muss das Wasser dafür irgendwo herkommen. Oder es gibt zumindest Gumpen, die ausreichend tief sind. Vielleicht wird das Wasser ja auf seinem Weg einfach von der Vegetation aufgebraucht. Vielleicht lüftet sich das Geheimnis bald.

*

Hagia Sofia

Wohin gehen wir jetzt? Die Hagia Sofia muss man unbedingt besuchen, wenn man in Istanbul ist. Das ist das große Gebäude gleich gegenüber der blauen Moschee. Ein guter Teil des Hügels ist ja schon geschafft.

Damals hat sie aber noch anders ausgesehen. Seit Kathrins letztem Besuch ist das Kulturdenkmal in einer anderen Farbe gestrichen worden. Überhaupt hat das Gebäude im Laufe seines Daseins viele Veränderungen durchgemacht. Meistens war es eine Kirche oder eine Moschee. Die letzte Funktion als Gotteshaus hatte es wohl als Moschee. Das sieht man an den Namenszügen Mohammeds, Gottes und der ersten Kalifen, die auf riesigen schwarzen Scheiben in weißer arabischer Schrift schräg in den oberen Ecken des Hauptsaales angebracht sind. Heute scheint das Haus mehr als Touristenattraktion zu dienen. Dafür spricht, dass unter anderem in eben diesem Hauptsaal an der Stirnseite, zwischen zwei der runden Tafeln, ein Marienbild freigelegt ist. Die Moslems kennen zwar auch Maria, Mirijam, als die Mutter des Propheten Isa, Jesus, aber in einer Moschee haben Bilder eigentlich nichts zu suchen.

Auch Hassan scheint den altehrwürdigen und vor allem riesigen Bau nicht als geweihten Ort anzuerkennen. Sonst würde er sich kaum auf der Galerie eine Zigarette anstecken. Nachdem der Saal mit seinen Kunstwerken aus verschiedenen Jahrhunderten und in seiner ganzen augenblicklichen Gestalt eine Weile wirken durfte, wird das restliche Gebäude erforscht. Am eindrucksvollsten ist noch eine Reihe mit kalligraphischen Bildern, die ein Künstler in einem Souvenirladen ausstellt. Diese Bilder bestehen fast ausschließlich aus arabischen Schriftzügen, wahrscheinlich Koransprüchen oder Gedichten, aber auf den ersten Blick sind eindeutig Vögel oder andere Lebewesen oder Gegenstände abgebildet. Für jemanden, der die Schriftzeichen nicht als solche erkennt, wären die Figuren besonders feine und originelle Zeichnungen. Wie der Schöpfer dieser feinen Gebilde es wohl geschafft hat, den Wörtern so viel optische Gestalt zu geben, ohne dass bei näherem Hinsehen die Schrift oder die Figuren verzerrt wirken?

Auch in die blaue Moschee wagt die Gruppe wieder einen Blick. Immerhin ist sie nach Mekka die Moschee mit den zweitmeisten Minaretten. In Mekka hatte man damals zusätzliche Türme bauen müssen, damit der Vorrang wieder hergestellt war. Diesmal lauern beim Verlassen der Moschee vier oder fünf Jungen im Teenageralter mit den bekannten Schuhputzkästen. Ihre Altersklasse erscheint ungewöhnlich. Bisher hat man bei dieser Arbeit nur kleinere Kinder oder alte Männer gesehen. Schuheputzen? Ganz billig. Guter Preis. Gute Qualität. Dazu noch ein Hinweis auf das erhabene Gotteshaus. Nötig hätten die Schuhe es schon. Pschpsch. Einer davon hat seinen Schemel schon ein paar Meter weiter im Schatten einiger Büsche aufgebaut, wo es nicht so heiß ist. Er bekommt die Schuhe auch sauber, aber eine alte Regel wird zum wiederholten Male bestätigt: Frage immer nach dem Preis, bevor du etwas annimmst, sei es auch eine Kleinigkeit. Der Junge verlangt nämlich eine Phantasiesumme und beharrt darauf. Das geht doch etwas zu weit. Ein Fünftel wäre immer noch fürstlich, und noch einmal der selbe Betrag für die eigene

Dummheit. Das reicht bestimmt. Das meint der Junge allerdings nicht und schimpft und jammert. Ein anderer kommt dazu. Was ist los? Wieviel hast du ihm gegeben? O.K., dankeschön, auf Wiedersehen.

Ausklang

Der Weg in Richtung der Hotels führt an einem größeren Postamt vorbei, vor dem eine Reihe von Telefonen aufgereiht ist. Die meisten der Automaten funktionieren mit Karten. Sind Karten nicht sowieso günstiger? Bei Münzen ist es immer ein Glücksspiel, wieviele davon der Automat annimmt und wieviele er nach dem Telefonat zurückgibt. Wahrscheinlich sind Kartentelefone ehrlicher und berechenbarer. Wir sind ja noch länger in der Türkei, da lohnt sich eine Karte sicher. Wenn man nicht ständig Münzen nachwerfen muss, kann man sich auch viel besser auf das Gespräch konzentrieren. Man muss nur mit einem Auge die Leiste beobachten, die zeigt, wie voll die Telefonkarte noch ist. Die Anzeige läuft ganz schön flott. Kaum dass beide Gesprächspartner wissen, wie am anderen Ende der Leitung das Wetter ist, ob es etwas Neues gibt, dass es den anderen gut geht und man schnell noch gegenseitig ein paar Grüße ausgerichtet hat, erkennt man, dass die Zeit gleich um ist und man sich nur noch alles Gute wünschen kann. Na ja, mit Münzen wäre es auch nicht billiger geworden, und jetzt muss man nicht auch noch auf die Karte aufpassen, sie ist ja leer. Nach einem kleinen Bummel werden Kathrin und Tobias in ihr Hotel gebracht und ein Termin für den Abend ausgemacht. In einer Stunde bei uns. Bis gleich.

Wohin gehen wir heute? Auf jeden Fall suchen wir nicht mehr so lange. Das Lokal neben dem, wo wir vorgestern waren, hat doch ganz nett ausgeschaut. Abgemacht. Es ist ja auch nicht weit. Der Student von nebenan zuckt mit den

Achseln, als die Gäste von vorgestern ins benachbarte Restaurant gehen. Das hat er jetzt davon. Das Essen hier ist mindestens genauso gut, etwas günstiger, und der Wirt ist freundlich. Sogar Bier darf er ausschenken. Und nach dem Essen spendiert er eine Runde Tee. Da kann man es sich gut gehen lassen. An der Wand des Lokals hat ein Straßenverkäufer einige Westen, Lederjacken und Wasserpfeifen ausgestellt. Im Laufe des Abends ziehen die natürlich die Aufmerksamkeit einiger Besucher auf sich. Da muss der Verkäufer kaum nachhelfen. Er hat übrigens acht Jahre in Deutschland gearbeitet und jetzt eine Lederjackenfabrik im großen Bazar von Istanbul. Was kosten die Westen? Sehr schöne Qualität. Bei uns zahlt man dafür ein Vielfaches. Die bekommt man in Deutschland bestimmt los. Vielleicht kaufen wir am Ende unserer Reise welche, vor unserem Rückflug von Istanbul nach Deutschland. Schöne Wasserpfeifen sind das. So etwas habe ich mir eigentlich schon immer gewünscht. Und ich hätte sie mir teurer vorgestellt. Das kann ich mir noch überlegen. Der Wirt verkauft zwar an dem Abend nichts, aber immerhin hat er Interesse geweckt. Am Anfang einer Reise gibt man sein Geld eben noch nicht für Souvenirs und Einrichtungsgegenstände aus, sondern mehr für Sachen, die nichts wiegen oder sich verbrauchen, zum Beispiel für Besichtigungen, Fahrten, Unterkunft und Lebensmittel.

Damit letztere sich rentieren und nicht wie am vorigen Tag sehr unvollständig genutzt ihren Weg in die Kanalisation antreten, erscheint ein desinfizierender Nachtisch als lohnende Anlage. Raki darf der Wirt offensichtlich offiziell nicht ausschenken, zumindest nicht auf der Straße. Dafür bittet er die Gäste in das Innere des Lokals, in das Gastzimmer im ersten Stock mit Blick auf die Straße. Da lässt es sich auch aushalten, und so vergeht noch ein langer gemütlicher Abend, bis der letzte gemeinsame Heimweg angetreten wird. Morgen früh besteigen Kathrin und Tobias ihr Schiff, es ist also Zeit, um Abschied zu nehmen. Gute Fahrt. Schöne Reise. Sie kennen ja wohl Abschiedsszenen.

*

Haltlose Neugier und wohin das führt

So in Gedanken versunken und die Erlebnisse der letzten Woche und die Erwartungen und Ungewissheiten der kommenden zwei Monate hin- und herwälzend, wird das Meer immer weiter zurückgelassen. Der Weg führt stufenweise langsam aufwärts ins Innere des Tals. Von den verschiedenen Stufenabsätzen aus kann man immer wieder die aufgebockte Schlafstelle, die drei Cafés, die Zelte und mit etwas Suchen die Nasszelle vor dem Hintergrund der sonnig blauen, von Felswänden eingerahmten Bucht sehen. Und von Stufe zu Stufe wird die ganze Szenerie kleiner.

Auf der anderen Seite wird dafür die Gestalt immer größer, die aus dem Tal entgegen kommt. Die junge Frau ist auch noch spazierengegangen, unter anderem, um den Wasserfall zu sehen. Auf dem Weg war aber dann eine Stelle, die ihr zu nass war, um sie mit Turnschuhen zu durchqueren. Morgen ist auch noch ein Tag. Bis später.

*

Hasch... im

In Istanbul finden sich die Gäste diesmal zu ungewohnt früher Stunde, noch vor Mitternacht, im Hotel ein. Haschim grüßt wie immer recht freundlich und wird mit aufs Zimmer gewunken. Diesmal wird es zwar wahrscheinlich keine Party geben, aber man kann ja auch so im kleineren Kreis schwatzen. Raki nimmt der brave Junge keinen an, dafür sitzt er ganz interessiert mit am Tisch, hört aufmerksam den Gesprächen in den fremden Sprachen zu, beobachtet wohlwollend alles, wohl vor allem die Gesten, denn mehr ist nicht zu sehen, und wartet, was passiert. Jetzt wäre eine Wasserpfeife recht. Hassan grinst. Ja, mit Haschisch. Ja, Haschim. Haschim ist erfreut, dass er endlich angesprochen wird. Hans hält die Idee auch nicht für so schlecht. Wenn man schon im Orient ist.

Die Reaktion Haschims bringt die Wasserpfeifenraucher auf eine Idee. Das Problem ist nur, wie man dem Jungen, der hier sicher sämtliche Vertriebswege kennt, alles übersetzen kann. Haschim. Ja. Kannst du für uns eine Besorgung machen? Er lächelt freundlich und nickt. Wahrscheinlich hat er noch überhaupt nichts verstanden, aber er gibt sich Mühe. Das wird schon. Hassan spielt einen Raucher. Haschim nickt. Kannst du uns was zum Rauchen besorgen? Haschim schüttelt den Kopf. Damit meint er wohl, dass er nicht raucht. Nein, nein, kannst du uns etwas zum Rauchen besorgen? Haschim beginnt, die Gesten zu verstehen. Er nickt und will gehen. Wahrscheinlich will er von unten Zigaretten holen. Er wird aber zurückgehalten. Nein, nein, nicht heute, morgen. Ah, ja, morgen. Kannst du uns da

Haschisch besorgen. Hassan spricht das Wort so aus, dass es sich bis auf den Endlaut so anhört wie Haschim. Ja, Haschim. Er lacht. O.K. Vermutlich denkt er jetzt, dass er morgen höchstpersönlich Zigaretten mitbringen soll. Man muss ihm das Ganze also noch etwas genauer erklären. Haschim, du sollst uns Haschisch mitbringen. Ja, Haschim. Er lacht wieder mit seinem schelmischen Grinsen. Wahrscheinlich hält er das Wortspiel für eine Neckerei und weist darauf hin, dass sein Name richtig Haschim ausgesprochen wird. Um ihm das Anliegen genauer darzustellen, muss man also offensichtlich noch stärker die Hände bemühen. Zigaretten, mm, mm. Nach dem Wort Zigaretten, dem Kopfschütteln und den abwinkenden Handbewegungen hat er verstanden. Zigaretten, mm, mm. Genau, keine Zigaretten. Hans und Hassan tun so, als ob sie einen Joint drehen würden. Haschisch. Ja, Haschim. Abwechselnd wiederholen Hans und Hassan die Gesten. Haschisch, verstehst du? Die Antwort lautet immer wieder Haschim, begleitet von einem Lachen, das nach den drei oder vier Wiederholungen der Szene mit leichten Abwandlungen immer ansteckender wirkt.

Mit etwas Mühe kann sich Hassan wieder beruhigen, ein ernstes Gesicht aufsetzen und all seine schauspielerische Ausdrucksfähigkeit und die Worte einsetzen, die inzwischen alle Anwesenden mehr oder weniger verstehen: Kannst du morgen abend Haschisch mitbringen? Haschim nickt dienstbeflissen. O.K. Hat er es wirklich verstanden? Hans kann es nicht glauben und fragt nach. Haschim nickt wieder. O.K.? O.K. Er scheint es wirklich verstanden zu haben. Du bringst also morgen abend Haschisch mit? Haschim grinst wieder spitzbübisch und lacht. Haschim: Haschisch. Haschim. Haschim lacht wieder. Jetzt will er sich wohl über uns lustig machen. Hassan stimmt in das Lachen ein und zieht ihn leicht an den Ohren. Haschisch. Haschim. Haschim lacht wohl über

das Gespräch und die Ähnlichkeit der Wörter. Nach und nach müssen alle in das Lachen einstimmen, aber um sicherzugehen, wird weiterhin versucht, Haschim davon zu überzeugen, dass wirklich Haschisch gemeint ist und nicht sein Name. Haschisch. Haschim. Haschisch zum Rauchen. O.K. Nachdem alle fertig gelacht haben, findet Haschim, dass es Zeit ist, zu gehen. Morgen, hast du alles verstanden, O.K.? Haschim spielt jemanden der raucht. O.K. Gute Nacht. Gute Nacht.

*

Von Stufe zu Stufe scheint das Tal länger zu werden. Die Felswände winden sich nämlich, während sie langsam zusammenrücken. Und immer, wenn man sich einer Wand nähert, auf die man zugegangen ist, erkennt man, dass das Tal etwas weiter vorne eine Biegung macht und auf eine weitere Felswand zuführt.

Auf einmal geht man auf etwas zu, das sich zu bewegen scheint. Das Mädchen macht einen Abendspaziergang, während ihr Freund irgendeine Krankheit auskuriert. Unterwegs war sie sich auf einmal nicht mehr ganz sicher gewesen, ob der Weg überhaupt weitergeht. Da sie sowieso zu ihrem Freund zurückwollte, ist sie dort umgekehrt. Erzähl mir nachher, was du von dem Weg hältst. Man sieht sich.

*

Schock am Bahnhofsplatz

Der nächste Tag in Istanbul beginnt etwas leer. Keine Kathrin und kein Tobias sind abzuholen. Es wird wohl Zeit, sich um die Weiterreise zu kümmern. Natürlich kann man auf die bisherige Art und Weise noch viele Wochen ohne Langeweile in Istanbul verbringen, aber die Türkei ist noch viel größer, und zurückkehren kann man immer noch. Also auf zum Hafen. Wir sehen uns in eineinhalb Stunden.

Der Weg zum Hafen ist ja bekannt. Und irgendwo hängt dort eine Liste mit Abfahrtsorten, Zielorten, Abfahrtszeiten und Fahrzeiten von Fähren über das Marmarameer. Nach Mudanya legt um fünf Uhr nachmittags eine Fähre ab, die vier Stunden braucht, und nach Yalova fährt eine um zwei Uhr Mittag von Kabataş ab. Die Karten kauft man bei der Abfahrt, reservieren muss man nicht. Es ist also alles ganz einfach. Die längere Überfahrt nach Mudanya klingt verlockender, wenn einem nach Tagen in so einer staubigen Stadt nach einer Seereise zumute ist. Wo legt das Schiff nach Mudanya ab? Da vorne, das Ufer und die Eisenbahnlinie entlang. Danke. Wenn man den Weg nicht kennt, ist es nicht verkehrt, rechtzeitig zu schauen, wo genau das ist und wie lange man tatsächlich braucht. Von den eineinhalb Stunden ist ja noch nicht einmal eine halbe Stunde verstrichen.

Man kann also ganz kurzfristig einen Platz auf den Schiffen bekommen. Und man kann um die Mittagszeit oder am Abend wegfahren. Das ist ganz gut, da hat man keine Hetze am Morgen, sondern viel Zeit, und man kommt auch noch am hellichten Tag an, aber schon so spät, dass man gute Aussichten hat, dass Unterkünfte wahrscheinlich schon offen sind.

Neben erwartungsvollen und neugierigen Gedanken, wohin die Reise wohl führen und was sie bringen wird, läuft wie von selbst der inzwischen wohlbekannte Rückweg ins Hotel vorüber, an den Buden vorbei und beim Bahnhofsvorplatz dort über die Straße, wo sie nicht so breit ist, über den Platz und von dort... Hallo! War das nicht die Stimme von Haschim? Hallo, Haschim, wie geht's. Er zieht strahlend ein Päckchen aus zerknülltem Papier aus einer Tasche und zeigt es vor. Hier. Er öffnet es vorsichtig. Getrocknetes Kraut kommt zum Vorschein. Das wird wohl der Tabak sein, der

zum Haschisch gehört. Und das mitten auf dem Bahnhofsplatz! Der Junge muss verrückt sein, er ist verrückt. Der spinnt! Wenn das jemand sieht. Vielleicht hat er ja den Auftrag falsch verstanden und nur Tabak gekauft. Dann wäre das harmlos. Aber wenn doch Haschisch dabei ist und das jemandem von der Polizei auffällt? Jetzt bloß kein Aufsehen erregen. Kein Streit. Lächeln. Sehr schön. Später, am Abend. Am Abend? Gut, bis später. Vorsichtshalber nicht seinen Namen aussprechen, vielleicht versteht irgend jemand Haschisch.

Pfffffffffffffff. Das war ein Schock. Hoffentlich geht das gut. Am besten wäre es, wenn es tatsächlich nur Tabak ist, aber würde sich der Junge da nicht blöd vorkommen? Das kriegt doch auch ein Tourist an jedem Kiosk. Aber er kann doch nicht so dumm sein, mitten auf einem öffentlichen Platz vor unzähligen Leuten ein Päckchen mit Haschisch auszubreiten. Am Abend wird es sich herausstellen. Auf den Schreck hin braucht der Körper einen Ayran zur Beruhigung. Mitten auf dem Platz breitet der sein Päckchen aus!

Tote Hose

Auch Hassan hat sich inzwischen um die Weiterreise gekümmert. Er will mit dem Zug in Richtung Osten fahren. Auch er hat noch keine genaue Reiseroute. Hans erwartet in Istanbul ein paar Freunde. So trennen sich die Wege. Also ist das der letzte gemeinsame Tag.

Was machen wir heute? Schauen wir uns ein paar Museen an. Da soll es ja ganz tolle geben. Museen sind zwar gleich gefunden, aber heute ist Montag, und da haben alle zu. Da steht man einmal einigermaßen früh auf, und dann das. Hans schlägt vor, erst einmal beim Teppichhändler seiner Eltern vorbeizuschauen, da er ihm sowieso etwas ausrichten soll. Bekannte wollen einen Teppich kaufen.

Der Laden ist um einiges größer als der von dem Händler am Freitag. Er schaut auch irgendwie gehobener aus. Sogar mehrere Leute arbeiten in dem Geschäft. Der Händler bittet die drei freundlich auf deutsch, in einer Sitzecke Platz zu nehmen. Deine Eltern haben einen Auftrag? Soll ich sie anrufen? Ohne eine Antwort abzuwarten, wählt er eine Nummer an dem Apparat an der Wand. Nach kurzer Zeit ertönt eine Stimme aus einem Lautsprecher. Wahrscheinlich will der Mann vor allem seine moderne Telefonanlage demonstrieren. Nachdem sämtliche Grüße ausgetauscht sind und so weit alles geklärt ist, bietet er an, ein paar seiner Teppiche zu zeigen. Wir wollen aber keinen kaufen. Ist klar, aber ich habe ein paar besonders schöne.

Mit der Hilfe von zwei Kollegen breitet er einen riesigen wunderschönen Teppich aus. Der ist mit Seide, aus soundso. Danach lässt er zwei weitere ausrollen, noch schönere und teurere. Der Teppich, den er am Schluss zeigt, übertrifft alles, was ein Normalbürger sich als Teppich vorstellen kann. Auf einem etwa zehn Quadratmeter großen Oval ist ein blühender Baum dargestellt, bevölkert von bunten Vögeln. Mit den frischen Farben wirkt das Ganze so natürlich, dass man den kühlenden Schatten des Baumes spüren kann. Und auch die Vögel schauen so lebendig aus, dass man glaubt, sie zu hören. Das zarte Blau des Himmels ist licht wie der Tag. Das ist kein Teppich, das ist ein Kunstwerk, ein Gedicht. Der ist noch etwas teurer als die anderen, aber sehr gute Qualität, fast reine Seide. Der ist robust. So etwas Edles einfach auf den Boden legen und darauf rumlaufen?

Aber wo hat man so viel freie Wandfläche? Da muss man in einem sehr großen Haus leben. Toll, wunderbar, Wahnsinn, Dankeschön, da gibt es wohl keine Steigerung mehr, und wir wollen euch nicht länger von der Arbeit abhalten. Was würde denn so ein großer Teppich kosten? Das kommt auf den Kunden an, wie sympathisch der ist. Preise erfährt man offensichtlich nur, wenn man tatsächlich Kaufinteresse zeigt.

Beschwingt von der Schönheit der Teppiche machen sich die jungen Touristen jetzt auf die Suche nach dem Großen Bazar. Den müssen wir unbedingt anschauen. Der ist einfach umwerfend. Laut Karte müssen wir da lang. Auf dem Weg liegt ein alter Friedhof. Er muss alt sein, da die Inschriften noch in arabischer Schrift eingemeißelt sind. Das ist in der Türkei schon lange nicht mehr üblich. Die Jahreszahlen gehen bis ins 12. Jahrhundert zurück. Wahrscheinlich ist aber die Zeitrechnung der Moslems damit gemeint, die im sechsten Jahrhundert nach Christus beginnt und etwas kürzere Jahre hat, die sich nach dem Mond richten. Jedenfalls schaut die Anlage ganz anders aus als ein Friedhof in Deutschland. Auf den Gräbern stehen weiße Säulen mit Inschriften, und einige Verstorbene ruhen sogar in mannshohen Steinwürfeln, die von Eisenzäunen umgeben sind. Insgesamt ist die Anlage ein Ort des Friedens inmitten der pulsierenden Großstadt Istanbul. Auch bieten ein paar Bäume Schatten, so dass man es hier gut eine halbe Stunde aushalten kann. Schließlich ist es noch ein wenig zu früh für den Großen Bazar. Die meisten der Händler werden vermutlich eine Mittagspause machen.

Im Großen Bazar

Ein paar hundert Meter weiter muss der Bazar kommen. Ich kann mich schwach erinnern, dass er überdacht ist, vielleicht sieht man ihn von außen gar nicht. Pass bloß auf, da wirst du alle paar Meter angeredet. Laut Karte muss es hier sein, hinter der Moschee, oder hinter dieser? Ah, hier ist es. Wenn man es nicht weiß, kann man es von außen auch für eine große Wohnanlage oder eine Schule halten und daran vorbeigehen. Man sieht ja nur eine größere offene Tür.

Hans hat zwar damit übertrieben, dass man alle paar Meter angesprochen wird, aber da gerade recht wenige Kunden unterwegs sind, versuchen doch einige der Händler, das Interesse der Vorübergehenden zu wecken. Schöner Schmuck für die Frau Gemahlin. Sind Sie deutsch? Billige Hemden. Gute Schuhe, ganz billig & In dem unüberschaubar riesigen Gebäude sind Hunderte von kleinen Läden in Straßen, Gassen, Plätzen und Innenhöfen aneinandergereiht. Aber im Augenblick legt ein Gefühl der Leere im Magen nahe, eher ein Café aufzusuchen. Das hat keinen Sinn, sich mit leerem Magen durch die Gassen zu schleppen und zu hoffen, dass man schon gegen die Übermacht der Händler besteht. Für den Handel braucht man all seine Kräfte, auch als Kunde. Um ein kleines Teehaus in ruhiger Lage zu finden, braucht man nur in eine Seitengasse einzubiegen und die Blicke durch Hinterhöfe schweifen zu lassen. Es bleibt aber die Qual der Wahl. Wenn man nur einmal herkommt, muss es schon etwas Gutes sein.

In den oberen Stockwerken sieht man zum Teil die Werkstätten einzelner Händler, so auch die des Lederjackenfabrikanten vom vorigen Abend. Der führt stolz durch seine Fabrikationsräume, also seine Werkstatt und sein Lager. Er kann auch ein Café in der Nähe empfehlen, neben dem ein Kebab-Stand ist. Frisch gestärkt geht es auf den Markt, der inzwischen um einiges lebhafter geworden ist. Hassan kann ein Paar Schlappen brauchen, und alle drei werden bei einem Hemdengeschäft schwach, wo besonders günstige und schöne Hemden angeboten werden.

Natürlich gibt es genügend Stände mit Schuhen. Hassan braucht aber nur ganz einfache für die Stadt, am besten Espandrillos, Stoffschuhe mit geflochtener Sohle. Nach einigem Suchen findet er einen Stand, der sehr schöne Leder-

schuhe in der gewünschten Form hat. Allerdings sind die um einiges teurer als Stoffschuhe. Hassan entscheidet sich trotzdem für die schönen und teuren und hoffentlich haltbaren Lederschlappen und kann den Händler noch leicht herunterhandeln. Der Preis bleibt zwar immer noch stolz, aber die Beteiligten sind mit dem Handel zufrieden. Schließlich trennt sich Hassan von den anderen beiden, er will noch Souvenirs kaufen. Bis heute abend.

Wir wollen ja noch länger in der Türkei bleiben und keine größeren Warenmengen mit herumschleppen. Und Istanbul hat ja noch mehr zu bieten. Zum Beispiel gibt es da das berühmte Goldene Horn. Das will aber erst gefunden werden - wie der Wasserfall im Tal der Schmetterlinge.

*

Nach und nach wird der rückwärtige Blick auf die Bucht durch Felswände verstellt, auch wenn man immer öfter über natürliche Steinstufen an Höhe gewinnt. Und das Bächlein, dem man sich immer häufiger nähert, umso enger das Tal wird, wird nicht gerade breiter. Da soll noch ein Wasserfall kommen? Mal sehen. Vielleicht ist er auch nicht mächtiger als die Rinnsale, die sich an ein paar Stellen die Seitenwände herabtrauen oder sich zur Zeit zurückgezogen und nur eine streifenförmig bemooste Rinne zurückgelassen haben.

Die Frau, die gerade entgegenkommt, weiß auch nichts Näheres dazu. Sie ist vor kurzem umgekehrt, weil es doch schon spät wird und weil die Strecke zu bergig und felsig geworden ist, um sie alleine zu begehen. Am nächsten Tag, frisch ausgeruht, will sie sich das Ganze noch einmal anschauen. Wir treffen uns sowieso nachher wieder. Bis dann.

Natürlich muss man sich als neugieriger Mensch selbst ein Bild von den kritischen Stel-

len machen, von denen die netten Frauen berichtet haben. Es ist ja noch eine Weile hell.
Vielleicht reicht die Zeit ja noch, um einen
Blick auf den Wasserfall zu werfen, den man
unbedingt gesehen haben muss, wenn man in
dieses Tal kommt, genauso, wie das Goldene
Horn zu einem Besuch in Istanbul gehört.

*

Am Goldenen Horn

Im Reiseführer steht zwar, dass am Goldenen
Horn inzwischen ein Stadtviertel entstanden ist,
in dem man sich als Tourist nicht aufhalten sollte, aber irgend etwas von dem alten Glanz wird
ja wohl zu finden sein.

Den nicht architektonisch gebildeten Besuchern zeigt sich dort in der Nähe des Ufers allerdings nichts Sehenswertes. Die Straßen sind
nicht besonders sauber, die Häuser scheinen
von der Luft noch mehr angegriffen zu sein,
und man sieht kaum Leute und gar keine Geschäfte oder Werkstätten. Alles in allem wirkt
die Gegend trostlos. In irgend einem Hinter-
hof ist eine Müllkippe entstanden. Diese wird
aufmerksam von einem Mann um die vierzig
in einem schmutzigen Ledermantel untersucht.
Er findet am Rand des Haufens ein Kebabbrot,
prüft skeptisch den Belag, kratzt außen den
gröbsten Dreck ab, steckt seinen Schatz in eine
Manteltasche und geht mit einem zufriedenen
Gesicht weiter.

Alles in allem scheint das Viertel wirklich
nicht lohnend für Touristen zu sein. Langsam
wird wieder der Weg zum Hotel eingeschlagen.
Nach einem weiteren Bummel durch das Viertel um den Bahnhof spazieren wir zurück ins
Hotel. Wenig später erscheint dort auch Hassan
in bester Laune und packt seine Neuerwerbun-
gen aus. Außer den Schuhen hat er ein wunder-

schönes, bunt besticktes hellblaues Hemd erstanden und eine Wasserpfeife, die allerdings
für den Gebrauch zu klein sein dürfte.

Fischessen

Gehen wir essen? Überredet. In einer Stadt, die
direkt am Meer liegt, müsste man eigentlich
schon mindestens einmal zum Fischessen gehen. Die Restaurants unter der Brücke schau-
en ja ganz ordentlich aus. Und wieso sollten
sie viel teurer sein als andere? Falls die Preise
ganz unmöglich sind, kann man ja wieder gehen. Und wenn man hier keinen frischen Fisch
bekommt, wo sonst? Direkt an der Brücke liegen Boote vertäut, von denen aus den ganzen
Tag über frische Fische verkauft werden. Auf
der Galatabrücke bleibt nur noch die Entscheidung, welches der beiden Restaurants geeigne-
ter erscheint. Die Speisekarten, die jeweils neben der Tür hängen, stimmen weitgehend über-
ein. Das schaut sympathischer aus, da gehen
wir rein.

Hans empfiehlt gegrillte Forelle, das soll sehr
gut sein. Die schmeckt tatsächlich ausgezeichnet und frisch. Und weil es der letzte gemeinsame Abend ist, wird nach dem gemütlichen Ver-
zehr der Forellen noch jeweils eine Nachspeise
hinzugefügt, Meeresfrüchte, beziehungsweise
Süßigkeiten für den, dem das rohe, stark ei-
weißhaltige Getier nicht ganz geheuer ist. Tatsächlich artet es fast in einen Kampf aus, die
gehäuft vollen Teller mit den Meeresfrüchten
zu leeren.

Der arme Hans bekommt die armen Tierchen
leider recht bald zu spüren. Ein paar davon
scheinen sich im Magen noch zu wehren. Im
Hotel ist er dann froh, sie wieder in die Kanalisation entlassen zu dürfen.

Ich bin ja gespannt, ob Haschim was zum Rauchen mitgebracht hat. Heute vormittag hat er

mir auf dem Bahnhof ein Päckchen gezeigt; ich habe ihm aber gesagt, er soll es erst am Abend mitbringen; übrigens hat der Inhalt eher nach Tabak ausgesehen. So blöd kann er doch nicht sein; vielleicht hat er etwas Tabak dazu besorgt.

Das Rätsel löst sich sehr bald. Es klopft, und Haschim kommt mit einem Lächeln und dem Päckchen, das sogleich von Hassan und Hans untersucht wird. Er hat tatsächlich nur Tabak mitgebracht. Hassan zieht ihn an den Ohren. Haschim, was ist das? Die beantwortende Geste ist unmissverständlich: Etwas zum Rauchen. Du hättest Haschisch mitbringen sollen. Haschim. Nein, Haschisch. Nach kurzem Hin und Her scheint er endlich zu verstehen: Ah, Haschisch. Er spricht das Wort etwas anders aus. Dann lässt er gleich seinen erhobenen Zeigefinger pendeln und grinst. Mmm mmm, nein. Haschisch, nein.

Kurz später verabschiedet sich Hassan. Er hat noch eine Verabredung mit Leuten, die er auf dem Markt getroffen hat. Die anderen beiden beschäftigen sich einstweilen damit, ihre Sachen zusammenzupacken, Karten zu schreiben, die weitere Reiseroute auszuarbeiten und sich dabei über Gott, Hassan, die Welt und die Begegnungen und Begebenheiten der letzten Tage zu unterhalten. Ob es sich einrichten lässt, über dieses Pamukkale mit den weißen Felsen zu reisen? Wo liegt das eigentlich? Ach da, eigentlich direkt auf dem Weg nach Marmaris. Dann ist das ja keine Frage mehr. Die weiteren Stationen sollen mehr dem Zufall und den Umständen überlassen werden. Die nächste Etappe soll jedenfalls nach Bursa führen, das liegt direkt auf dem Weg und ist von einem Freund empfohlen worden, der die Türkei recht gut kennt. Da keine unnötigen Kilometer gefressen und die Zeit besser dazu genutzt werden soll, Land und Leute kennenzulernen, wird für die Überfahrt über das Marmarameer doch die kürzere Route ausgewählt, die nach Yalova.

Nach Bursa soll eine eher unbekannte Stadt kommen. Wie sieht eine türkische Stadt aus, die keine besonderen touristischen Sehenswürdigkeiten besitzt? Was liegt denn da auf dem Weg? Afyon. Wenn man zwei Nächte für Bursa rechnet und eine für Afyon, kommt man am Freitag in Pamukkale an und hat dann das Wochenende vor sich, an dem die Terrassen unter Wasser gesetzt werden. Das passt.

*

Am Ziel?

Inzwischen sind die Wände bis auf ein paar Meter zusammengerückt. Die Gerinnsel von den Wänden werden zahlreicher und stellenweise auch immer größer. Die speisen wohl den Bach, sofern sie nicht vorher von der recht üppig anmutenden Vegetation aufgetrunken werden. Eines dieser Rinnsale, das man dem relativ breiten, glattgewaschenen Umfeld nach bei Regen vermutlich sogar als kleinen Wasserfall bezeichnen könnte, schließt das Tal ab. Ist das der gerühmte Wasserfall? Wohl nicht. Wir Voralpenbewohner sind zwar wegen unserer eigenen oft grandiosen Natur in dieser Hinsicht verwöhnt und könnten möglicherweise etwas als Rinnsal abqualifizieren, was für jemand anderen, der karge, trockene Landschaften gewohnt ist, durchaus imposant erscheint. Aber das bisschen Wasser würde der weitgereiste Said wohl nicht als Wasserfall bezeichnen. Er hat auch etwas von drei Etagen gesagt. Wenn überhaupt, ist das die erste. Der Weg kann also noch nicht zu Ende sein.

Wer sagt's denn. Da steht eine Leiter. Und oben geht der Weg wohl weiter. Warum hätte man sonst hier eine Leiter gegen die Felsen gelehnt?

Die Aussicht von da oben ist auch nicht anders. Man steht zwar zwei Meter höher, sieht aber auch nur Felswände, Büsche und ein paar

Bäume. Tatsächlich geht oben nach links an der Wand entlang der Trampelpfad weiter. Zumindest ein paar Meter. Dann verschwindet er genau in dem Wasserfällchen. Dahinter sieht man ihn schließlich um eine weitere Felswand biegen. Weiter kann man ihm mit dem Auge nicht folgen. Na ja. Überspülte Wege gibt es in den bayerischen Alpen auch. Hier muss man halt schwindelfrei sein, bei den vier Metern, die links neben der schmalen, vom Wasserfall überspülten Stelle plätschernd rauftönen. Aber wenn da schon eine Leiter raufführt, muss das ja gangbar sein. Sonst könnte man die ganz Verwegenen ja auch die zwei Meter klettern lassen. Und überhaupt kann man ja offensichtlich rechts unter dem Wasserfallvorhang, unter einem überhängenden Felsen, praktisch trocken durchkriechen. Der kleine Tunnel, dessen linke Wand aus Wasser besteht, ist immerhin gut einen Meter hoch. Da geht man bestimmt sicherer als am tosend gähnenden Abgrund.

Aber tropfen tut es da auch. Ob das dem Fotoapparat gut tut? Schließlich ist der ja geliehen. Und wenn die zweieinhalb Meter doch nasser werden, als sie aussehen & Gleich nach der Leiter ist eine Nische, aus der ein Büschchen dienstbar einen Ast herausstreckt, an dem man die Tasche aufhängen kann. Ein trockenes Hemd ist sicher auch nicht schlecht für den Rückweg. Das wird zum Fotoapparat dazugestopft. Hier wird wohl keiner klauen. Unbeobachtet kann man von hier sowieso nicht abreisen. Die Sachen hängen also gut da. Und wenn es doch nicht so nass wird, kann man sie ja nachholen.

Es ist bei der niedrigen Höhe zwar nicht ausgesprochen komfortabel, unter dem Wasserfall durchzukriechen, aber auf allen Vieren ist es kein Problem. Dafür scheint es umso abenteuerlicher. Eigentlich ist man rundum von Wasser eingeschlossen, zumindest völlig und im wirklich wahren Sinne des Wortes unter Wasser: Linkerhand in Griffweite rauschen die bescheidenen Wassermassen wie ein großer Wasserfall, und auch über einem fließt ein Bach. Und trotzdem bleibt man praktisch trocken. Man könnte die Kamera wohl unbesorgt mitnehmen. Aber die Schatten der Felswände machen das Tal ohnehin schon zu dunkel zum Knipsen. Die Tasche darf also noch kurz hängen bleiben. Es ist sowieso Zeit zum Umkehren. Nur die Neugier muss noch befriedigt werden, was hinter der nächsten Ecke für morgen auf die Linse wartet. Und das Gefühl hier drinnen muss man auskosten. Besonders seltsam ist die Vorstellung, dass links ein Vorhang aus Wasser ist, ein Vorhang, der nur durch die Bewegung, das ständige Fallen des Wassers, zu einer Art lebendem Vorhang wird, der sich laufend, nein fallend erneuert. Er ist bestimmt nur wenige Zentimeter dick. Man könnte wohl seinen Kopf durchstecken, wenn man keine Angst hätte, von dem Wasser in eine Tiefe gerissen zu werden, die für einen leichtsinnigen Sturz zu hoch erscheint. Nicht die Wucht des Wassers ist es, die so stark sein würde, einen Menschen aus dem Gleichgewicht zu bringen, sondern der durch Feuchtigkeit und Algen rutschige Boden, auf dem die Haftung so stark verringert ist, dass auch die relativ geringe Wassermenge ausreichen könnte, um einen Sturz zu verursachen. Beruhigend ist unter diesen Umständen, dass man durch die niedrige Höhe des Durchgangs sowieso gezwungen ist, auf allen Vieren zu gehen. In Pamukkale war das anders gewesen. Die Kalksinterterrassen hatten sogar barfüßigen Sohlen guten Halt gegeben, auch wenn man über überspülte Stufen ging. Nasser Stein ist eben nicht gleich nasser Stein. Und auf den weißen Terrassen von Pamukkale hatte es auch keine Algen gegeben.

Nach etwa zwei Metern, für die man glaubt, eine Ewigkeit gebraucht zu haben, ist auch schon die andere Seite des Wasserfalls erreicht. Der Überhang ist zu Ende, und man sieht tatsächlich den Pfad weitergehen. Man braucht sich nur vorsichtig aufzurichten. Rechts ist zwar gerade kein Griff, um sich festzuhalten, da der Fels hier noch vom Wasser glatt gewaschen ist, aber schon einen Schritt weiter ist die Wand wieder rau und mit Griffen reich bestückt. Man muss sowieso einen größeren Schritt machen, um die Bienen oder anderen Insekten nicht aufzuscheuchen, die sich gleich neben dem Wasserfall mitten auf dem Weg im sanft verspritzten, von Algen grünen Rand erfrischen. Aber das ist ja kein größeres Problem. Ein vorsichtiger größerer Schritt aus der Hocke, und man hat so gut wie trockenen Boden unter den Füßen und einen ganz guten Halt mit der rechten Hand. Ein vorsichtiger größerer Schritt, und schon zieht es beide Füße zur Seite und in die Tiefe. Die Hände greifen ins Leere. Kopf an die Brust. Strecken. Fast senkrecht schießt der Körper in einer feuchten ausgewaschenen Rinne in die Tiefe. War's das? Tock. Der Rücken schlägt kurz auf, ohne den Körper merklich zu bremsen. Tock. Nochmal. Tock. Dreimal ist der Rücken kurz aufgeschlagen, und schon ist die erste Stufe überwunden, der Körper wird fast in die Waagrechte umgelenkt und rutscht hilflos auf die nächste Stufe zu. Die ist nicht so glattgeschliffen. Wenn der Körper nicht vorher gebremst wird, ist es wohl aus. Da gehen alle Knochen drauf bei dem Tempo. Er wird gebremst. Die Füße stehen im Wasser. Der obere Teil des Oberkörpers liegt auf einem Felsen, dem unteren Ende der Rinne, mit gespannten Muskeln, kerzengerade. Strecken. Die Muskeln führen den Befehl weiterhin aus. Bei einem Sturz in die Tiefe darf man nicht rollen. Da wäre es nur eine Zeitfrage, wann das Genick bricht. So ist der Rücken dreimal aufgeschlagen. Ob das Folgen hatte? Man hört da schreckliche Sachen. In den Rückenwirbeln ist das Rückenmark. Wenn das reißt, kann man alles, was unterhalb der Bruchstelle ist, nie mehr bewegen.

Was jetzt?

Ob bei dem Sturz so etwas passiert ist? Wenn man versucht, die Füße zu bewegen, dann weiß man Bescheid. Und wenn sie sich tatsächlich nicht mehr bewegen lassen? Und wenn doch? Irgend jemand hat einmal von jemandem erzählt, der nach einem Sturz mit dem Motorrad noch gegangen ist und erst später gelähmt wurde, weil ein Wirbel gebrochen war und er das nicht gleich gemerkt hat. Was soll man also tun? Wenn man die Füße noch bewegen könnte, würde das noch gar nichts bedeuten. Wie sollte man mit gebrochenem Rücken heil hier herauskommen? Der Transport wäre wohl das Gefährlichste. Wie kann man möglichen Helfern klarmachen, dass vielleicht der Rücken angebrochen ist? Im ersten Moment erscheint es ja logisch, dass der Rücken nicht so schlimm verletzt sein kann, wenn man die Füße noch bewegen kann. Ein paar beruhigende Worte. Nur Mut. Wenn der Rücken gebrochen wäre, wärst du ja gelähmt. Entspannen. Und schon ist die Katastrophe perfekt. Also ist die Situation auch dann kritisch, wenn sich noch alles bewegen lässt.

Aber es wäre ein Grund zur Hoffnung. Vielleicht ist der Rücken ja gar nicht gebrochen und alles glimpflich ausgegangen. Die Schmerzen halten sich in Grenzen, so lange die Wirbelsäule ruhig gehalten wird. Aber das ist wohl wie bei einem Arm. Wenn er verstaucht ist, schwillt er an und tut weh, und wenn er gebrochen ist, merkt man nichts, solange man ihn ruhig hält. Und verletzt wurde der Rücken bei der Fallgeschwindigkeit und den drei kurzen Aufschlägen bestimmt. Interessant, dass man während eines so überraschenden und kurzen Sturzes wie in Zeitlupe mitzählen und gleich erste Diagnosen stellen kann.

Wenigstens scheinen die Füße das Wasser zu spüren. Aber das kann auch eine Täuschung sein. Weil man das Wasser hört und sieht, weiß das Gehirn, dass die Füße im Wasser stehen. Vielleicht bekommt es einfach diese Tatsache gemeldet und ergänzt dann den Rest, der ja nach vielfacher Erfahrung dazugehört, in diesem Fall das feuchte Gefühl?

Aber auch wenn die Nerven wegen des geraden Rückens noch halten: Was passiert, wenn man sich bewegt? Wenn der Rücken hin ist, ist es sowieso aus, außer man bleibt liegen, bis er so weit geheilt ist, dass er wieder einigermaßen hält. Das dauert wahrscheinlich etliche Wochen. Das geht auch nicht bei der Stellung. Gerade der vermutlich gebrochene Teil hängt nämlich in der Luft, gestützt von den Rücken- und Bauchmuskeln und einer Hand. Die andere Hand stützt den Körper, hält ihn ruhig in seiner Stellung. Da darf man nicht einschlafen, nicht müde werden. Also muss man etwas tun.

Ob das Rückenmark jetzt beschädigt ist oder nicht, egal ob die Füße noch funktionieren, angebrochen ist der Rücken auf jeden Fall. Schon dann, in diesem günstigsten Fall, wäre es nötig, ein Krankenhaus aufzusuchen, um einen Weg zu finden, wie man verhindern kann, dass das Rückenmark doch noch beschädigt wird. Um da hinzukommen, muss aber ein offensichtlicher und anerkannter Grund da sein. Einen Fremden, der ins Lager zurückspaziert und sagt, er braucht ein Krankenhaus, würde man vermutlich nicht ernst nehmen, zumindest nicht ohne ausführliche Argumentation. Du gehst doch noch ganz gut. Untersuchen lassen kannst du dich auch noch später irgendwann, in Deutschland, wenn es nicht besser wird. Es müssen also Leute her, die gesehen haben, wo der Sturz runtergegangen ist. In den anderen möglichen Fällen, bei den größeren Katastrophen, ist sowieso Hilfe nötig.

Vielleicht reicht die Akustik in dem Tal ja aus. Felsgebilde, vor allem eingeschnittene Täler, überraschen in dieser Hinsicht immer wieder. Und es gibt ja praktisch keine Nebengeräusche. A a a h! Der Schrei kommt ziemlich jämmerlich, fast stöhnend und auf jeden Fall zu leise. A a a a a h! Offensichtlich hat der Schock

die Stimme beschädigt. Die Rufe sind zu wenig laut und energisch, eher ein Jammern. So muss ein verwunschenes Schloßgespenst klingen. Das müsste schon ein großer Zufall sein, wenn das jemand hören würde. Aber es sind ja täglich einige Leute unterwegs. Schließlich ist das ja der einzige Weg im ganzen Tal. A a a a a a a h! Wenigstens die Angst kann man etwas rausschreien.

Aber allein damit und selbst, wenn Hilfe kommt, ist noch lange nicht genug erreicht. Wer helfen will, sollte auch wissen, wie er das anstellen kann, ohne den Schaden zu vergrößern. Jemanden hochzuheben, dem dadurch das Rückenmark durchtrennt wird, kann man keinem zumuten. Da ist es sicher besser, selbst Maßnahmen zu ergreifen, alles auszuprobieren, was möglich ist, bevor jemand kommt, der vielleicht zu konfus ist, um umsichtig zu sein, Hilfsbereitschaft hin oder her. Funktionieren die Füße überhaupt noch? Irgendwann muss man das ja ausprobieren. Aber wenn sie sich nicht mehr bewegen? Dann muss es auch weitergehen. Im modernen Deutschland braucht man die Beine sowieso fast nur noch für Gas und Kupplung. Die Arme funktionieren ja noch fehlerlos. Schreibtischjobs dürften also kein Problem sein. Und was macht ein Akademiker denn sonst? Beruflich wäre das also kein unüberwindbares Problem. Eher wäre wahrscheinlich weniger Ablenkung vorhanden und eine stärkere Karriereorientierung möglich. Radfahren und Schwimmen haben einfach zu viel Zeit weggenommen. In unserer Gesellschaft ist ja nicht Fitneß gefragt, sondern meßbare Leistung. Arbeit ist sowieso sitzend, und sie ist wohl auch zu bewältigen, wenn man stets den eigenen Stuhl dabeihaben muss. Vielleicht bleibt jetzt auch mehr Zeit zum Schreiben. Vielleicht geht es jetzt erst los. Die nächsten Schwierigkeiten sind Herausforderungen, die Stoff liefern, Stoff zum Schreiben, und Kraft für die nächsten Abschnitte freisetzen.

Die Herausforderungen, die sich im Alltag stellen werden, haben auch schon andere bewältigt. Los geht's, zur neuen Aufgabe! Die Minute der Wahrheit lässt sich nicht mehr lange hinauszögern. Früher oder später, spätestens, wenn Hilfe kommt, wird sich herausstellen, ob die Beine noch tragen. Und in der dann eintretenden Betriebsamkeit ist es sicher besser, vorbereitet zu sein. Nur der Mut fehlt. Was ist, wenn die Beine tatsächlich nicht mehr gehorchen? Und wenn sie doch gerade noch mitmachen? Egal, los, ein Bein leicht anheben und den Fuß bewegen oder nur ein Knie leicht anwinkeln, und wenn es nicht geht, ist es Schicksal, die neue Aufgabe, und wenn es doch noch geht, was kaum zu hoffen ist, umso besser. Wenn die Beine noch funktionieren, nicht leichtsinnig oder sogar übermütig werden. Und wenn nicht - und sie bewegen sich doch. Die Beine gehorchen, und auch die Füße lassen sich bewegen wie früher auch. Enttäuscht? Hahahuahuahuahua! Und was jetzt? Bloß keine Fehler mehr. Der eine Ausrutscher war schlimm genug. Eine verrückte Situation: Eigentlich ist es ein unglaublicher Glücksfall, dass noch fast alles ganz ist, aber andererseits wird die Sache dadurch viel komplizierter, als wenn eine von außen sichtbare schwere Verletzung vorläge.

Noch ein Fehler, und das bisherige Glück war umsonst. Die Herausforderung heißt also nicht, das zukünftige Leben im Sitzen zu bewältigen, sondern die Folgen des Unfalls ohne bleibende Schäden zu überstehen. Das wird wohl eine heikle Sache, vorerst vermutlich eine härtere Aufgabe als die schlimmere Alternative. Aber wenn das mit dem durchtrainierten Körper nicht zu schaffen ist, wie dann? Wahrscheinlich haben die durch unzählige Schwimmkilometer gestählten Rückenmuskeln bisher den Rücken gerade gehalten, die Wirbel geschützt. Und sie müssen es weiter tun.

Jetzt ist noch Zeit, in Ruhe und Zeitlupe zu testen, welche Bewegungen ohne Gefahr möglich sind. Wenn Hilfe kommt, wird die Situation hektischer, dann kann man nicht mehr langsam durchprobieren, was der Rücken aushält. Und wenn heute keiner mehr kommt, weil doch schon Abendessenszeit sein dürfte, dann muss wohl die Nacht hier verbracht werden. Das ist bei dem warmen Wetter an und für sich kein Problem, aber halb hängend und halb im Bachbett stehend ist es wohl kaum machbar, sich stundenlang gerade zu halten, während man möglicherweise sogar einschläft. Und auch bei einer Bergung durch Helfer müsste der Abgestürzte naturgemäß von der Stelle bewegt werden. Wenn man sich nur langsam bewegt und dabei alles unter Kontrolle behält, kann man sich ja jederzeit wieder langsam in die Ausgangsposition zurücklegen. Wofür gibt es denn Schmerz als Warnsystem?

Also - sobald es anfängt, weh zu tun, anhalten, den Rücken strecken und, wenn der Schmerz nicht aufhört, langsam wieder hinlegen.

Etwa einen Meter entfernt auf der linken Seite ist ein runder Fels, fast einen Meter hoch und mit etwa eineinhalb Metern Durchmesser. Auf den kann man sich vielleicht vorübergehend vorsichtig legen. Wenn das nicht geht, wäre auch ein Transport nicht ohne Folgen möglich. Also konzentrieren und ja keinen Fehler machen, keine schnelle Bewegung, und ja nicht wieder ausrutschen. Vorsichtig noch einmal alle Körperteile durchtesten. Der rechte Fuß scheint lädiert zu sein, obwohl man ihm nichts ansieht. Entweder ist er gebrochen oder er ist verstaucht und nur der Umstand, dass er seit dem Sturz im Wasser gestanden ist, hat bisher eine Schwellung verhindert. Ein Schritt geht schon, muss gehen. Wieder kommt diese lähmende Angst, die soeben schon unendliche Minuten lang daran gehindert hat, die Funktionsfähigkeit der unteren Gliedmaßen zu prüfen. Statt den Körper den nächsten notwendigen Schritt unternehmen zu lassen, flüchtet sich das Gehirn in Träume, versucht, mit Vorstellungskraft das Unangenehme ungeschehen zu machen oder den nächsten Schritt zu überspringen. Was wird sein, wenn die Helfer da sind, wie wird es im Krankenhaus, wie lange wird die Heilung dauern? Die nächste Zukunft erscheint im Zeitraffer, wichtige und nebensächliche Gespräche, die noch nicht geführt sind, Erklärungen des Unfallhergangs gegenüber unterschiedlichen bekannten und unbekannten Personen, Aufbautraining nach der Entlassung aus dem Krankenhaus. Es wird weitergehen, nach dem nächsten Schritt. Aber erst muss er getan werden. Und diesmal ist kein einziger Fehler mehr erlaubt. Wie ist es überhaupt dazu gekommen? Bienen. Algen. Zu wenig Respekt vor der Glätte. Erinnerungen an den rauen Stein in Pamukkale. Aber auch schon früher hätte man eine Weiche anders stellen können, zum Beispiel in Pamukkale, bei und nach dem Abendessen mit Sally und Said. War da nicht unmittelbar vor dem Sturz ein Gedanke an Sally in der Luft gewesen? Was wäre gewesen, wenn damals, nach dem Abendessen, an der Weggabelung der Weg nicht mit Said, sondern mit Sally weitergegangen wäre? Ja sogar am nächsten Morgen wäre noch Gelegenheit gewesen, sie nach Selçuk zu begleiten, und erst dann, nach ihrer Weiterreise nach England, einen anderen Weg nach Marmaris zu nehmen. Auch an der Ostküste soll die Türkei sehenswert sein. Sogar die Fahrt mit dem falschen Bus hätte ausgerechnet nach Selçuk geführt. Aber da waren die Weichen praktisch schon gestellt. Aber es wäre noch gegangen. Eigentlich war es ein deutliches Zeichen. Zu spät. Das kommt davon, wenn man nicht aufdringlich sein will. Aber auch in Istanbul hätte sich die Reiseroute schon ändern können, mit Kathrin und Tobias per Schiff nach Osten und dann über das berühmte Kappadokien und Konya, die Stadt des Mr. Perfect, nach Marmaris. Diese Streckenführung war ja praktisch vor wenigen Monaten schon angedacht worden, wenn auch als Tour mit dem Rad. Und schließlich waren da

heute noch all die hübschen Mädchen, die erst am nächsten Tag den restlichen Weg erkunden wollten. Aber es wurde die Route, die hierher führte, ins Tal der Schmetterlinge, an den Wasserfall und nun wohl so schnell wie möglich wieder zurück nach Deutschland. Vielleicht hat sich das Schicksal für die Zeichen gerächt, die übersehen oder falsch gedeutet worden waren. Und jetzt hat es die allerletzte Chance bereitgestellt, nicht weiter stur und blind durch die Weltgeschichte zu tapsen.

Dies ist die allerletzte Chance, die keinen weiteren Fehler mehr erlaubt, falls der Rücken tatsächlich gebrochen ist. Und falls alles gutgeht, wird das eine große Verantwortung sein. Der Körper funktioniert noch. Du musst ihn noch nutzen. Du bist gesund. Fang etwas damit an. Degenerieren und faul werden hättest du im Rollstuhl werden dürfen, und das wäre Aufgeben gewesen. Los geht der Kampf. Du hast kein Recht, jetzt faul rumzuliegen und aufzugeben.

Aus der Rückenlage aufzustehen, ohne die Wirbelsäule zu bewegen, erscheint aussichtslos, aber aus der Seitenlage könnten die Arme den Rücken kontrolliert abstützen. Also vorsichtig und gleichmäßig den Körper auf die Seite drehen, ohne den Rücken zu bewegen. Die Muskeln halten die Wirbelsäule gut fest. Der Schmerz wird nicht stärker. Das gibt Mut. Aber ein Versuch, aus dieser Lage aufzustehen, scheitert an den Schmerzen, die sich schon einstellen, bevor der Rücken richtig bewegt worden ist. Allein die Anspannung, die Andeutung einer Bewegung lässt die Alarmmelder der Wirbelsäule kräftig zustechen. Da die Drehung problemlos möglich war, wird die Ursache für den Schmerz gewesen sein, dass die Bruchstelle im Begriff war, sich zu bewegen. Offensichtlich ist also auch ein Aufstehen aus der Seitenlage nicht ungefährlich. Da bleibt als letzte Möglichkeit nur eine weitere Vierteldrehung in die Bauchlage. Die Aktion ist zwar insofern heikel, als dann jede Unterstützung fehlt: Der

Felshöcker ist direkt nebenan zu Ende, da die Rinne hier tiefer ausgewaschen ist. Aber der Höhenunterschied lässt sich gut durch die Arme ausgleichen. Und die Rückenmuskeln müssen wieder halten. Sonst wäre ein Transport nicht möglich, beziehungsweise ein Verladen auf eine Trage.

Sobald der Rücken wieder schmerzfrei ist, wird die Aktion in Angriff genommen. Der rechte Arm stützt die Schulter und damit den ganzen angespannten Oberkörper ab und erlaubt ihm eine allmähliche gleichmäßige Drehung in die Waagrechte. Unten wird der Körper vor allem durch den rechten Fuß unterstützt, der leicht seitlich ausgestellt wird, wobei das rechte Knie langsam nachgibt, synchron mit dem rechten Ellenbogen, bis eine Art Vierfüßlerstand auf den Händen und Knien erreicht ist. Das geht also, zwar in Zeitlupe, aber es geht. Und aus dieser Position ist es gar nicht nötig, sich aufzurichten, wenn man den Ort wechseln will. Vorsichtig krabbelnd ist der angestrebte runde Fels bald erreicht. Die Bauchlage auf der leichten Rundung ist allerdings am Anfang schmerzhaft. Der Schmerz lässt aber jeweils wieder nach, wenn man in der jeweiligen Position verharrt. Dann kann man sich weiter vorsichtig dem Stein anschmiegen, bis es wieder leicht weh tut und man wieder innehält, und, nachdem der Schmerz wieder aufgehört hat, in diesem Sinne weitermacht, so oft, bis eine einigermaßen entspannte Lage auf dem Stein erreicht ist. Eine entspannte Lage, das ist fast ein neues Gefühl, eine Art Sicherheit. Jetzt ist es möglich, Kräfte zu tanken für weitere Aktionen. Das Hängen an dem Ende der Rinne wäre dafür bestimmt mit der Zeit anstrengend geworden, auf Dauer sogar gefährlich.

Der Rücken tut also nur bei Bewegungen weh. Das spricht für einen Bruch. Beim Arm war das vor etlichen Jahren genauso. Aber geht das überhaupt, dass bei einem gebrochenen Rücken noch alles funktioniert? Ein Versuch, um zu prüfen, ob die Wirbelsäule gebrochen ist oder nicht, wäre ein lebensgefährlicher Blödsinn, da ja alle Anzeichen für einen Bruch sprechen: keine Schwellung, aber trotzdem ein starker Schmerz bei jeder kleinsten Bewegung. Um sicherzugehen und richtig handeln zu können, kommt es jetzt jedenfalls darauf an, an fähige und ausreichend ausgestattete ärztliche Hilfe heranzukommen, solange das Rückenmark noch hält. Wie macht man das? Getragen zu werden, ist sicher riskant. Vor allem beim Hochnehmen und Hinlegen könnte es ruckartige Bewegungen geben, die gefährlich wären. Aber jemandem, der selbst geht, würde man nie glauben, dass er ernsthaft verletzt ist. Es wird also vor allem auf Verhandlungsgeschick ankommen, auf die Fähigkeit, sich durch alle Vorurteile unbeschädigt durchzuwinden.

Der Rücken lässt sich fast problemlos geradehalten, wie sich beim Wechsel der Lage herausgestellt hat. Dann müsste es auch möglich sein, vorsichtig zu gehen. Das wäre bei weitem besser, als sich über Stock und Stein schleifen zu lassen. Vor allem hat man da selber die Kontrolle und die Verantwortung. Jemand, der einen anderen in der besten Absicht trägt, kann nicht wissen, wann dem der Rücken weh tut. Vermutlich würde er sagen: Ganz ruhig, entspannen, keine Angst, ich mach das schon. Und sobald man sich entspannen würde und ihn sorglos machen ließe, wäre es auch schon zu spät - ein Schock für alle Seiten. Der Verletzte trägt also auch die Verantwortung für die Helfer. Wahrscheinlich ist es unzumutbar, einen so heiklen Fall zu schleppen. Aber hierbleiben geht nicht. Auf dem Stein liegt man zwar gut, aber wie lange? Je mehr Zeit vergeht, desto mehr Kräfte werden aufgezehrt und desto gefährlicher wird dadurch jeder weitere Orts- oder Lagewechsel, ob selbständig oder mit Hilfe. Am besten ist es wohl, zu versuchen zu gehen.

Die Arme drücken den gespannten, gestreckten Oberkörper langsam nach hinten, bis möglichst viel Gewicht auf den Beinen lastet. Dann wird der Oberkörper langsam mit Hilfe der Arme in eine aufrechtere Position gedrückt, während die Knie leicht nachgeben. Das Ganze geht so lang, bis der Oberkörper senkrecht auf der Hüfte steht und nur noch die Knie gestreckt werden müssen. Eigentlich ist das ein ganz alltäglicher Bewegungsablauf, der hier nur sehr lange beschrieben wird. In Wirklichkeit dauert er aber in diesem Fall sogar noch viel länger. Gut, dass der Körper genug antrainierte Kraft hat, um das alles fließend, ohne gefährlichen Schwung in Zeitlupe zu machen und bei jedem Schmerzmoment die Bewegungen langsam um Bruchteile von Millimetern zu korrigieren. Bloß der Kreislauf spielt nicht mit. Im Stand verschwimmt die romantische Kulisse plötzlich hinter einem weißen Schleier. Die Luft hier oben wird dünn und kalt. Ein Schwindelgefühl stellt sich ein, wie nach einem Unfall oder wenn man zu lange gestanden oder gelegen ist. Außerdem tut der rechte Fuß beim Auftreten so weh, dass in dem weißen Schleier Sterne sichtbar werden. Jetzt bloß nichts überhasten. Der Körper würde sich am liebsten einfach fallen lassen und vorübergehend abschalten. Aber das darf er nicht. Er muss vor allem den Rücken gestreckt lassen. Und jetzt langsam in die Knie gehen. Nicht bücken. Stück für Stück muss er die Befehle aufnehmen und ausführen, widerwillig, aber konzentriert, fehlerfrei und in Zeitlupe. Die Muskeln dazu hat er, auch wenn er am liebsten alle entspannen und sich zusammensacken lassen würde. Noch nicht bücken. Die Hände erst zum Abstützen zu Hilfe nehmen, wenn der Oberkörper weit genug herunten ist, dass man die Schultern dazu nicht mehr verziehen muss. Die Arme entlasten dann die Muskulatur des Oberkörpers etwas und auch die Knie, die sich weiter beugen, bis die Arme nur noch ganz leicht nachgeben müssen, um den Oberkörper wieder nach und nach auf den Stein zu legen.

Aufstehen geht also nicht. Der Fuß tut weh, und der Kreislauf macht nicht mit.

Aber vielleicht schmerzt der Fuß nur vorübergehend oder nur bei Belastungen, die zur Not vermeidbar sind. Und der Kreislauf ist bei einem zweiten Versuch vielleicht besser vorbereitet. Beim nächsten Aufstehmanöver ist das Schwindelgefühl tatsächlich wesentlich schwächer, aber der Fuß tut bei jeder Belastung weh, und zwar so stark, dass man den Schmerz nicht ignorieren kann. Also Kommando zurück, der Bewegungsablauf ist ja schon bekannt. Bloß nicht leichtsinnig werden, kein Fehler mehr. Jetzt bleibt wohl nichts anderes übrig, als liegenzubleiben und auf eine neue Idee zu warten. Die Idee biegt nach wenigen Minuten zu Fuß aus dem Tal um die Ecke. Die Gestalt entpuppt sich als Said. Er konnte nicht mehr schlafen und dachte, dass ihm etwas Bewegung gut tun könnte. Hallo, was ist denn mit dir los? Nach einer kurzen Schilderung der Lage meint er, das hätte er befürchtet, als er den aufgeschürften Rücken und das Blut auf den Felsen sah. Der Rücken blutet also auch, nicht nur der linke Knöchel und der linke Ellenbogen. Aber schlimm kann es nicht sein. Said weiß auch gleich eine Behandlung. Vorsichtig und allmählich immer fester traktiert er den Rücken mit den Handkanten, wie der Chinese im Film. Dann reibt er seine Handflächen gegeneinander und wiederholt das Ganze. Wo genau ist die verletzte Stelle? Zum Glück ist die aufgeschürfte Stelle offensichtlich nicht am gebrochenen Wirbel. Jedenfalls bleibt die Behandlung ohne negative Folgen. Du wirst sehen, das wird dir gut tun, es gibt dir Kraft. It gives you power. Du musst jetzt Kraft haben. Entspann dich. Ja ja. Das „ja ja" bedeutet in diesem Fall: „Alle Muskeln volle Kraft, und überlegen, wie man einen überzeugten Anhänger von Karateschnulzen ablenken kann." Danke, das dürfte genügen, könntest du mir bitte meine Tasche holen? Sie hängt da oben, wenn man die Leiter hinaufsteigt. Dankeschön. Als er mit der Tasche zurückkommt, darf er mit dem Fotoapparat ein paar Bilder von der hübschen Stelle schießen, als Andenken. In dieser Zeit kann er wenigstens keine Karatetricks aus billigen Filmen ausprobieren, und es bleiben ein paar Minuten Verschnaufpause zum Überlegen. Tragen ist zu schwer für einen allein. Gehen geht auch nicht mit dem verletzten Fuß. Die einzige Möglichkeit wäre, vorsichtig auf allen Vieren zu krabbeln wie vorhin, aber der Weg führt in relativ hohen Steinstufen bergab.

Inzwischen kommen noch zwei junge Männer vorbei, die sofort, als sie die Situation erkannt haben, umdrehen, um Hilfe zu holen.

You must have power. Du musst Kraft haben. Dieser Satz scheint Said zu gefallen. Ich werde dich auf dem Weg ins Lager stützen. Nein danke, ich bin zu schwer. Um ihn nicht zu enttäuschen und guten Willen zu demonstrieren, aber auch aus Neugier, ob es möglich ist, wird ein Versuch gestartet, rückwärts auf allen Vieren talwärts zu kriechen. Technisch ist das kein Problem, wenn Said dirigiert. Der Rückwärtsgang ist notwendig, da es stellenweise recht steil und stufig bergab geht, und die Beine länger sind als die Arme. Man kriecht vorsichtig rückwärts im Vierfüßlerstand auf Händen und Knien bis zur nächsten Stufe. Dort wird erst das linke, gesunde Bein in die Tiefe gestreckt, bis es einen festen Stand hat. Dann folgt das rechte nach. Schließlich werden die Arme und Beine gleichzeitig abgeknickt, möglichst ohne den Rücken aus seiner waagrechten Lage zu bringen, bis wieder eine sichere kniende Position erreicht ist, bei der kein schmerzender Fuß mehr irgendwelche gefährlichen Reflexe auslösen kann. Nach ein paar vorsichtigen Rückwärtsschritten können die Hände wieder auf die gleiche Ebene gebracht werden wie die Knie, ist der Vierfüßlerstand wieder erreicht, in dem die nächste Stufe angesteuert wird. Solange die Stufen nicht höher sind als die Unter-

schenkel, ist das kein Problem, sondern nur eine Zeitfrage. Die Stufen waren ja auf dem Herweg nirgends sehr hoch, oder? Bloß, wie lange wird der Rückweg mit dieser Technik dauern? Halten die Rückenmuskeln und die Konzentration so lange durch? Auf jeden Fall ist diese Methode vorerst sicherer, als rumzuliegen und abzuwarten, welche Methoden in Karatefilmen noch angewandt werden. Mit dieser Rückzugstaktik ist Said auch zufrieden.

Auf der Leiter

Bereits nach drei oder vier Stufen kommt aber schon ein ganzes Heer von Leuten. Das ganze Tal der Schmetterlinge ist auf den Beinen und fragt, was los ist. Die Situation ist schnell erklärt, und ein paar der Leute scheinen sich von Berufs wegen mit Verletzungen aller Art auszukennen. Said versucht zwar, zu erklären, dass der Gestürzte es allein bis zum Strand schaffen will, aber schon machen sich ein paar Leute auf, die verführerische Leiter als Trage zu holen. Da wird heute keiner mehr hinaufsteigen wollen. Vielleicht sollte man sie sicherheitshalber ganz entfernen, um keinen mehr zu dem glitschigen Wasserfall zu locken. Ach ja, die Brille muss verloren gegangen sein. Seht ihr sie irgendwo? Einer bringt ein dunkel gerandetes Gestell mit zerbrochenen Gläsern. Nein, Entschuldigung, das ist nicht die richtige, ganz bestimmt nicht. Offensichtlich war das nicht der erste Unfall an dieser Stelle. Aber bereits die nächste Brille ist die richtige. Und bei der ist sogar nur ein Glas gesprungen.

Inzwischen ist auch die Leiter da, die Trage. Jetzt wird es ernst. Jetzt sind mehrere Leute beteiligt, die bestimmt keine eingespielte Mannschaft sind. Kannst du dich selbst auf die Leiter legen? Das ist sicher die ungefährlichste Lösung für den nächsten Schritt. Das muss schon gehen. Wenn man vorsichtig draufkrabbelt und noch vorsichtiger mit den Armen und Beinen nachgibt, bis man liegt, ist das kein Problem.

Geht's? Ja. Dann geht es los. Vier junge Männer stemmen die Leiter plus dreiundsiebzig Kilo auf ihre Schultern. Auf dem Bauch kann man sich ganz gut festhalten. Man muss nur die Leiter umarmen und mit den Händen eine Sprosse umfassen. Die Füße kann man auch irgendwo verkeilen, so dass man eigentlich nicht unabsichtlich von der Leiter herunterfallen kann. Genau, halt dich gut fest, das Gelände ist schwierig. Wir sind so vorsichtig wie möglich. Der Troß setzt sich in Bewegung. Vier Männer tragen die Leiter mit dem Verletzten, und je ein oder zwei andere unterhalten sich mit ihm beziehungsweise sprechen ihm Mut zu. Die meisten der Leute sind von der Trage aus nicht zu sehen. Vermutlich sind es etwa zwanzig.

Die Strecke wirkt jetzt steiler als auf dem Herweg. Immer wieder senkt und hebt sich die Leiter bedrohlich. Aber die Träger bemühen sich tapfer, sie möglichst nicht auch noch seitlich kippen zu lassen, was ihnen leidlich gelingt. Aber man kann nie wissen. Erstens ist die Last nicht gerade leicht, und zweitens, wer weiß, wie tückisch die Strecke sein kann, wenn man sich zusätzlich zum Gewicht auch auf die Neigung der Leiter konzentrieren muss. In Bauchlage sieht man zwar, wo die Jungs an den hinteren Holmen hintreten, aber im Ernstfall würde das nichts nützen. Wo der Weg hingeht, wann es wieder steiler bergab oder um eine Biegung geht, sieht man leider nicht, man kann sich also praktisch nicht darauf vorbereiten. Eigentlich kann man sich nur so gut wie möglich festhalten und dabei auf den wacklig vorbeiziehenden Boden schauen, die Beine und Füße der anderen beobachten, wie sie über die Steinstufen klettern, oder man kann den Kopf einem Gesprächspartner zuwenden.

Die Träger wechseln sich nach und nach in unregelmäßigen Zeitabständen ab, während sich ihre Last an der Leiter einkrallt und gleichzeitig den Rücken so anspannt, dass die Wirbelsäule nicht bei dem Versuch verbogen wird, eine Schräglage auszugleichen. Bei Manövern, die die Leiter aus der waagrechten Position bringen oder etwas holprig sind, entschlüpft dem Verletzten öfters ein ängstliches Wimmern, das von den mitleidigen Begleitern als Schmerz aufgefasst wird. Geht's noch? Ja, es muss, und bei euch? Wir wechseln uns ab. Trotzdem schwitzen die Träger immer mehr, und immer bedrohlicher erscheint das Gewackel oder die Schieflage, wenn das Gelände oder die Größe der Träger einmal keine genau waagrechte Position der Leiter zulässt. Wer weiß, wie erschöpft die Jungs schon sind. Entspannen, so weit es geht. Die Angst verdrängen, die ganze Konzentration auf das Festhalten richten und vor allem den Rücken angespannt lassen, ohne ihn zu verkrampfen.

Ein seltsames Gefühl ist das auf der schmalen Leiter, fast wie auf der Achterbahn. Immer wieder senkt und dreht sich das Gestell, als ob es einen abwerfen wollte, fängt sich dann aber wieder, lässt kurze Zeit zum Aufatmen und Entspannen, vermittelt vorübergehend ein Gefühl von Sicherheit, bis die nächste steile Stufe kommt und die Leiter wieder in eine Schräglage gerät. Und man kann eigentlich selber nichts tun, als sich festzuhalten und zu hoffen, dass alles bei weitem nicht so gefährlich ist, wie es erscheint. Der wesentliche Unterschied zur Achterbahn besteht wohl darin, dass Festhalten hier angebracht ist. Kein Gurt, keine Haltestange schützt vor dem Absturz, nur die eigenen Arme und vor allem die Umsicht der ungeübten Leiterträger, die sich immer öfter abwechseln. Abwechseln tun sich auch die Leute, die mit dem Unglücksraben reden. Da kann man wieder seine verschiedenen Sprachen gebrauchen. Es hat sich nicht nur in Istanbul herausgestellt, dass Brocken unterschiedlicher Sprachen immer wieder nützlich sind. Aber dort konnte man besonders viele verschiedene ausprobieren.

*

Der letzte Abend

Auch am letzten Tag in Istanbul, nein, in der letzten Nacht verblüfft Hassan wieder mit seinem Talent, fremde Leute anzuschleppen. Diesmal ist es ein jüngerer Mathedozent aus Casablanca, also ein Marokkaner. Der erweist sich als tatkräftige Unterstützung beim Leeren der zwei Flaschen Rotwein, von denen sich eine als recht sauer herausstellt. Wer weiß, wie lange die schon in dem Kiosk rumgelegen war. Was soll s. Vielleicht gehört der Wein auch so - trocken. Studenten lassen ungern Lebensmittel umkommen, und schon gar nicht relativ teure. Falls der Wein tatsächlich schlecht sein sollte, desinfiziert der Alkohol der anderen Flasche. Außerdem verflüssigt er die babylonische Sprachenvielfalt im Zimmer etwas, während die internationale Politik das Babel im Irak für Touristen schon in weite Ferne gerückt hat. Wenn die Kriegstreiber im Morgen- und Abendland sähen, wie friedlich sich Europäer und Araber unterhalten können!

Der Marokkaner spricht außer arabisch und französisch auch noch englisch und spanisch und trägt sich mit der Absicht, deutsch zu lernen, um seine Aussichten in der Tourismusbranche zu verbessern. Mit seinen Englischkenntnissen ist er der Dolmetscher für alle Fälle. Man darf jetzt nur nicht durcheinanderbringen, mit wem man in welcher Sprache reden kann: Mit Hans auf deutsch, versteht sich; mit Hassan wie gehabt auf arabisch, wobei der hilfreiche Marokkaner meistens gleich mitleidig seine Dolmetscherdienste anbietet. Mit letzterem kann man in allen im Zimmer vertretenen Sprachen außer italienisch und deutsch reden, wobei Spanisch am wenigsten zweckmäßig ist,

weil das nur zwei Personen verstehen, und einer davon nicht einmal gut. Französisch können alle zumindest ein bisschen, einer aber zu wenig, um sinnvolle Sätze bauen zu können.

Da hilft nur eines: konzentrieren und improvisieren.

Der späte Gast hat eine Europareise hinter sich und schildert seine Eindrücke. Natürlich nutzt er auch die Gelegenheit, nach altem marokkanischen Landesbrauch Wörter der verschiedenen Landessprachen zu sammeln. Am Ende hat er den Begriff für Jugendherberge außer auf arabisch, englisch, französisch und spanisch auch auf italienisch, serbokroatisch, deutsch und türkisch in seinem Repertoire, das er in Gestalt eines Notizbuches mit Pappeinband mit sich führt.

Wohl schmeichelt es ihm, dass der Deutsche ausgerechnet in seinem Heimatland arabisch gelernt hat, und er will natürlich wissen, was er alles gesehen hat. Mit unterdrücktem Entsetzen nimmt er zur Kenntnis, dass keine einzige Sehenswürdigkeit Teil der Reiseroute gewesen war. Da warst du und hast das nicht angeschaut? Bald hat er einen Lageplan der verpassten Sehenswürdigkeit skizziert. Und da er gerade dabei ist, ergänzt er diesen Plan noch um diesen und jenen Vorschlag für die nächste Marokkoreise. Der Marokkaner scheint sich sehr gut in seinem Land auszukennen. Nach etwa zwanzig Minuten hat er eine ganze Karte von Marokko mit unzähligen Sehenswürdigkeiten gezeichnet. Falls ich einmal ein paar Monate Zeit habe...

Gegen halb vier verschwindet er wieder, wohin auch immer.

*

Wieso hören die Stufen gar nicht auf? Es kann doch nicht mehr weit sein. Der Hinweg war doch recht kurz. Und die beiden, die Hilfe geholt haben, waren ja auch bald wieder zurück gewesen. Oder hatte die Kletterei auf allen Vieren so lange gedauert? Wo kommen auf einmal all die Stufen her? Das war doch ein ganz harmloser Spaziergang gewesen. Wahrscheinlich nimmt man jetzt jeden Eindruck mehrfach auf, und alles dauert länger. Jeder Schritt ist für die Träger eine Belastung, die Schritte werden schwerer und langsamer, jede Bewegung, jede Stufe wird gleichzeitig zum Kampf mit der Schräglage, jedes gerade Stückchen eine Entspannungspause, die man sich irgend möglich länger vorstellen will. Und überhaupt vergeht die Zeit seit dem Sturz langsamer. Jeder Sekundenbruchteil, jede Bewegung wird aufgenommen, reflektiert, eingeordnet und verarbeitet. Allein der Sturz selbst, der nur ein oder zwei Sekunden gedauert haben kann, ist als langer Kampf gegen das Abrollen in Erinnerung, jeder der drei Schläge, die einem Beobachter von außen wohl nie aufgefallen wären, wurde einzeln mitgezählt. Und es ist noch hellichter Tag. Das Erfassen der Situation vom was wäre, wenn bis zum Durchkontrollieren der Körperteile, dann der Lagewechsel, die Aufstehversuche, der Rückwärtsabstieg, die Suche nach der Brille, das alles kann nicht lange gedauert haben und nicht lange her sein, obwohl es schon wieder wie Geschichte erscheint, Schnee von vor einer halben Stunde. Nur noch der damals gewonnene Wissensstand, angewandt auf die jetzige Situation, zählt. Fast alles ist noch ganz, alles kann noch gerettet werden. Und viele nette, hilfsbereite und verständige Leute wollen im Augenblick dazu beitragen. Und vieles hat man buchstäblich noch in den eigenen Händen. Momentan ist es vor allem die Leiter, die von ihnen, oft krampfhaft, festgehalten wird.

Ja, halt dich gut fest. Geht's noch? Ja, danke. Während einzelne Begleiter abwechselnd mit dem Verletzten reden, rinnt bei den Trägern immer mehr der Schweiß. Aber der Weg wird langsam flacher. Bald muss doch die flache Strecke kommen, der Pfad durch das hohe Gras und Buschwerk. Dann haben sie es geschafft. Dann geht es weiter. Wahrscheinlich gibt es Kriegsrat. Wie bekommt man den Verletzten ins Krankenhaus? Noch schwitzen sie. Nimm du, ich kann nicht mehr. Wenigstens wird die Strecke flacher, ein wenig Entspannung vor dem nächsten kritischen Manöver. Bloß kein Fehler. Alle wichtigen Informationen weitergeben, bevor irgend eine gute Seele das Denken übernimmt, jetzt, wo sich der Instinkt offensichtlich auf die heikle Situation eingestellt hat. Das Wichtigste dürfte jetzt sein, die Fäden so weit wie möglich in der Hand zu behalten.

Die Strecke ist inzwischen ganz flach. Es ist nicht mehr weit. Die anderen werden schon die Stelzenhütte sehen. Die Nasszelle. Das Café am Strand. Der Troß ist am Ziel. Auf der Leiter habt ihr ihn transportiert? Das muss ja furchtbar unbequem sein. Ein Biertisch wird zusammengeklappt, und soll wohl die nächste Trage sein. Kannst du dich da drauf legen? Das müsste schon gehen. Den Rücken anspannen; langsam und gleichmäßig auf alle Viere erheben, vorsichtig wie inzwischen gewohnt auf das neue Lager krabbeln und wie gehabt sanft ablegen.

Auf dem Tisch darf sich der Rücken seit langem wieder entspannen. Darf er das wirklich? Dürfen die Rückenmuskeln loslassen? Ewig können sie nicht angespannt bleiben. Es muss gut gehen. Es geht gut. Die Bauchlage scheint nicht so schlecht zu sein. Die Lunge ist wohl kräftig genug, dass sie die Belastung durch den Körper einige Zeit aushält. An die harte Unterlage werden sich die Rippen schon gewöhnen.

Eine junge Frau hält die Idee mit der Bauchlage für weniger gut. Rückenlage wäre besser. Auf dem Bauch wird es wohl sehr unbequem werden, auch mit der Atmung. Leg dich besser auf den Rücken. Das hört sich überzeugend und kompetent an. Also vorsichtig drehen, während die anderen versuchen, die Bewegung behutsam zu unterstützen. Langsam, langsam, gerade bleiben. Es hat funktioniert. Langsam wird das Routine. Wieder gut gegangen.

Da hast du aber einen ganz schönen Wirbel verursacht. Wie bitte? Na ja, die ganzen Leute, die du in Bewegung gesetzt hast mit deinem Unfall. Der junge Schweizer hat recht. Ein Lachen dürfte die beste Antwort sein. Wenigstens kein Mitleid, das wäre jetzt die falsche Medizin. Mitten im Kampf braucht man aufputschende Sachen, Ermutigung und Widerstand, möglichst ein ehrliches und unverfälschtes Feedback. Eine englischsprachige Touristin, die Krankenschwester ist, bemüht sich um eine Diagnose. Du glaubst, dass der Rücken verletzt ist? Ja. Spürst du das? Sie kratzt leicht an den Füßen rum. Ja. Schau bitte weg. Sie kratzt wieder. Wo habe ich gekratzt. Am linken Fuß. Richtig, kannst du die Zehen bewegen? Sie wackeln wie neu. Sehr gut, da kann nicht so viel fehlen. Aber bewege dich vorsichtshalber lieber nicht. Man kann nie wissen. Und setz dich auf keinem Fall hin. Lass dich erst im Krankenhaus untersuchen. Fehlt sonst noch etwas? Der rechte Fuß ist stark lädiert. Der rechte? Ja, der da. Komisch, da sieht der linke noch eher angeschwollen aus. Aber du musst jetzt sowieso liegen. Genau, und dabei tut der Fuß ja nicht weh. Du wirst wahrscheinlich mit dem Boot nach Fethiye transportiert werden. Ich sage denen, dass sie ganz vorsichtig sein müssen und vor allem deinen Rücken auf gar keinen Fall verbiegen dürfen. Gut, danke, vielen Dank. Nichts zu danken, und vielleicht ist es ja nicht so schlimm, hoffentlich, sei aber lieber vorsichtig.

Der Rücken kann endlich weiter entspannen. Er tut zwar jetzt immer stärker weh, aber das beruhigende Gefühl, einstweilen sicher zu liegen, wiegt momentan schwerer. Endlich eine Trage, auf der man mit entspanntem Rücken liegen

kann, keine gefährlichen Aktionen mehr, wahrscheinlich bis zum Krankenhaus. Und da wissen die garantiert, was man in so einem Fall macht, um den Patienten nicht zu gefährden. Bei den paar Umladungen ist es sicher machbar, sich an dem Brett festzuhalten. Auf das Schiff wird es zwar recht steil werden, aber ein paar Sekunden lang kann man sich sicher ausreichend festhalten.

Schon nach wenigen Minuten kommen drei junge Türken, wahrscheinlich vom Tal-Team. Der Kapitän von der Herfahrt ist auch wieder dabei. Wir fahren jetzt nach Ölüdeniz und von da ins Krankenhaus. Gut. Und schon postiert sich jeweils einer am Kopf- beziehungsweise am Fußende. Die Hände krallen sich an dem Brett fest. Lass bitte los, dass wir dich tragen können. Aber... Und schon packen sie die Schultern beziehungsweise die Beine. Die Schwester bittet sie aber, den Tisch als Trage zu nehmen und erklärt kurz das mit dem Rükken. Der Kapitän antwortet etwas, und die zwei packen an. Offensichtlich haben sie es eilig. Für Diskussionen ist jetzt keine Zeit. Rauf auf das Schiff. Said wirft eine letzte Sensationsmeldung ein: Er wird allein und zu Fuß gehen. So schlecht ist die Idee nicht, aber die hohe Bordwand und das Schwanken des Schiffes würden eine solche Aktion richtig lebensgefährlich machen. Nein, das ginge wirklich nicht, ohne den Rücken zu verbiegen. Der Einwurf wird auch nicht ernst genommen, vielmehr wird er praktisch überhört.

Die Krankenschwester bittet die Träger noch einmal um Vorsicht, und schon haben die beiden angehoben. Panik. Das war unvorbereitet. Ist das jetzt das Ende? Das kann doch nicht gutgehen, oder? Den Rücken steif machen, fester als je zuvor. Wenn kein Brett da ist, um ihn zu stützen, dann die Muskeln. Vielleicht kann man den Rücken ja sogar in der Lage so steif machen, dass die Wirbelsäule hält. Wofür ist man den ganzen Sommer über fast täglich geschwommen? Noch geht es. Javash, javash, langsam, langsam. Was heißt vorsichtig auf türkisch? Der dritte ist schon auf dem Boot. Die Reling, wie soll das mit der Reling gehen? Die ist viel zu hoch! Wie bekommt man den Rücken gerade über die Reling? Ein Angststöhnen, das wieder für Schmerz gehalten wird und die drei zu erhöhter Vorsicht veranlasst. Der Mann auf dem Schiff übernimmt den Oberkörper. Noch geht alles gut. Aber wer übernimmt oben die Beine? Na ja, die können sich im Notfall selber helfen. Der, der am Anfang den Oberkörper hatte, steigt auf das Schiff, wohl, um die Beine zu nehmen. Dabei schlingert die Nußschale natürlich, wodurch sich die beiden momentanen Träger zueinander etwas verschieben. Ein Schmerz im Rücken. Ein Schrei. Vorsicht, bitte. Geradehalten, geradehalten. Ganz ruhig. Auch die Beine sind jetzt auf dem Schiff. Das ist gerade noch gut gegangen.

Wohin legt man den Kranken jetzt? In einer Nische an Deck des Bootes liegt ein zusammengeklappter Biertisch. Da wird der Verletzte draufgelegt. Die Schwester hatte sie doch gebeten, einen Tisch als Trage zu nehmen. Vermutlich haben sie davon nur verstanden, dass sie den Patienten auf einen Tisch legen sollten, und nicht, dass sie das wegen des Transportes auf das Schiff vorgeschlagen hatte. Auf dem Schiff wäre es auf dem nackten Deck genauso bequem, vor allem, weil es gar nicht so leicht ist, jemanden so in die enge Nische zu legen, da_ sein Rücken gerade bleibt. Aber vielleicht brauchen sie ja den Tisch im Tal zum Essen und nehmen den jetzigen dann als Trage bis zum Krankenhaus. Zumindest ist die Chance, auf dem Tisch weitertransportiert zu werden, größer, wenn man schon darauf liegt. Vielleicht kann man sie ja überzeugen. Vielleicht haben sie aber auch Angst, ihr Patient könnte beim Tragen von der Platte herunterrutschen. Diese Angst wäre nicht unberechtigt. Die Leiter hatte wesentlich mehr Einhaltemöglichkeiten.

Außerdem lässt sich auch für die Träger eine Leitersprosse oder ein Leiterholm leichter und sicherer umklammern als der Rand eines Bretts. So war diese Transportmethode vielleicht sogar die sicherere. Und es ist ja gutgegangen. Jemand mit weniger Training hätte das aber wohl nicht ohne weiteres durchgestanden.

Said ist auch mit an Bord gekommen. Er hat das Gepäck, den Rucksack, die lange Hose und die Tasche dabei. Kann ich dir irgendwie helfen? Ja, gerne, du könntest den Stoffbeutel oben in den Rucksack packen. Das versucht er auch, aber er bekommt die modernen Patentverschlüsse aus Plastik nicht auf. Nur die Kamera kann er in die Deckeltasche stopfen. Tut mir leid, die Hose musst du selber verstauen. Er ist offensichtlich ein fürsorglicher Pädagoge, der die Lebensgeister des Patienten wach halten will. Du musst Kraft haben. Leider steht der Rucksack etwas zu weit weg, so dass ein umständliches und riskantes Manöver notwendig wäre, um ihn zu erreichen. Auch das gehört wahrscheinlich zu Saids Lehrplan. Andererseits sind die Sachen nicht lebensnotwendig. Die wichtigsten Papiere und die Reiseschecks hängen um den Hals, und der Rest ist eigentlich im Augenblick nur Ballast. Das darf man natürlich nicht laut sagen. Vielleicht braucht man doch noch einmal etwas. Und irgend jemand wird den Rucksack schon nachschleppen. Er ist ja nicht groß.

Die Vibrationen des Motors sind richtig wohltuend für den Rücken. Der Schmerz verschwindet fast. So kann man es aushalten, in der lauen Seeluft und unter dem blauen Himmel. Und auch die Aufregung ist vorbei. Am Strand werden ein Krankenwagen und ausgebildete Sanitäter mit einer geeigneten sicheren Trage warten. Die Verletzung ist dann in guten Händen, und der Rest, die Heilung, ist dann nur noch eine Frage von Zeit und Geduld.

Dass der letzte Tag eines Aufenthalts immer mit Hetze oder Dramatik oder beidem enden muss. In Istanbul war das aber noch harmloser gewesen.

*

Abschied von Istanbul

Da das Zimmer bis elf Uhr geräumt sein muss und genau dieser Tag für die Abreise ausgesucht worden ist, bleibt an diesem Vormittag nichts anderes übrig, als sich um zehn Uhr aus dem Bett zu quälen, zu packen, zu duschen, den gesammelten Dreck der vergangenen Tage zusammenzuräumen, sofern er nicht die Betten schwärzt, gerade noch pünktlich zu bezahlen, das Gepäck an der Rezeption zu deponieren und sich zu entscheiden, wohin die weitere Reise führen soll.

Vorerst wird als nächstes Ziel der Vorraum des Hotels angepeilt, um zwölf Uhr. Die Zeit reicht, um nach der nächsten Fähre nach Yalova zu fragen. Eine nächtliche Überfahrt nach Mudanya hätte sicher ihren Reiz, ohne exaktes Ziel und ohne gebuchte Übernachtungsmöglichkeit sogar einen abenteuerlichen, aber die Fähre nach Yalova ist einfach wesentlich billiger.

Im Informationsbüro, wenige hundert Meter nach der Galatabrücke, wird die Frau hinter dem Schalterfenster nach der nächsten Fähre nach Yalova gefragt und danach, wo sie um vierzehn Uhr ablegt. Mit einer Handbewegung in die richtige Richtung wird ihr gezeigt, dass die Anlegestelle Kabataş bekannt ist. Ja, ja, Kabatas, gleich hinter der Dolmabahçe Moschee, da waren wir doch gleich am ersten Tag, das liegt doch gleich da vorne irgendwo. Mehr oder weniger gemütlich wird wieder die Richtung zum Hotel eingeschlagen, ein paar selbständigen Kapitänen bedeutet, dass man schon eine Bosporusrundfahrt hinter sich hat, und schließlich nach einem kleinen Simit pünktlich ins Hotel zurückgekehrt, wo Hans und Hassan schon im Vorzimmer sitzen und eiskalte Limonade schlürfen.

Auch die beiden haben sich entschieden. Hans will im selben Hotel bleiben, bis seine Freunde in zwei Tagen nachkommen, und Hassan hat soeben ein Busticket, Abfahrt fünfzehn Uhr, nach Izmir erstanden, von wo aus er langsam einen günstigen Weg in seine Heimat Tunesien suchen will. Die Nähe des bevorstehenden Abschieds nach der recht kurzen Ferienbekanntschaft macht die stickige Mittagsluft noch schwerer. Was heißt noch? Eigentlich steht das Hotel ja in kühlender Nähe zum Bosporus, und die drei Ausländer sitzen in einem angenehm kühlen Raum, genauso wie mehrere Männer mittleren und fortgeschrittenen Alters, die ihrem Aussehen nach wohl Türken sind. Einer von ihnen gibt sich als ehemaliger Angestellter einer großen Automobilfirma in Deutschland zu erkennen. Er frischt seine bereits sehr guten Deutschkenntnisse auf, während Hans sich in ein Einzelzimmer einquartieren lässt, dessen Tür direkt in diesen Vorraum führt. Als sein Rucksack glücklich zwischen seinen neuen vier Wänden untergebracht ist, muss das Gespräch mit dem Türken schon wieder beendet werden. Das war in etwa so abgelaufen, wie eine Unterhaltung zwischen einem ausländischen Touristen und einem Inländer eben anfängt, vielleicht etwas reservierter, weil der Gesprächspartner bereits einige Erfahrungen mit Deutschen gesammelt hat.

Schließlich steht der Abschied noch aus, stilecht mit Foto. Dafür ist es in den Gassen um das Hotel herum einfach zu dunkel. Also schlendert das Trio wieder einmal zum Bahnhof, als ob es alle Zeit der Welt hätte. Genau genommen hat ja jeder Mensch diese Zeit, aber das ist eine philosophische Frage. Das Kleeblatt dreht jedenfalls noch eine kleine Ehrenrunde am Hafen und entschließt sich an einer Stelle, wo das Licht passt und wo gerade nicht so viele Leute rumlaufen, die Erinnerungsfotos zu schießen. Dann befinden Hans und Hassan, dass es höchste Zeit ist, sich auf den Weg zur Fähre nach Yalova zu machen. Ja, da hast schon noch a Stück. Hans kommt auf einem der inzwischen vertrauten Wege mit ins Hotel, wo noch der Rucksack steht, nachdem Hassan, der noch eine Besorgung machen muss, sich schon auf die von früher gewohnte nordafrikanische Weise mit Umarmung und Küsschen verabschiedet, nicht, ohne mit mir in letzter Minute noch die Adressen auszutauschen. Im Hotel folgt dann die deutsche Zeremonie, halt, die Adressen, und meld dich fei ja, wenn du mal in Innsbruck bist. Rucksack umschnallen. Danke, geht schon. Jetzt aber los. Servus.

Draußen, eine Ecke weiter, kommt noch einmal Hassan entgegen, letzte Umarmung, gute Reise, gute Reise. Reiseproviant, Bananen, ein ganzer Handwagen voll, drei Stück, bitte, in die Leinentasche gestopft zu der Wasserflasche, und jetzt endlich zur Anlegestelle, dann übers Marmarameer zum ersten Mal nach Asien. Die Reise geht weiter.

Reisen macht aber hungrig, hört man, und heute hat der Magen praktisch noch nichts bekommen. Notfalls sind ja noch die Reste von der Zugfahrt da, aber ein Ayran wäre jetzt nicht schlecht. Schließlich ist ja noch eine ganze Stunde Zeit bis zur Abfahrt, und der Weg zum Informationsbüro hat heute vormittag nur eine gute Viertelstunde gedauert. Auch mit dem schweren Rucksack dürfte der Weg also in höchstens einer halben Stunde zu schaffen sein. Also bleibt alles in allem Zeit im Überfluß. Am Bahnhofsplatz, der jetzt zum letzten Mal zu überqueren ist, kann man immer irgendwelche Kleinigkeiten einkaufen. Irgendwo auf dem Weg zur Fähre gibt es sicher auch Lebensmittel. Der Fährhafen zwischen Bahnhof und Galatabrücke wird nur von Souvenir- und Imbissbuden ohne Ayran gesäumt, auf der Brücke selbst gibt es außer den Restaurants im

Parterre nur Straßenhändler, die jetzt Mittagspause haben, und Bettler. Auf dem Weg von der Brücke zum Informationsbüro findet man nur Wohnhäuser, Banken, Versicherungen und ein Geschäft für Kurzwaren, was bei den ersten vier Malen nicht so aufgefallen war. Aber es ist ja noch über eine halbe Stunde Zeit, und gleich gegenüber der Anlegestelle beim Informationsbüro ist durch eine Gasse hindurch in einer Seitenstraße ein Mann zu sehen, der einen geöffneten Koffer auf dem Schoß hat, wohl ein Straßenhändler am Rande einer kleinen Geschäftsstraße. Der Appetit auf Joghurt ist zwar inzwischen der Neugier darauf gewichen, wie Lebensmittelgeschäfte hier verteilt sind. Der Junge, der in seinem Koffer Kondome aus aller Welt feilbietet, sitzt aber tatsächlich an einer mit verschiedenen Läden ausgestatteten Straße. Bei einem Lebensmittelonkel, der durch ein Fenster seine Waren verkauft, werden wieder die Türkischkenntnisse ausprobiert und ein Ayran und eine Flasche Limonade erstanden. Jetzt wird es aber wohl wirklich Zeit, sich zielstrebig auf die Suche nach dem genauen Anlegeplatz der Fähre zu machen.

Gleich beim Informationsbüro ist eine Anlegestelle, allerdings nicht für Fährboote. Das hätte man sich vorher doch genauer anschauen sollen. Aber da ist ja gleich ein Hafengebäude in der Nähe. Aha, alle Leute, die an einem der beiden Schalter vorbeigehen, kaufen dort eine Art Münze, einen Jeton. Das kannst du auch. Mal schauen, welcher Schalter der richtige ist. Die haben ja jeweils Fahrpläne der entsprechenden Fähren angeklebt. Also, der ist es nicht. Der auch nicht. Bleibt noch eine Viertelstunde Zeit, genau wie kalkuliert, nur, dass jetzt offensichtlich der Ort nicht der richtige ist. Vielleicht haben die hier ja einfach die falschen Fahrpläne, oder zumindest nicht alle. Entschuldigen Sie, wo fährt hier die Fähre nach Yalova ab? Nach Yalova? Oh, das ist noch ein ganzes Stück weiter, ja, da lang, immer der Straße nach, etwa zwanzig Minuten.

Sehr schön, das kommt davon, wenn man kein Gefühl für Entfernungen hat. Keine Panik. Istanbul im Mittagsschlaf sieht also jetzt einen Touristen, der es ganz besonders eilig hat, sich also fühlt wie zu Hause. War es damals wirklich so weit bis zu der alten Moschee? Ah, da ist der Supermarkt, der damals auch auf dem Weg gelegen ist. Hoffentlich sieht man die Anlegestelle von der Straße aus, die ja nicht immer am Ufer entlangführt. Da ist noch jemand unterwegs. Den kann man fragen. Kabataş, Sie auch? Ja, wir müssen uns beeilen. Der Türke um die Dreißig spricht recht gut englisch und hat die gleiche Richtung, und seinem frischen und zuversichtlichen Tempo nach ist es nicht mehr allzu weit. Er biegt ab, aha, zur Anlegestelle, zwei Minuten vor zwei.

Der Jeton kostet fünftausend Lira, etwa drei Mark, gut ein Drittel der Mudanya-Überfahrt. Das Oberdeck ist halbleer, und die Sonne scheint, gemildert durch den ewigen Dunst um Istanbul, hinter dem die Stadt langsam verschwimmt und schließlich verschwindet.

Auch die Erinnerung an die letzten Tage verblasst, die letzten, die stärksten, die spektakulärsten Eindrücke werden auf einer Postkarte abgeladen, und zurück bleibt nur eine Leere, Platz für neue Erlebnisse.

*

Am Strand

Diesmal ist die Bootsfahrt wesentlich kürzer als hinwärts. Zumindest erscheint sie kürzer. Der Kapitän ist kurz angebunden. Said will mit ihm über seine Philosophie, seine Vorstellungen vom Fremdenverkehr, reden, wird aber auf ein andermal vertröstet. Warum nicht jetzt? Jetzt ist nicht die Zeit dazu. Es gibt gerade andere Probleme. Und wenn ich nicht wiederkomme? Achselzucken. Das Gespräch wird durch das Nahen der Küste unterbrochen. Der Motor wird gedrosselt, abgeschaltet, der Kapitän wirft den Anker. Jetzt müssen wir ein Taxi holen. Das bringt dich zum Krankenhaus in Fethiye.

Taxi?! Da muss man ja sitzen! Soll der Glücksfall mit dem überstandenen Sturz doch noch beim Transport zunichte gemacht werden? Waren die bisherigen Aktionen nur ein Aufschub? Ist es jetzt aus? Wenn das mit dem Sitzen ohne weitere Folgen bleibt, war ein großer Teil der Aufregung übertrieben. Waren aber die Ahnung mit dem Wirbelbruch und die Vorsicht berechtigt, wird der Schritt ins Taxi gleichzeitig ein Abschied von der Welt der Fußgänger sein, der letzte selbständige Schritt. Offensichtlich ist es aus organisatorischen Gründen nicht möglich oder zumindest nicht erlaubt, einen Wirbelbruch heil zu überstehen. Das wäre wohl viel zu umständlich und zu teuer, extra einen Krankenwagen zu rufen, solange man noch nicht sicher weiß, wie gefährlich die Verletzung ist. Sollten beim Einsteigen ins Taxi Lähmungserscheinungen auftreten, wird sicher auch ein Krankenwagen kommen, auch wenn dann nicht mehr viel zu retten ist. Als Rettungsanker bleibt vorerst nur die Rückbank des Taxis, die unter Umständen ausreichen könnte, um mit angezogenen Unterschenkeln zu liegen.

Aber erst muss das Schiff verlassen werden. Said nimmt den Rucksack. Nimm du die Hose. Das kannst du schon. Wenn es keine anderen Probleme gäbe, wäre ja alles wunderbar.

Es ist tatsächlich der gleiche Strand, von dem aus die unternehmungslustige junge Truppe ins Tal der Schmetterlinge aufgebrochen war. Hätte es nicht an einem Nachbarstrand einen Steg gegeben? Vielleicht gibt es aber so etwas in der Gegend nicht, oder dieses Boot darf nicht an einem offiziellen Anlegeplatz anlegen. Jedenfalls wird das Abladen schwieriger als das Aufladen, noch schwieriger. Der abendliche Wind hat etwas aufgefrischt, und das Boot zerrt an seiner Ankerkette. Die Helfer müssen diesmal noch mehr aufpassen. Ob sie das Brett als Trage nehmen? Sie lassen es liegen. Warum müssen sie den Patienten in die enge Nische tragen, wo sie kaum Platz haben, um ihn hochzuheben, wenn sie ihn genauso mitten auf das Deck hätten legen können?

Das hat jetzt keine Bedeutung mehr. Der Oberkörper muss steifgemacht werden. Langsam, langsam. Erst müssen wieder alle verfügbaren Muskeln aktiviert werden. Und schon werden die Schultern und die Beine angehoben, und der Rücken steif wie ein Brett mit. Zwei heben und einer steht im Wasser. Knifflig wird die Sache diesmal, weil die Wellen das Boot doch recht kräftig schaukeln. Jetzt bloß die Ruhe bewahren. Nichts ist mehr rückgängig zu machen. Das einzige, was zu tun bleibt, ist, den Rücken steifzumachen. Alles andere liegt jetzt im wahrsten Sinne des Wortes in den Händen der anderen. Schon übernimmt der, der im Wasser steht, den Oberkörper, will ihn übernehmen. Rauf hat es ja auch so funktioniert. Aber in der Bucht war das Wasser ruhiger. Jetzt stören ständig die Wellen. Jedesmal, wenn er zupacken will, wird das Boot hochgehoben. Die Situation wird sehr schnell hektisch. Bloß selber ruhig bleiben. Durchhalten und den Rücken strecken. Den Rest müssen die anderen machen, wie auch immer. Sie werden es schon schaffen. Jetzt hat der im Wasser die Schultern in der Hand. Gehabt. Während der, der vorher die Schulter hatte, ins Wasser steigt, um nachher die Beine zu übernehmen, bringt eine größere Welle die wacklige Konstruktion aus dem Gleichgewicht. Der Patient liegt im Wasser. Eine Welle hat ihn entrissen. Unendliche Schrecksekunden lang müssen sich die Helfer sammeln. Was ist passiert? Was jetzt? Vielleicht fällt auch das eine oder andere Schimpfwort. Dabei wirkt das Bad eigentlich erfrischend. Rückenschwimmen ist ja

ganz angenehm. Die geübten Arme und Beine halten mühelos den Körper über Wasser, ohne ihn wesentlich zu bewegen. Eigentlich ist die Angst hier, allein im Wasser, geringer als vorher, von zwei Leuten hochgehoben in der Luft. Der Rücken kann viel leichter gerade gehalten werden. Und das warme Wasser umschmeichelt den Körper so, dass die Rückenschmerzen deutlich nachlassen. Am einfachsten wäre es jetzt wohl, sich von einer weiteren Welle oder von einem der Helfer und vom Wasser gestützt ans Ufer tragen zu lassen, ohne wieder hochgehoben werden zu müssen. Der Strand ist ja so flach, dass eine Landung wohl nicht gefährlicher wäre, als ein weiteres Tragemanöver von inzwischen sicher völlig entnervten Männern.

Und schon haben die wieder alles im Griff, Schultern und Beine. Wahrscheinlich ist alles wieder in Sekundenschnelle gegangen und hat nur vom Wasser aus so lang gewirkt. Sichtlich geschafft schleppen die beiden den brettsteifen Körper an den Strand, wo sie ihn ablegen, genau wie eine Welle das gemacht hätte. Die Ärmsten haben bestimmt noch einen Schock von dem Zwischenfall. Da werden sie etwas zu erzählen haben. Aber bald haben sie es geschafft. Jetzt muss nur noch ein Taxi kommen, hoffentlich ein großes. Said ist schon in den Ort gelaufen, um eines zu organisieren. Inzwischen ist die Liegeposition im Sand ganz komfortabel. Die Körner passen sich ganz gut dem Körper an, der dadurch gleichzeitig sehr gut gestützt wird. Hier ließe es sich wieder aushalten. Nur die Angst vor dem nächsten Transport trübt die Entspannung. Wird das Taxi breit genug sein? Hat es überhaupt auch hinten Türen? Geht dieser letzte Transport vor dem rettenden Krankenhaus gut? Irgendwie muss es gut gehen. Und wenn nicht, war es doch schon eine Leistung von allen Beteiligten, jemanden mit einer Rückenverletzung ohne besondere Hilfsmittel ohne weitere Schäden aus dem unzu-

gänglichen Tal herauszuschaffen. Und jetzt, in
der Zivilisation, jetzt soll alles buchstäblich in
letzter Minute scheitern? Hoffentlich ist das Taxi groß genug.

.

Zurück in die Zivilisation

Inzwischen kommt Said mit einem anderen jungen Mann zurück und mit der Nachricht, dass ein Taxi unterwegs sei. Der Begleiter von Said ist ein Türke, der englisch spricht und Mediziner ist. Er berichtet, dass es schwierig war, ein Taxi zu bekommen, in dem man sich hinlegen kann. Aber jetzt ist eines unterwegs. Daran haben sie also gedacht! Wieder rückt ein glimpflicher Ausgang der Geschichte näher. Nur auf die Einzelheiten kommt es jetzt noch an. Der Rücken muss eben gerade bleiben, komme, was wolle. Auch die Hebeaktionen ins Taxi und aus dem Taxi können noch schief gehen, wenn die Konzentration nachlässt oder man einfach Pech hat. Jetzt hilft nur, rechtzeitig voll da zu sein, nur noch bis zum Krankenhaus, dann wird alles gut.

Wo ist deine Hose? Wahrscheinlich auf dem Schiff. Du musst auf deine Sachen aufpassen! Du solltest dich nicht so gehen lassen.

Ich hatte andere Probleme, aber das willst du ja nicht verstehen, und darum sage ich es dir auch nicht, sondern nicke nur. Warum streiten? Es gibt jetzt Wichtigeres zu tun. Das mit dem Fall ins Wasser werde ich dir auch ein anderes Mal erzählen.

Da ist das Taxi schon. Ein dunkler, länglicher Wagen mit Schrägheck fährt an den Strand. Der Fahrer beteuert, dass er das größte Taxi weit und breit hat. Nachdem er die Rückbank umgeklappt hat, wird der Kofferraum tatsächlich zu einer geräumigen Ladefläche, die noch dazu von der Hecklappe an eben ist. Keine Bordwand ist zu überwinden, und der Rücken kann gerade liegen. Diesmal heben drei Helfer gemeinsam. Einer unterstützt vorsichtig den Rücken. Sobald der Oberkörper im Wagen ist, kann man sich vorsichtig mit der Kraft der eigenen Beine zurechtlegen. Das ist sicherer, als sich an den Füßen anschieben zu lassen und dabei möglicherweise mit dem Rücken oder mit den Schultern nicht schnell genug weiterzurutschen und damit den Rücken zu verbiegen. Die Ladefläche ist immerhin etwa eineinhalb Meter lang, so dass nur die Beine leicht angezogen werden müssen. Der Rucksack, der danebengestellt wird, wird sich ganz gut zum Festhalten eignen.

Gutes Festhalten ist tatsächlich nötig. Obwohl der Fahrer im Vergleich zu den Istanbulern recht gesittet unterwegs ist, erfordert die sehr kurvige und streckenweise nicht asphaltierte Straße eine gewisse Kraftanstrengung und Konzentration. Diesmal sind die Vibrationen, ist das Geholpere so stark, dass es nicht mehr entspannend auf den Schmerz im Rücken wirkt. Wenigstens ist der Rucksack als Haltegriff da, an der gegenüberliegenden Seitenwand kann man sich ganz gut abstützen, und an der Hecklappe können sich die Füße einstemmen, so dass bei etwas Achtsamkeit und Konzentration auf plötzliche Richtungsänderungen der Körper relativ sicher ruhig gehalten werden kann. Die Fahrt ist zwar unruhig genug, aber es ist durchzustehen, vor allem in der Erwartung, dass das Krankenhaus und damit eine fachgerechte Versorgung jetzt sehr nahe sind. Es ist geschafft. Endlich ist es überstanden! Im Krankenhaus wird alles gut werden. Da werden sich richtige Profis darum kümmern, dass dem Rücken nichts mehr passiert. Ob es tatsächlich ein Wirbelbruch ist? Vielleicht war ja die ganze Aufregung umsonst. Das wäre schön. Ob ein Krankenhausaufenthalt nötig ist? Wie so ein Krankenhaus wohl von innen aussieht? Hoffentlich geht der ganze Papierkrieg ohne größere Schwierigkeiten über die Bühne. Vor allem die Reisekrankenversicherung will die Rechnungen haben, wohl auch die für das Taxi als Krankentransport.

Das Auto hält an. Das Krankenhaus? Jetzt bloß keinen Fehler in letzter Minute machen. Die Heckklappe geht auf. Zwei Sanitäter kommen. Der junge Arzt, der mit Said vorne im Taxi mitgefahren ist, erklärt kurz die Situation. Sie bringen dich zuerst zum Röntgen. Die Sanis legen eine orangefarben bespannte Trage ab. Etwas geübter als die bisherigen Träger, aber auch zu zweit, und auch nur an Schultern und Beinen, laden sie den neuen Patienten vorsichtig darauf. Auch hier muss man seinen Rücken anspannen. Und die Trage scheint nur eine Art Leiter mit drei Sprossen zu sein, die mit einer Plastikplane bezogen ist. An den Holmen ist jeweils ein Griff, und die mittlere Strebe ist genau unter dem Rücken, so dass man auf dem so professionell anmutenden Tragegestell nicht nur den Rücken anspannen, sondern sogar eine Brücke machen muss, da die Plane nicht sehr straff gespannt ist und die Mittelstrebe ja den Rücken nicht durchbrechen soll. Es sieht so aus, als wäre der Kampf doch noch nicht gewonnen. Gut, dass eine Portion instinktiven Misstrauens davon abgeraten hat, sich entspannt in die Trage zu legen. Hoffentlich dauert diese Art von Transport nicht allzu lange. So eine relativ starke Brücke kann vermutlich nur kurze Zeit gut gehen, wenn der Rücken gebrochen ist. Da sind die laienhaftesten Tragemanöver noch angenehmer als dieses scheinprofessionelle Folterinstrument. Ein weniger argwöhnischer Patient mit einer vergleichbaren Verletzung hät-

te da keine Chance. Hoffentlich ist die Ausbildung der Leute in dem Krankenhaus besser als die Ausrüstung.

Stärker durchgespannt und ängstlicher denn je wird der Neuzugang samt Trage auf einen kalten Tisch im Röntgenraum gelegt. Die Platzverhältnisse sind so, dass es praktisch nicht möglich ist, jemanden von der Trage unter den Röntgenapparat zu heben. Und wenn doch, dann wäre das wohl eine alles andere als sichere Aktion. Kannst du dich alleine neben die Trage legen? Das müsste gehen. Gut, dass sie selber auf die Idee kommen. Hände und Füße stemmen den Oberkörper langsam hoch, krabbeln vorsichtig seitwärts und legen ihre mit ihnen verwachsene Last noch vorsichtiger wieder ab, so behutsam, als ob sie wüßten, dass vielleicht ihre zukünftige Bewegungsfähigkeit davon abhängt. Wahrscheinlich wissen sie es. Auch diese Aktion ist wieder gutgegangen. Aber die Aussicht auf Erleichterung ist getrübt. Bisher ist im Krankenhaus nichts einfacher geworden. Die Lage in der Trage war wohl schwieriger und gefährlicher als alles andere zuvor, und auch hier im Röntgenraum muss man selber dafür sorgen, dass man alles heil übersteht, genauso wie unter dem Wasserfall, nur dass einem jetzt nicht mehr so viel Zeit für die ungefährliche Lösung von Problemen gewährt wird und andere die Aufgaben stellen. Wenigstens wird bald Klarheit darüber herrschen, was mit dem Rücken tatsächlich los ist.

Vorher muss aber noch die Taxifahrt bezahlt werden. Said will das Portemonnaie haben und das erledigen. Gut, aber irgendeine Stimme erinnert an den Grundsatz, für jede Zahlung, die durch eine Versicherung abgedeckt sein könnte, eine Rechnung zu verlangen. Schließlich war das ein Krankentransport. Der Taxifahrer soll bitte eine Rechnung schreiben. Du musst ihn bezahlen! Ja, natürlich, er schreibt die Rechnung und bekommt sein Geld. Said ist fast aufgebracht über diese Kleinlichkeit.

Dabei lenkt diese kleine Diskussion so schön von der gefährlichen Lage ab. Also, wenn ich die Rechnung habe, bekomme ich das Geld wahrscheinlich in Deutschland zurück. Damit ist er zufrieden und geht wieder hinaus und kommt bald mit einer umfangreichen detaillierten Rechnung über umgerechnet etwa zehn Mark zurück. Da hat er sicher nicht übertrieben. Said bekommt die Börse und eilt wieder hinaus, noch bevor das mit dem Trinkgeld besprochen werden kann. Das wäre ihm schon gegönnt gewesen. Jetzt kann der knickrige und kleinliche Deutsche geröntgt werden.

Wo tut es weh? Etwa hier. Die Maschine wird an ihrer sehr beweglichen Aufhängung über die mit den Händen angedeutete Gegend gefahren. Der Freund Saids, der inzwischen den Brustbeutel zurückgebracht hat, übersetzt die Anweisungen. Nicht bewegen, Luft anhalten. Die erste Anweisung war überflüssig, und bei der zweiten weiß man nie, ab wann und wie lange sie gilt. Alle verlassen den Raum. Die Maschine macht die beim Röntgen üblichen Töne. Der Bleigurt hängt über irgendeinem Stuhl. Wahrscheinlich würde er das Photo behindern, das ja von der unteren Rückenpartie gemacht werden muss. Sobald sich die Maschine beruhigt hat, darf sich die Lunge hoffentlich wieder bewegen. O.K. Der Mann, der für den Röntgenraum zuständig zu sein scheint, kommt wieder, gefolgt von zwei Männern, die wohl die Trage nehmen sollen. Der Weg von dem flachen Röntgentisch auf die Trage mit ihrer Mittelstrebe ist schwieriger als umgekehrt. Der Rücken muss ja jetzt wieder vorsichtig gewölbt werden. Aber es geht, es geht gut. Vielleicht stellt sich bald heraus, dass die Vorsicht übertrieben war. Es kann aber auch sein, dass der Bruch versteckt ist. Wenn der Bruch vorhanden, aber auf dem Röntgenbild nicht zu erkennen wäre, wäre das wohl die gefährlichste Situation, die man sich vorstellen kann. Dass so etwas möglich ist, beweist eine eigene Erfahrung aus Deutschland,

bei der Gott sei Dank nur der Arm betroffen war.

Noch scheinen die Wirbel ja an ihrem Platz zu sein, wenn man die Funktionsfähigkeit der Beine und Füße als Anzeichen dafür nehmen kann.

Sobald die Trage gehoben wird, gibt natürlich die Bespannung etwas nach. Gut, dass die Muskeln inzwischen so auf die Situation eingeschworen sind, dass gefährliche Bewegungen wie schnelle Reflexe unterbleiben. Der Rücken hat in Erinnerung an den Hertransport sogar schon ein Hohlkreuz gebildet, das ausreichend hoch ist, um zu verhindern, dass er beim Hochheben auf die Querstrebe knallt. Beine und Schultern werden so steif gehalten, dass der Rücken sich nicht ungewollt verschieben kann. Die beiden Träger könnten genauso gut eine schwere Holzfigur in der Trage haben. Au, der Fuß. Der rechte Fuß müsste zwar auch untersucht werden, aber im Moment ist es wohl wichtiger, alles zu vermeiden, was den Rücken gefährden kann. Und wer weiß, ob man im Gipsraum liegen dürfte. Besser ist es wohl, jede nicht lebensnotwendige Aktion, die eine Ortsänderung nötig machen würde, zu vermeiden.

Offensichtlich gibt es in dem Krankenhaus keinen Aufzug, zumindest keinen, in dem eine Trage in waagrechter Position Platz hätte. Das Gestell wird eine steile und gewundene Treppe hochgeschleppt. In den Steilkurven kostet es einige Überwindung, nicht zu versuchen, den eigenen Schwerpunkt zu verlagern. Dazu kommt, dass die Bespannung der Trage jeweils in der Richtung der Falllinie etwas nachgibt. Ängstlich klammern sich die Hände an den Seiten der hin- und herkippenden Trage fest. Die beiden Träger haben sichtlich Schwierigkeiten, das Gestell um die Kurven zu bekommen. Steifhalten, festhalten, steifhalten, bald ist es geschafft, falls nicht einem der beiden die Last zu schwer wird. Bis jetzt macht der ganze Bau einen Eindruck, als ob er gar nicht als Krankenhaus geeignet wäre. Wenigstens die Treppe ist geschafft. Abwärts muss das ein noch schlimmeres Gefühl sein, aber bis dahin ist die Situation bestimmt schon entschärft. Die Treppe und die Trage sind wichtige Argumente dagegen, den Fuß hier behandeln zu lassen. Was werden sie wohl mit dem Rücken machen? Was wird wohl mit ihm los sein? Vorerst wird die Trage in einem Zimmer auf ein Bett gelegt. In inzwischen gewohnter Manier auf dem Rücken krabbelnd wird sie verlassen. Bis zur nächsten Aktion kann nichts mehr passieren.

Das Zimmer ist sehr einfach gestaltet. Vier Eisenbetten stehen an den Wänden. Die Decke ist hellgrau, die Wände sind etwas dunkler, aber das kann auch am Lichteinfall liegen. Ein Fenster und eine Tür sind vorhanden. Neben jedem Bett steht ein kleines Nachtkästchen und irgendwo im Zimmer ein Stuhl. Am Nachtkästchen lehnt auch der Rucksack. Das Bett ist unangenehm weich. Der Rücken sackt ein und tut weh, aber man kann ihn doch nicht Tag und Nacht anspannen. Ein in der Herzfrequenz pulsierender Schmerz geht von der Wirbelsäule aus und wird langsam von Schlag zu Schlag stärker. Sobald die Situation in dem spartanischen Raum halbwegs erfasst ist, kommen auch schon Said und sein Freund. Said strahlt. Der Stationsarzt und der Orthopäde sind zwar gerade nicht da, aber der Chirurg hat sich das Röntgenphoto angeschaut. Der kennt sich auch ein wenig aus mit so etwas. Die Wirbel sind ganz, nur der unterste ist ein bisschen verrutscht. Der macht wohl die Schwierigkeiten. Du kannst dich also jetzt ausruhen und dann gehen. Ich bin ja so froh, dass es nichts Ernstes ist.

Nur ein Wirbel verrutscht? Ob man dem trauen kann? Kann das Rückenmark bei so etwas überhaupt ganz bleiben? Ist da nicht der Kanal abgeschnitten? Ob der Chirurg da wirklich durchblickt? Brüche können auch schwer erkennbar sein. Außerdem tut der Rücken nicht ganz unten weh. Aber wie kommt man an einen Arzt, der sich wirklich auskennt? Wenn da jemand käme und die bestmögliche Diagnose und womöglich noch die beste Behandlung wollte… Aber die Diagnose des Chirurgen hört sich so unglaubwürdig an, dass die Meinung eines Kollegen zu dem Fall sehr beruhigend wäre. Doch wie soll ein Student, der keinerlei medizinische Vorkenntnisse hat, erklären, dass er der Diagnose eines hochqualifizierten Mediziners misstraut? Er ist der Mediziner und hat daher hier die Kompetenz und Autorität. Somit hat er recht. Das einzige, was man ihm entgegenhalten könnte, wäre, dass es nicht sein eigener Körper ist und dass der Körper etwas anderes sagt. Aber das wird einem Laien nicht viel nützen. Das einzige, was jetzt übrig bleibt, ist, einfach aufzustehen und auf die Lähmung zu warten. Sobald man sich nicht mehr bewegen kann, kommt bestimmt ein Spezialist. Vorbeugung ist aus der Mode gekommen in dieser Welt. Umso kranker der Patient ist und wird, desto mehr verdient der Arzt. Ob das auch in der Türkei so ist? Ein armes Land kann sich doch so ein System eigentlich nicht leisten. Wie setzt man sich gegen Ärzte durch, deren Diagnose man nicht traut, denen man aber gerade ausgeliefert ist?

Nur verschoben? Das kann doch nicht sein! Nur! Was jetzt? Der alte Mann vom Nebenbett fragt den jungen Türken, was los ist. Auf die Erklärung hin meint er aufmunternd, dass der Rücken nicht gebrochen sein könne. Das wäre so schmerzhaft, dass man ununterbrochen brüllen müsse. Er muss es ja wissen, woher auch immer. Schließlich heißt es, man solle den Alten glauben.

Said nickt bestätigend. Hörst du? Er ist etwas verwundert über die geringe Freude. Das ist doch toll. Ich habe solche Angst gehabt, dass dein Rücken tatsächlich gebrochen sein könnte. Das wäre schlimm gewesen. Aber so ruhst du dich noch ein bisschen aus, und morgen fahren wir zurück ins Tal der Schmetterlinge. Morgen. Wenn er nur recht hätte! Morgen. Fein.

Wer weiß, was bis dahin passiert. Vielleicht schaut noch ein Experte die Röntgenaufnahmen an. Wahrscheinlicher ist aber, dass niemand mehr die Bilder anschaut und der Patient als praktisch gesund entlassen wird. Dann bleibt keine andere Möglichkeit mehr, als auf die Diagnose zu vertrauen. Wenn sie falsch war, dann ist alles zu spät, aber niemand konnte etwas dafür. Der Chirurg hat sich eben geirrt, weil es nicht sein Spezialgebiet ist. Dann war der ganze schwierige Transport umsonst. War die Diagnose richtig, ist alles gut außer dem Fuß. Aber irgendwie wird eine Heimreise schon durchzuhalten sein. Von Bus zu Bus wird es sich schon irgendwie humpeln lassen. Außerdem heilt auch ein gebrochener Fuß irgendwann. Warum sollte er das nicht in der Türkei tun, an irgendeinem schönen Ort? Während alle denkbaren Möglichkeiten für die nächsten Tage durch den Kopf jagen, haben sich die zwei Freunde wieder auf den Weg gemacht, um zu erfragen, wie es jetzt weitergeht. Kurze Zeit später kommen sie zurück. Eine schlechte Nachricht, eine sehr schlechte Nachricht. Zufällig ist der Orthopäde vorbeigekommen und hat sich die Röntgenaufnahme angeschaut. Er sagt, dass zwei Wirbel gebrochen sind. Da muss man ein paar Tage liegen, mindestens bis Montag, sonst gibt es Schwierigkeiten. Dann bekommt man einen Gips.

Schade, ich war so froh, dass kein Wirbel gebrochen war. Jetzt musst du Kraft haben. Während Said sein Bedauern ausdrückt, kommt ein junger Mann ins Zimmer. Er trägt zwar Zivilkleidung, stellt sich aber als Orthopäde vor. Das Krankenhaus hat keinen eigenen Orthopäden, und so schaut er von Fall zu Fall vorbei. Normalerweise hat er seine Praxis im Ort. Die Stelle des Absturzes ist ihm schon bekannt. Da passiert öfter etwas. Klar, die zweite Brille.

In diesem Fall sind der erste und der dritte Lendenwirbel gebrochen, und da ist es am besten, wenn man sich überhaupt nicht bewegt. Und

setz dich auf keinen Fall hin. Ist gut. Du musst jetzt ein paar Tage ruhig liegen, mindestens bis Montag. Dann bekommst du ein Gipskorsett. Und wenn du Glück hast, wirst du dann nach Izmir gebracht. Da ist es besser für dich. Aber jetzt muss er wieder in seine Praxis. Und vergiß nicht: Nicht bewegen! Ist gut. Auf Wiedersehen.

Was jetzt? Enttäuscht sein, dass die Verletzung doch gefährlich ist, oder sich darüber freuen, dass man noch nicht versucht hat, sich auf die Diagnose des Chirurgen zu verlassen beziehungsweise sie praktisch zu überprüfen?

Das Brett

Immerhin ist die Lage noch hoffnungsvoll. Die Verletzung ist zwar gefährlich, aber offensichtlich sind nur Knochen gebrochen, und die können wieder zusammenwachsen. Und bis dahin ist eine fachgerechte ärztliche Versorgung gewährleistet, nachdem der Weg ins Krankenhaus geschafft ist. Was jetzt noch kommt, ist nur eine Zeitfrage. Die Wirbel müssen zusammenwachsen. Dass dabei alles richtig läuft, dafür sorgen die Ärzte. Einer davon kommt gerade, gefolgt von den beiden Freunden und noch zwei Männern, wahrscheinlich Pflegern. Jedenfalls tragen sie ein großes, längliches Brett. Der türkische Freund Saids dolmetscht und erklärt. Der Orthopäde hat empfohlen, ein Brett unter die Matratze zu schieben, das ist besser bei einem gebrochenen Rücken. Sonst kann es Schwierigkeiten geben. Da könnte er recht haben. Der Schmerz im Rücken schaukelt sich immer stärker auf. Auf einem Brett, zum Beispiel auf dem Schiff oder im Tal der Schmetterlinge, und sogar auf der Leiter hat der Rücken wesentlich weniger weh getan. Gut, dass einer da ist, der sich auskennt.

Said erklärt, wie es weitergeht. Wir helfen dir jetzt auf einen Stuhl, da kannst du sitzen, bis wir das Brett unter die Matratze geschoben haben. Aber der Orthopäde hat gesagt, dass ich mich nicht bewegen soll. Und hinsetzen darf ich mich schon gar nicht. Said wird streng. Du musst jetzt Kraft haben. Es ist wichtig, ein Brett unterzulegen. Das hat der Orthopäde auch gesagt. Wie sollen wir das sonst machen? Es ist ja auch kein Problem. Wir helfen dir ja zu dem Stuhl. Da kannst du sitzen und dich ausruhen, während wir das Brett unterlegen. Das geht schon. Du musst Kraft haben. Du darfst dich jetzt nicht aufgeben und liegenbleiben. Said meint es ja gut. Das Problem ist nur, dass ich nicht sitzen darf. Der Orthopäde hat das streng verboten. Das reicht Said nicht. Du musst jetzt Kraft haben. Es ist ja nur für eine kurze Zeit, und wir helfen dir. Mach die Sache doch nicht so schwierig. Sei tapfer wie im Tal der Schmetterlinge, als du allein auf den Knien über die Felsen geklettert bist. Du musst jetzt Kraft haben.

Oje. Er scheint immer noch nichts kapiert zu haben. Ach Said, Kraft und Tapferkeit nützen nur, wenn sie einem lohnenden Ziel dienen. Das Ziel ist zwar im Moment, dem Pfleger dabei zu helfen, das Brett unterzuschieben. Dabei verlierst du aber das Ziel aus dem Auge, das auch der Pfleger eigentlich verfolgt, nämlich dass der Rücken möglichst wenig bleibende Schäden davonträgt. Zu diesem Zweck ist es streng verboten, sich hinzusetzen. Ihr alle meint es gut, wollt helfen. Das ist schön. Kraft haben, gut. Aber die Kraft muss jetzt darauf gerichtet werden, die Hilfsbereitschaft so zu lenken, dass sie keine Katastrophe verursacht. Es sieht so aus, als würde das noch ein harter Kampf, der tatsächlich noch viel Kraft erfordert. Die innere Stimme sagt, dass es sinnlos ist, Said das mit Worten zu erklären. Da fände er Gegenargumente, die auf Sachzwänge aufbauen, die sich auf die Rolle des diensthabenden Arztes als einzigen im Augenblick verfügbaren Experten berufen. Es muss irgendwie anders gehen.

Du musst Kraft haben. Er meint es ja gut. Er will den Kampfgeist wecken. Aber wie kann man es vermeiden, diesen Kampfgeist zur Selbstzerstörung einzusetzen, es vermeiden, sich hinzusetzen? Fliegen? Die Geduld der drei wird wohl nicht unbegrenzt sein. Früher oder später fragen sie nicht mehr lange und packen zu. Dann ist es zu spät, so gut sie es auch meinen. Damit ist dann keinem geholfen. Aber wie kommt man ihnen zuvor? Du musst Kraft haben. Gleich nach dem Unfall hat es der Rücken auch aushalten müssen, aufgerichtet zu werden. Liegenbleiben wird auf keinen Fall geduldet werden. Und an dem Stuhl kann man sich auch zum Stehen festhalten. Aber wie steht man auf, ohne den Rücken zu verformen? Im Tal ist es auch gegangen, aus der Bauchlage. Es gibt also eine Möglichkeit. Aber wie erklärt man das als Kranker drei Experten?

Du musst Kraft haben. Also gut.

Ich gehe zum Stuhl. Ich stehe selbst auf. Das gefällt Said schon besser. Bravo! Sehr gut. Wir helfen dir. Danke. Hoffentlich lässt sich das weitgehend vermeiden. Wenn mehrere Leute an einem zerren und schieben, ist es sicher nicht ganz leicht, gerade zu bleiben. Javash, javash, langsam, langsam, ich drehe mich zuerst auf den Bauch. Wenn man in einer weichen Matratze versunken ist, ist es zwar nicht so leicht, sich ohne Verwindungen zu drehen, wie auf einem Felsen oder einem Brett, aber wenn man sich ganz stur steif macht und nur mit den Armen und Füßen im Gleichklang anschiebt, ist auch das zu schaffen. Währenddessen ist es natürlich nötig, die Helfer wiederholt um Geduld zu bitten, bevor sie voreilig helfend einschreiten.

Wie steht man jetzt aus der Bauchlage auf? Auf dem Felsen waren die Füße auf dem Boden, bevor der Oberkörper hochgestemmt wurde. Das kann man hier nachmachen. Der Körper muss nur vorsichtig quer zum Bett gedreht werden. Leicht im Liegestütz ist es möglich, sich auf der einsinkenden Unterlage gerade zu bewegen. Langsam, langsam, nur keine voreiligen Bewegungen und vor allem nicht daran denken, dass die Aktion eigentlich reiner Wahnsinn ist. Sie ist im Augenblick die einzige Möglichkeit. Der ganze Körper muss gleichzeitig die Position ändern. Jetzt nur keinen Fehler machen, nicht überhasten, nur um die Geduld der drei nicht übermäßig zu strapazieren. Eine solche Art von Rücksichtnahme würde ihnen am Ende überhaupt nichts bringen. Geschafft. Der Körper liegt quer, mit dem Bauch fast am Rand der Matratze. Die Beine können angezogen und die Unterschenkel auf den Boden geklappt werden, und zwar so, dass die Füße möglichst nah am Bettrand stehen. Die Beine sind lang genug, so dass die Knie sogar noch angewinkelt sind. Jetzt wird es ernst. Danke, es geht schon. Nur keine voreilige Hilfe zulassen. Langsam mit den Armen den Oberkörper hochstemmen, in dem alle Muskeln angespannt sind. Wenn man mit den Knien zusätzlich etwas nachgibt, bekommt man den Oberkörper recht gut in eine aufrechte Position. Oioioioioi. Ist die Luft dünn hier oben! Wie am Wasserfall wird wieder alles weiß, und im Gesicht perlt kalter Schweiß. Die Knie strecken. Nicht an das Schwindelgefühl denken. Konzentrieren. Keiner wäre böse, wenn man den tapferen Versuch für gescheitert erklären und sich wieder hinlegen würde. Die anderen würden dann eben wie geplant den Patienten auf den Stuhl setzen und sagen, er hat es probiert, aber er hat uns halt doch gebraucht. Also bleibt keine Wahl. Durchhalten oder nicht. Der Weg zum Stuhl muss aufrecht zurückgelegt werden, und, um keineMissverständnisse aufkommen zu lassen, möglichst ohne fremde Hilfe. Alles erscheint wieder durch den hellen kalten Grauschleier. Kann man bei dem Schwindel überhaupt die Kontrolle über das Gleichgewicht behalten? Es muss sein. Den Rücken steifhalten, komme, was wolle. Die Kälte des Grauschleiers kühlt, stärkt, wenn man es sich einbilden will. Sie übernimmt die Aufgabe des Fahrtwindes beim Rad fahren an einem brütend heißen Tag. Der Stress, nichts falsch machen zu dürfen, und die Anspannung des Rückens halten wohl den Kreislauf notdürftig in Gang. Jetzt steht nur noch der Gang zu dem Stuhl bevor. Der steht mitten im Zimmer. Um das Brett unterschieben zu können, braucht man Platz. Knapp zwei Meter sind zurückzulegen. Zwei Meter, und man ist wieder vorübergehend in Sicherheit, kann sich an der Lehne festhalten. Und wenn man schon hingekommen ist, kommt man wohl auch wieder zurück. Das wird doch zu schaffen sein. Der rechte Fuß muss das einfach aushalten. Also ein vorsichtiger Schritt mit dem rechten Bein. Der gesunde linke Fuß soll so viel wie möglich von der Last übernehmen. Dann ein Schritt mit dem linken Bein. Das ganze Gewicht auf den rechten Fuß. Es muss sein. Es gibt kein Zurück. Der Raum bleibt in kaltes Weiß gehüllt, der Schwindel hört nicht auf, und der Stuhl ist immer noch weit weg. Wach bleiben. Den Rücken gerade halten. Den linken Fuß nachziehen und dabei über den rechten abrollen… Uuh. Die Luft bleibt weg, der Schmerz durchflutet satt den ganzen Fuß. Der weiße Schleier ist wie am Wasserfall von Sternen durchsetzt. Nicht reagieren. Den Rücken gerade halten. Nicht ohnmächtig werden. Keine schnelle Bewegung, keine Reflexe. Wach bleiben. Ignorieren. Den Schritt fortsetzen. Nur noch zwei Schritte. Das muss gehen. Jetzt ohnmächtig werden und umfallen zu dürfen, das wäre eine Erlösung. Nicht aufgeben. Der linke Fuß steht, und der rechte wird kurz entlastet. Langsam gehen, damit der Schmerz Zeit hat, etwas abzuklingen. Schneller, bevor der Schwindel stärker wird. Den Rücken strecken. Dass ein so kleines Zimmer so riesig wirken kann, Ewigkeiten sind zur nächsten Möglichkeit entfernt, sich festzuhalten. Den rechten Fuß aufsetzen. Das wird wieder weh tun, aber es ist dann das letzte Mal bis zur nächsten Halbetappe, bis zum rettenden Stuhl. Das Gewicht auf den ganzen Fuß legen, wieder abrollen. Nicht vor Schmerz wanken, nicht einknicken. Das Bein stur in der Gehbewegung lassen. Keinen Schutzreflex zulassen. Den Rücken gerade halten. Es muss gehen. Bald ist es geschafft. Der linke Fuß steht wieder, knapp vor dem rechten. Der Schmerz kann wieder nachlassen. Wenn das Schwindelgefühl nicht wäre. Geradehalten. Der Verstand muss durch den weißen Nebel brüllen und hoffen, dass der Körper noch gehorcht und dass er das Gleichgewicht hält. Jetzt wäre es zurück viel weiter als vorwärts. Es ist zu schaffen. Der Körper weiß, was zu tun ist, nur die Sicherung darf nicht ausfallen. Bei Besinnung bleiben, nur ein bisschen. Der Raum dreht sich fast. Das darf er nicht. Da vorne ist der Stuhl. Noch einmal den rechten Fuß nach vorne und den linken nachziehen. Die Lehne ist in Reichweite. Nur festhalten, die Hand auf die Lehne legen, nicht darüberbeugen. Das Gleichgewicht hat eine Stütze. Sicherheit, ja, ein kleines Gefühl von Geborgenheit setzt ein und wird kurz größer. Die Lehne gibt Halt und Entlastung. Aber das Schwindelgefühl bleibt als Bedrohung und schiebt sich in den Vordergrund. Eine Ohnmacht, ein Sturz aus dem Stand würde den Kampf jäh beenden, alle Beteiligten zu Verlierern machen. Noch ist keine Zeit zum Entspannen. Langsam auf dem linken Fuß umdrehen. Außenrum ist kaum noch etwas zu erkennen.

Das Brett ist gleich untergeschoben. Dafür war diese riesige Expedition notwendig?

Jetzt kommt der Rückweg. Während der kurzen Ruhepause ist der Schwindel stärker geworden. Stärkere, tiefere Atemzüge sollten ihn aufhalten, sie dürfen aber nicht zu stark werden, damit nicht dadurch ein eigenes Schwindelgefühl auftritt. Ein bisschen hilft es, für ein paar Augenblicke wird die Sicht klar, der Rückweg kann angepeilt werden. Mut. Die Hälfte ist geschafft. Es gibt keine andere Möglichkeit. Jeden Moment kann der Schwindel über-

hand nehmen. Es wäre also gefährlich, an der relativ sicheren Lehne stehenzubleiben. Also gilt es, sich schnell, aber beherrscht auf den Rückweg zu machen. Schritt vor Schritt setzen. Schmerz und Schwindel ignorieren. Nicht ohnmächtig werden, noch nicht. Den Rücken anspannen und geradehalten. Hin ist es auch gegangen. Das Bett. Wie auch immer, es ist da, fast in Reichweite. Nicht hinunterbeugen. Mit gestrecktem Oberkörper in die Knie gehen, bis die Hände zur Matratze hinabreichen. Ganz sicher fühlt sich die Matratze jetzt an. Bald ist es geschafft. Langsam den Oberkörper, gestützt von den Armen, nach vorne kippen lassen, bis er auf der Matratze liegt. Verschnaufen. Verschnaufen! Langsam und ohne Eile den Körper wieder in Längsrichtung drehen, und dann vorsichtig in die Rückenlage. Das wäre geschafft.

Na also, geht doch. Said sieht sich darin bestätigt, dass alles nur halb so schlimm ist. Er erzählt, was ihnen der Arzt gesagt hat. Frühestens am Montag bekommst du ein Gipskorsett. Früher geht nicht, weil du dann Schwierigkeiten bekommen würdest. Und mit dem Gips kann ja nichts mehr passieren. Dann darfst du bestimmt schon aufstehen und dich hinsetzen. Dann fahren wir zurück ins Tal der Schmetterlinge, wo du dich erholen kannst, und wenn es dir wieder besser geht, können wir wieder mit dem Bus durch die Türkei reisen. Du setzt dich nur immer hin und schaust alles an. Das wird eine ganz gemütliche Reise.

Wenn er nur recht hätte mit seinem grenzenlosen Optimismus. Die Frage ist nur, wie weit man mit so einem schweren Gipskorsett kommt. Das würde bestimmt kein Spaß. Aber es ist eine Perspektive, und es wäre eine Herausforderung, so früh wieder einsatzbereit zu sein. Aber wahrscheinlich hat er etwas falsch verstanden. Vermutlich wird es nötig sein, noch länger zu liegen, oder nach Deutschland zurückzukehren. Vielleicht ist es auch besser, in der Heimat medizinisch versorgt zu werden.

Allzu modern scheint dieses Krankenhaus ja nicht ausgestattet zu sein. Das wird sich herausstellen. Jedenfalls ist es ganz offensichtlich noch zu früh für eine Entwarnung. Zum Beispiel hat der Orthopäde allem Anschein nach nur seinem Patienten gesagt, dass er sich nicht bewegen und ja nicht hinsetzen soll. Vermutlich setzt er als selbstverständlich voraus, dass die anderen das ebenfalls wissen. Was ist, wenn man das jedem einzelnen vom Personal, der etwas mit der Pflege zu tun hat, extra erklären muss? Was ist, wenn jemand das nicht versteht und übereifrig ist? Der Kampf geht weiter. Absurd wirkt diese Aussicht, sich gegen Menschen durchsetzen zu müssen, die einem helfen wollen. Aber irgendwie wird es schon gehen. Von Menschen in ärmeren Ländern heißt es ja, dass sie sehr gut improvisieren können. Und als übereifrig gelten sie auch nicht. Vorerst ist die Lage wenigstens ruhig. Der Schmerz im Fuß hat sich sehr schnell gelegt, und auch dem Rücken geht es mit dem Brett als Unterlage merkbar besser als ohne. Insofern hat sich die Aktion gelohnt. Allerdings wäre sie beinahe schief gegangen. Hoffentlich häuft sich so etwas nicht. Aber was könnte es noch nötig machen, aufzustehen?

Seit dem Fall war es so, dass eine brenzlige Situation die andere abgelöst hat. Wie auch immer, die Serie wird wohl weitergehen. Das scheint in der Natur der momentanen Lage zu liegen. Eigentlich ist jede Bewegung verboten, aber das weiß keiner und das wäre auch organisatorisch kaum durchführbar. Trotzdem bleibt keine andere Wahl, als so lange wie möglich, möglichst bis zur Heilung, den Rücken vor Bewegungen zu schützen. Die Gefahren, die dabei auftreten, sind eine nach der anderen zu bewältigen. Und die Pausen dazwischen sollten genutzt werden, um bei Kräften zu bleiben.

Infusion

Diese Kräfte sollen offensichtlich auch durch Infusionen gestärkt werden. Eine Infusionsflasche hängt dienstbereit an dem Ständer, den eine Schwester gerade in das Zimmer schiebt. Wozu eine Infusion? Es sind doch nur Knochen gebrochen. Eine Diskussion wäre allein aus sprachlichen Gründen zwecklos. Zweitens ist es nicht ratsam, sich schon wegen Kleinigkeiten mit dem Klinikpersonal anzulegen. Und drittens werden die schon wissen, warum sie das machen. Allein zum Spaß werden die ihre Patienten wohl nicht mit der farblosen Flüssigkeit vollaufen lassen. Hoffentlich ist die Nadel sauber. Die Aussicht, aus einem Krankenhaus ein Souvenir in Form einer Krankheit mitzubringen, ist nicht verlockend. Es wird schon nichts passieren. Ein Streit mit dem Personal und dem Arzt wäre in der jetzigen Situation vermutlich gefährlicher. In der nächsten Zeit müssen möglichst viele Leute über die Diagnose und die weiteren Aussagen des Orthopäden informiert werden. Einem wehleidigen Querulanten und ewigen Meckerer würde man da vielleicht nicht einmal zuhören. Also geht man am besten davon aus, dass alle nach bestem Wissen und Gewissen hoffentlich das Richtige machen, und ist recht freundlich zu den Leuten. Die Nadel wird schon sauber sein, und die Infusion ist wohl auch zu überleben.

Und es ist ja nicht so, dass der ganze Aufenthalt hier ein einziger Kampf wäre. Die Leute sind im Gegenteil sehr nett und hilfsbereit. Leider können die wenigsten deutsch oder englisch. Bisher sind nur drei Leute aufgetaucht, die englisch können: der Orthopäde, ein weiterer Arzt und eine jüngere Frau, die so ähnlich wie eine Schwester gekleidet ist und immer wieder einmal vorbeischaut und fragt, ob sie etwas tun kann. Das beruhigt irgendwie, auch wenn eigentlich alles, was im Augenblick zu tun ist, darin besteht, den Rücken ruhig zu halten.

Said und sein Freund haben sich offensichtlich inzwischen um weitere Informationen bemüht und kommen wieder, um zu berichten. Du hast übrigens sehr viel Glück gehabt. Der Arzt hat gesagt, wenn du nicht so stark wärst, hättest du den Sturz nicht überlebt. Es ist wirklich schade, dass doch der Rücken gebrochen ist. Es wäre noch so viel zu sehen gewesen. Ein anderes Mal. Erst muss der Rücken wieder zusammenwachsen. Schade, aber vielleicht machst du so gute Fortschritte, dass du doch schon bald im Bus sitzen und weiterreisen kannst. Du musst Kraft haben. In der Infusionsflasche sind Medikamente, die dich stärken und die du im Krankenhaus brauchst. Können wir dir noch mit irgend etwas helfen? Im obersten Fach des Rucksacks ist ein Heft. Ja, danke. Und da ist eine Adresse in Marmaris, da wohnt momentan ein Freund, Stefan, den ich besuchen wollte. Könnt ihr ihn irgendwie benachrichtigen? Wir werden es versuchen.

Während die beiden sich wieder auf den Weg machen, bleibt Zeit, sich im Zimmer umzusehen. Wie viele und welche Zimmergenossen hier sind, lässt sich auch jetzt noch sehr schlecht feststellen. Es herrscht ein relativ reges Kommen und Gehen. Außerdem ist der Kopf noch alles andere als klar. Alle Kräfte sind auf die eigene Situation konzentriert, und alles, was nicht direkt damit zu tun hat, wird praktisch nicht registriert. Als die Infusionsflasche fast leer ist, nimmt ein Pfleger sie ab und installiert eine neue, diesmal eine gelbe statt einer weißen. Das wird wohl eine Routine sein. Die erste ist überlebt worden, dann wohl auch die zweite. Wenn die so rechtzeitig abgenommen wird wie die erste, kann ja nichts passieren. Man sagt, dass es nur gefährlich wird, wenn Luftblasen in die Vene gelangen, also zum Beispiel, wenn man den Tropf nicht rechtzeitig abnimmt. Aber wenn das so gefährlich ist, passen die schon auf. Hoffentlich machen die das nicht so oft, denn langsam tut der Arm weh.

Zwischendurch misst eine Krankenschwester den Puls und den Blutdruck. Auf das fragende Gesicht hin drückt sie aus, dass sie mit den Werten zufrieden ist. „Gut."

Inzwischen sind die beiden Freunde wieder einmal zurückgekehrt und berichten, dass es ihnen nach einigen Umwegen geglückt ist, die Telefonnummer ausfindig zu machen, die zu der aufgeschriebenen Adresse gehört, und dass sie Stefan auch schon Bescheid gesagt haben.

Es gibt auch noch mehr Neuigkeiten. Wenn du das Korsett hast, wirst du wahrscheinlich nach Izmir kommen. Das dortige Krankenhaus ist für solche Fälle besser ausgerüstet. Said ist zutiefst betrübt, dass Izmir so weit von hier entfernt ist. Ein Zimmergenosse hält das für gar nicht gut, da es dort noch heißer sei als hier.

Ach ja, was fehlt eigentlich den anderen hier? Der türkische Freund Saids fragt die Leute und übersetzt. Ein Mann hatte eine Blinddarmoperation, ist aber wieder auf dem Weg der Besserung. Ein anderer hat einen Bruch im Oberschenkel und versucht schon seit längerem, auf die Toilette zu gehen. Wegen der Schmerzen in dem ungeschienten Bein schafft er es aber nie weiter, als sich auf den Bettrand zu setzen. Dieser junge Mann wartet schon seit Tagen auf einen Gips. Das Krankenhaus vertröstet ihn immer wieder damit, dass die nächste Lieferung bereits seit längerem überfällig sei. Ein alter Mann schläft gerade.

Die anderen in dem Zimmer sind offensichtlich Angehörige. Übrigens gibt es im Krankenhaus eine Schwester, die lange in Deutschland war und sehr gut deutsch spricht. Momentan ist sie auf einer anderen Station, aber du wirst sie sicher noch kennenlernen. Nach einem kurzen Gespräch verspricht Said, dass er bald wiederkommen will, wahrscheinlich übermorgen, am Freitag.

Langsam wird es später, und die erste Nacht des unfreiwilligen Aufenthalts nähert sich. Was wird hier noch alles passieren oder beinahe passieren? Die Flasche! Der Arm schmerzt immer stärker. Wahrscheinlich kommt das daher, dass er aus Angst, dass die Nadel verrutschen könnte, krampfhaft steif gehalten worden ist. Ist das wirklich so gefährlich, wenn die Flasche leer ist und Luftblasen in die Vene kommen?

Sie ist fast leer. Langsam wird es Zeit, dass wieder jemand nachschaut. Aber wenn das wirklich so gefährlich wäre, müßten die Patienten bei dem wenigen Personal an Infusionen wegsterben wie die Fliegen. Man kann die Nadel ja in letzter Minute selbst entfernen. Sie muss nur rausgezogen werden. Da kann man wohl nicht viel falsch machen, oder? Oder? Man müsste medizinische Grundkenntnisse haben, wenn man in so ein Krankenhaus kommt, wo es kaum Krankenschwestern, Ärzte oder Pfleger zu geben scheint. Die Flasche leert sich immer mehr. Bald wird sich Luft durch den Schlauch der Vene nähern. Jemand schaut durch die Tür, die einen Spalt weit offen steht. Hallo. Er reagiert, kommt kurz herein und scheint den Hinweis auf die Flasche zu verstehen. Moment. Und schon ist er wieder weg. Was heißt hier Moment? Das Ding ist so gut wie leer. Die haben eine Geduld mit den Nerven anderer. Ewige Minuten später, als die Flasche praktisch leer ist und die rechte Hand sich schon darauf vorbereitet, die Kanüle zu entfernen, kommt ein Pfleger herein, stellt den Tropf ab und entfernt die Kanüle. Danke schön, gute Nacht. Gute Nacht.

Ja, jetzt wäre es Zeit, zu schlafen, sich von den Strapazen des Tages zu erholen und Kräfte zu sammeln für die nächsten Tage.

Aber die Schürfwunde am linken Ellbogen spannt. Um die hat sich eigentlich seit dem Sturz noch keiner gekümmert. Dabei hat das Ding immerhin gut drei Zentimeter Durchmesser. Wahrscheinlich ist auch das Desinfektionsmittel knapp, ähnlich wie der Gips. Eine Entzündung wäre aber unangenehm. Der schmerzende Rücken und der lädierte Fuß reichen. Wofür ist denn die Reiseapotheke im Rucksack? Wenn man allerdings jemanden bittet, das Plastiktütchen mit den Pflastern und dem Desinfektionsmittel aus dem Rucksack zu holen, könnte das wie eine Beleidigung für das Krankenhaus wirken. Vielleicht ist das Verbandszeug ja leicht erreichbar. Der Rucksack steht gleich neben dem Nachtkästchen am Kopfende des Bettes.

Der linke Arm ist wie eingerostet, gerade dass er nicht bei jeder Bewegung quietscht, wohl wegen der verkrampft angewinkelten Stellung während der Infusion.

Mit etwas Mühe lässt er sich zwar nach einiger Zeit gerade bekommen, aber für die knifflige Aktion muss er sich wohl noch etwas ausruhen. Vielleicht ist es heute auch einfach schon zu spät, um sich um solche Kleinigkeiten zu kümmern. Vielleicht kommt morgen doch noch jemand, der die Wunden versorgt.

Endlich Schlaf?

Für heute wird jetzt sowieso das Licht ausgemacht, und nach und nach wird es ruhiger im Krankenhaus. Um diese Zeit wird wohl kaum noch ein Arzt irgendwelche Verlegungen anordnen. Das bedeutet Ruhe, die Möglichkeit, unbesorgt auszuspannen. Noch dazu ist das Bett dank des Brettes einigermaßen bequem. Stunden ohne Gefahr und fast ohne Schmerzen stehen bevor. Dem Körper muss nur eingerichtet werden, dass er sich auf keinen Fall ohne ausdrücklichen und wohlüberlegten Befehl bewegen darf, auch nicht im Schlaf. Sobald das sicher ist, darf die bewusste Konzentration nachlassen, dann darf auch der Geist sich entspannen, dann ist etwas Schlaf erlaubt, ruhiger, bewegungsloser Schlaf.

Wie steuert man das? Wie bringt man dem Körper bei, dass er sich nicht im Schlaf bewegen darf? Das wird wohl etwas dauern. Gibt es da nicht Untersuchungen, die herausgefunden haben, dass ein Mensch im Schlaf zigmal seine Lage ändert? Und hier kann eine kleine Drehung der Wirbelsäule katastrophale Folgen haben!

Bisher sind schließlich praktisch alle Beinahe-Katastrophen eingetreten, die voraussichtigerweise angedacht worden waren. Der Rücken ist gebrochen, der rechte Fuß offenbar auch, die Helfer haben einen großen Teil des Transports ohne Trage bewerkstelligt, einmal haben sie sogar loslassen müssen, im Krankenhaus weiß niemand so recht, was ein Wirbelbruch bedeutet, und gerade eben wäre die Infusionsflasche fast leergelaufen. Wenigstens sind nur zu befürchtende gefährliche Momente eingetreten und die großen, die irreparablen Katastrophen bisher ausgeblieben. Insofern war das heute ein Glückstag. Trotz vieler Gefahren ist das Rückenmark noch ganz. Und wahrscheinlich hat die Tatsache, dass der Fuß verletzt ist, den Rücken gerettet. Vielleicht wäre sonst das mit dem Krankenhaus bis Deutschland aufgeschoben worden, und vielleicht wäre auf dem Weg dorthin doch das Rückenmark...

Diesem Rückenmark zuliebe ist es jetzt wohl besser, den Schlaf noch etwas hinauszuzögern. Andererseits werden in den nächsten Tagen alle verfügbaren Kräfte gebraucht werden, um weitere Behandlungen und Hilfeleistungen heil zu überstehen. Und es ist klar, dass die Kräfte sich ohne Schlaf nicht erneuern können. Schlafen oder nicht schlafen - das soll der Körper selbst entscheiden. Vom Gehirn hat er die Angst davor mitbekommen, sich zu bewegen, und durch die langen Nächte der vergangenen Woche die Müdigkeit. Da die Schmerzen gerade kaum stören, kann der ganze Kerl sich jetzt wenigstens entspannen, entspannen und auf den Innenseiten der Augenlider die vergangenen Tage vorbeiziehen lassen.

Sobald die Augen zu sind, taucht wieder die

sonnige Türkei auf, hell und heiter, mit viel Blau und melancholischer türkischer Schnulzenmusik aus dem Autoradio eines Minibusses. Kaum ist der Minibus nach Denizli bestiegen, ist Pamukkale nur noch eine Station auf der Reise in die anderen Ferienorte, eine mehr oder weniger unscharfe Erinnerung an die weißen Kalkterrassen und ein schnell verblassendes Bild von Sally.

*

Wieder einmal akklimatisieren

Im Busbahnhof von Denizli geht wieder alles sehr schnell. Wollen Sie mitfahren? Fahren Sie nach Dalaman? Ja, ja, steigen Sie ein.

Kaum haben alle Fahrgäste einen Fahrschein erstanden und in dem klimatisierten Reisebus Platz genommen, geht die Fahrt unwiderruflich nach Süden, während Sally wohl schon fast in Selçuk ist. Die Straße wird nicht besonders gut sein, aber im Laufe des Tages werden wir Dalaman bequem erreichen. In einer Kleinstadt gibt es einen kurzen Halt, was Said wundert, da ihm der Ort von der Herfahrt her überhaupt nicht bekannt vorkommt. Es ist ein schönes Städtchen mit einer zierlichen Moschee, die in der strahlenden Mittagssonne prunkt. Bei der Weiterfahrt fällt auf, dass die Sonne fast immer links steht, obwohl die Fahrt eigentlich nach Süden geht und es schon kurz nach Mittag ist. Ob es doch besser gewesen wäre, nachzufragen, wohin der Bus fährt? Beim nächsten Halt, an einem Busbahnhof in einer größeren Stadt, wird gefragt, wie die Stadt heißt. Aydin. Aydin??? Aydin. Ein Blick auf die Landkarte bestätigt, dass die Stadt über hundert Kilometer westlich von der Strecke liegt, die Said fahren wollte. Wo fährt der Bus jetzt hin? Selçuk. Selçuk? Ob das ein Zeichen ist, doch nach Westen zu fahren?

Einer der benachbarten Busse fährt in wenigen Minuten in Richtung Dalaman ab. Über Aydin ist die Strecke zwar um fast hundert Kilometer länger, aber dafür ist wohl die Straße besser. So war diese Route vielleicht sogar insgesamt günstiger. Wer weiß, ob Sally wirklich nach Selçuk gefahren ist, und wenn, ob sie aufzufinden wäre? Wer weiß, wann sie das Geburtshaus der Jungfrau Maria besuchen wird? Zu solchen Überlegungen bleibt kaum Zeit, bis der Bus nach Dalaman abfährt. Im Vergleich zu Deutschland sind die Busverbindungen und die Anschlüsse hier wirklich unglaublich ausgeklügelt, oder seit Tagen häufen sich die Zufälle, die jeweils den passenden Bus zur gewünschten Zeit bereitstellen. Ausnahmen wie der Fehler in Denizli bestätigen nur die Regel, vor allem, da hier sofort eine Ersatzlösung verfügbar ist.

In Dalaman

Mitten am Nachmittag ist Dalaman erreicht. Said weiß auch schon eine günstige Pension. Das hier soll nur eine Zwischenstation sein. Dabei ist dieses Städtchen schon ganz nett. Allerhand Restaurants sorgen für das leibliche Wohl, aber man wird nicht so sehr in die Enge getrieben wie in Pamukkale oder vom Lärm und der dicken Luft zermürbt wie in Istanbul. Said genehmigt sich bei einem Straßenhändler ein Eis. Du willst keines? Es ist aber in Ordnung, es ist kalt. Ja, es ist kalt, aber wissen die Krankheitserreger das auch? Bei uns wird man davor gewarnt, in südlichen Ländern Eis zu essen, sogar die ganz bestimmt kalten Eiswürfel, und da es nicht lebenswichtig ist, kann man darauf für ein paar Wochen verzichten, so appetitanregend es auch aussieht. Eine Spezialität kann man sich aber nicht entgehen lassen: Ein jüngerer Mann trägt einen Korb voll Muscheln auf dem

Kopf spazieren. Die Meeresfrüchte, von denen hier, praktisch an der Küste, anzunehmen ist, dass sie frisch sind, scheinen mit Reis gefüllt zu sein, und der Verkäufer beträufelt sie frisch mit Zitrone. Alles in allem gibt das eine durchaus erfrischende Zwischenmahlzeit. Noch dazu verlangt der Mann, der so lange immer wieder Muscheln mit Zitrone beträufelt, bis die Kunden genug haben, dafür einen Preis, für den man in Deutschland vielleicht gerade eine einzige Muschel bekommen würde, und dazu noch eine, die eine Weltreise hinter sich hat. Die Innereien beschweren sich nicht einmal. Vielleicht liegt das an der desinfizierenden Wirkung der Zitrone. Alles in allem scheint man hier als Tourist eine Weile ganz locker und gemütlich durchkommen zu können. Was Sally wohl gerade macht?

Said scheint die Gedanken zu ahnen. Das Mädchen, wenn sie das gewesen wäre, was man unter einem hübschen Mädchen versteht,... aber sie, mmm mmm. Ich sage nur eines: Komplexe. Was versteht denn der. Nur weil sie ihm nicht auf den ersten Blick sympathisch ist, versucht er ihr etwas anzuhängen. Er hat eine andere Frau gesehen. Selbst ernannte gute Menschenkenner können die absurdesten Gedanken haben und sie dann mit einer Übelkeit erregenden Sicherheit aussprechen. Offensichtlich haben solche feinfühligen Menschen keine Toleranz nötig, die anderen Menschen erlaubt, von ihrem Idealbild abzuweichen. Oder ihm gefallen nur Zuckerpüppchen. Vielleicht will er aber auch nur den abrupten Abschied nachträglich leichter machen.

Es lässt sich sowieso nichts mehr ändern.

Ein Teil der angenehmen Atmosphäre hier kommt daher, dass die Straßen nicht so von Touristen überschwemmt sind, wie man es bei einem Städtchen erwarten könnte, das neben einem Flughafen mit Direktverbindung nach Deutschland liegt. Ein Grund dafür ist, dass Nachsaison ist, und ein anderer der drohen-

de Krieg im Nahen Osten, der für die Türkei wirklich nah ist. Das bestätigen auch ein paar junge Türken, mit denen die beiden Neuankömmlinge ins Gespräch kommen. Viele der Leute, die in den kleinen Städten hier wohnen, vor allem die, die irgendwie mit Gaststätten oder Hotels und Pensionen zu tun haben, müssen ihr Einkommen für das ganze Jahr in den wenigen Monaten verdienen, in denen die Touristen in Massen kommen. Der Rest des Jahres besteht mehr oder weniger aus unbezahlter Freizeit. Bei den Handwerkern ist das anders. Aber immer mehr entscheiden sich für den Tourismus. Vielleicht ändert sich das, wenn die Touristen ausbleiben, wie in den letzten Wochen. Vielen hier kommt ein Krieg mit dem Nachbarn Irak wahrscheinlich vor. Und alle sind sich sicher, dass die NATO ihn dann vernichten wird und dass das Vorteile für die Türkei bringen dürfte. Aber vorerst hat der drohende Krieg das ansonsten angeblich recht lebhafte Städtchen innerhalb kürzester Zeit praktisch entvölkert.

Einer der jungen Männer wundert sich fast, dass Said kein Deutscher ist. Er weiß aus vielen Orten, dass mit Abstand die meisten ausländischen Touristen Deutsche sind und dass es immer mehr werden. Wo die nur alle herkommen? Das kann doch nicht gut gehen, wenn das Land jedes Jahr von Deutschen so überschwemmt wird. Ein anderer findet es nicht sehr klug, dass so viele nach Deutschland zum Arbeiten gehen. Geld verdienen, gut Geld verdienen, kann man als Türke am besten in der Türkei, wo man sich auskennt.

In der Pension sind inzwischen weitere internationale Gäste eingetroffen, unter anderem ein Deutscher und eine Australierin, die in Berlin studiert und perfekt Deutsch kann. Die junge Frau mit dem Strohhut sprudelt nur so von witzigen Bemerkungen, wovon vor allem Said begeistert ist. Gegen Abend sucht Said im Ort ein bestimmtes Lokal, das an der Hauptstraße liegen muss. Als er vor nicht allzu langer Zeit hier war, hat alles noch viel voller ausgesehen.

Das muss es sein. Das im Vergleich zu den Gaststätten in Pamukkale riesige, in dunklem Holz gehaltene Lokal ist im zweiten Stock untergebracht. An den vielen Tischen verlieren sich noch ein paar andere Gäste. Said scheint den Wirt zu kennen und setzt sich in die Nähe des Ausschanks. Der Wirt, ein großer und sehr dunkel wirkender jüngerer Mann, der im Augenblick fast nichts zu tun hat, setzt sich dazu.

Jetzt ist sehr wenig los, sehr wenig Geschäft, aber dafür ist es jetzt ruhiger und angenehmer. Die Touristen können einem ganz schön auf die Nerven gehen, auch die Frauen. Die bilden sich oft ein, dass die Männer hier nur für sie da sind, alle Männer, auch die, die wie er verlobt oder verheiratet sind. Erst letzte Woche waren zwei Engländerinnen hier. Die haben immer wieder sehr eindeutig hergeschaut und gekichert. Als er sich endlich doch zu ihnen gesetzt hat - schließlich waren sie Gäste - haben sie gesagt, sie hätten schon gemeint, er wäre schwul. Da hat er etwas zu ihnen gesagt, was ihnen zu denken gegeben hat.

Kein Wunder, dass bei solchen Mittouristinnen ausländisch aussehende Frauen nur zu oft angemacht werden, weil die Männer denken, sie wären leicht zu haben und würden sich über jedes Abenteuer freuen.

Auf dem Heimweg am sehr späten Abend erzählt Said noch einmal, dass am nächsten Tag ein kleinerer und noch sympathischerer Ort namens Dalyan besucht werden soll, und dann ein ganz abgelegenes Tal, in dem der Bruder des Wirts den Tourismusbetrieb leitet.

Dalyan

Am nächsten Vormittag geht die Reise also weiter nach Dalyan, das nicht allzu weit ent-

fernt ist. Der Ort ist wirklich um einiges kleiner, und doch sieht man mehrere Restaurants, vor allem in der Nähe des Hafens, der sich entlang eines Flusses hinstreckt, und an dem etliche in weiß und blau gehaltene Segelboote vertäut sind. Im Westen sieht man mitten in einer fast senkrechten Felswand riesige herausgemeißelte Portale, die an antike Tempel erinnern. Für touristische Sehenswürdigkeiten scheint also gesorgt zu sein.

Und auch an Unterkünften hat man eine Auswahl. Said erinnert sich an eine sehr günstige Übernachtungsmöglichkeit auf der Dachterrasse eines Hauses, weiß aber nicht mehr, wo genau das war. Nach kurzem Suchen entscheidet er sich für eines der Häuser. Kann man bei Ihnen auch auf dem Dach schlafen? Die Hausfrau und der Hausherr sind einverstanden. Auf der Dachterrasse sind schon ein paar Rucksäcke, und man sieht bereits eine Lagerstätte, die mit Moskitonetzen abgeschirmt ist. Es sind also schon mehrere Leute auf die Idee gekommen. Hier oben ist man praktisch Auge in Auge mit den Steinportalen auf der anderen Seite des Flusses. Allerdings wimmelt es nur so von Mücken. Die Hausherren haben zwar Moskitonetze, die sie bereitwillig herleihen und über den Schlafstätten anbringen, aber die Netze schauen erstens nicht mehr ganz neu aus, und zweitens ist es bei dem Aufwand wohl doch bequemer, in einem Zimmer zu schlafen. So wird kurzerhand umdisponiert und ein ganz nettes, einfaches Zimmer im Haus bezogen. Das ist zwar etwas teurer, aber im Vergleich zu allen bisherigen Übernachtungen auf der Reise immer noch sehr billig.

Der restliche Tag wird ganz gemütlich zu einem Spaziergang durch das kleine Städtchen und in die flache Umgebung genutzt, und natürlich zu Aufenthalten in Teehäusern und Restaurants mit unzähligen Partien Tavla. Selbstverständlich ist Said von einem Anfänger kaum zu schlagen, aber die schnellere Taktik beim

Ausspielen macht einige der Fehler wett und gestaltet die meisten Spiele wenigstens im Endspurt spannend. Bei einem Bummel über einen Markt, wo verlockend günstige und schöne Textilien angeboten werden, wird der Vorsatz gefasst, bei zukünftigen derartigen Reisen wirklich nur noch die allernötigsten Kleidungsstücke von zu Hause mitzunehmen. Im Ausland scheinen einfach die Handelsspannen um einiges niedriger zu sein. Said leistet sich bunte Bermudas und ein paar Kassetten für seinen Walkman.

Der größte Teil des spärlichen Inhalts seines kleinen Rucksacks scheint aus Zubehör für diesen winzigen Kassettenrecorder zu bestehen. Neben dem Recorder selbst und einigen Kassetten gehören dazu Ersatzbatterien und ein kleines Gerät, mit dessen Hilfe er messen kann, wieviel Energie noch in den einzelnen Batterien ist. So muss er nur immer die jeweils schwächste austauschen und spart sich auf Dauer sicher die eine oder andere Batterie. Bei seinem Verbrauch lohnt sich das bestimmt. Eigentlich hat er bei jeder Gelegenheit seine Kopfhörer auf, und immer wieder begleitet er die Kassette an Stellen, die ihn besonders zu beeindrucken scheinen. Er kann gar nicht verstehen, wie ein zivilisierter Mensch ohne den ständigen Musikgenuss leben kann.

Rundfahrt

Auch der nächste Tag wird ohne Eile angegangen. Said schlägt vor, eine Rundfahrt zu machen. Am Hafen liegen etliche Boote vertäut, und auf oder vor einigen rufen junge Männer Reihen von Wörtern, die vermutlich Ortsnamen der Stationen sind, die das jeweilige Boot anläuft. Eine dieser Runden fahren wir auch mit, aber erst wird in einem der kleinen Restaurants am Hafen gemütlich ein Frühstück eingenommen.

Nach dem Frühstück liegen immer noch etliche Boote im Hafen, aber keines davon sieht so aus, als ob es demnächst in See stechen wollte. Auch die Zahl der Touristen hält sich sehr in Grenzen. Auf einem Zettel an einer Art Schwarzem Brett stehen Abfahrtzeiten für eine Rundfahrt. Demnach hat das letzte Boot vor kurzem abgelegt. Said kann nicht verstehen, dass hier nicht mehr los ist. Vor gut einer Woche waren hier viel mehr Touristen, und fast den ganzen Tag über sind Boote zu Rundfahrten aufgebrochen. Jetzt ist eben Nachsaison. Das scheint ein ganz abrupter Bruch zu sein. Wenn man das gewusst hätte, hätte man sich ja nach den Abfahrtszeiten erkundigen können. Jetzt hilft nur noch, bei den wenigen Leuten, die auf den verbliebenen Booten zu sehen sind, nachzufragen, ob es heute noch eine Rundfahrt gibt.

Ein etwa sechzehnjähriger Junge erklärt sich bereit, zum üblichen Preis pro Person eine Runde zu machen, wenn noch etwa sechs Leute kommen. Wunderbar! Sechs Nachzügler, die eigentlich gerne eine Rundfahrt machen würden, werden wohl bald beisammen sein. Am besten wir gehen gleich auf das Boot und sichern uns die besten Plätze, bevor die anderen an Deck stürmen.

Stürmen tut allerdings um diese Zeit offensichtlich niemand mehr. Genauer gesagt interessiert sich kein Tourist mehr für eine Rundfahrt. Man sieht auch kaum Touristen. Wenigstens die wenigen, die in der Nähe des Bootes vorbeilaufen, kann man aufmerksam machen, so wie das auch in Istanbul üblich ist. Da kommt einer. Rundfahrt, Rundfahrt, gaanz billig, Rundfahrt, Rundfahrt, gaanz billig - Cheap price, cheap price! Natürlich werden die Leute auf englisch angesprochen, das dürften die meisten Touristen verstehen. Und dazu wird immer wieder wie bei den Kapitänen am Vormittag die Route hinzugefügt oder vorangestellt. Es hilft nichts, die Leute, die eine Rundfahrt machen wollten, sind offensichtlich alle schon unterwegs. Nach vielleicht einer Stunde und insgesamt etwa zwanzig vorbeigehenden Touristen, die nicht mitfahren wollten, taucht eine englische Familie auf, die ebenfalls noch eine Rundfahrt machen möchte. Damit gibt sich der Junge zufrieden und legt ab.

Die Mitreisenden sind ein Paar und zwei Töchter von etwa fünfzehn Jahren. Die Fahrt geht zunächst landeinwärts durch eine herrlich ruhige Schilflandschaft zu einem riesigen See, dem Köyceǧiz Gölü. Dort stellt der Kapitän den Motor ab, so dass man die große, ruhige Wasserfläche in der scheinbar unberührten Landschaft auf sich wirken lassen kann. Die Frage, ob man hier schwimmen darf, bejaht er. Das Wasser ist wunderbar warm, fast zu warm, und es ist leicht salzig, aber nicht so, dass das Salzwasser in den Augen brennen würde. Hier könnte man öfters zum Schwimmen gehen. Nach einiger Zeit beginnen die Mädchen, vom Boot zu springen, elegant in verschiedenen Kunstfiguren wie Vorwärts- und Rückwärtssaltos, Schrauben und dergleichen.

Nachdem sich alle ausgetobt haben und an Bord zurückgekehrt sind, steuert das Boot ein Ufer des Sees an. An einem Steg, der recht einsam und verloren herumzustehen scheint, legt es an. Jetzt erst sieht man einen breit ausgetretenen Pfad ins Landesinnere. Dieser Pfad, der leider auch stellenweise von Unrat gesäumt ist, führt recht überraschend an eine größere, belebte Anlage. Wenn man sich nach der Ruhe auf dem See an das rege Treiben gewöhnt hat, erkennt man auf einer Seite einen Gebäudekomplex, an den sich verschiedene von Menschen bevölkerte Wasserbecken anschließen. Auf der anderen sind Seite noch mehr Menschen, Männer und auch Frauen, ein paar Duschen und seltsame graue Gestalten, deren Form und Größe ebenfalls an Menschen erinnert. Wenn man das Bild eine Weile beobachtet, erkennt man, dass die grauen Figuren, sobald sie sich duschen, eine durch-

aus menschliche rosige oder bräunliche Farbe annehmen. Und wenn man die Szenerie noch näher betrachtet, sieht man, wie sich Leute mit Schlamm einreiben und sich dann zum Trocknen in die Sonne setzen.

Said, der das alles schon kennt, erklärt, dass das Heilschlamm ist, den man gut antrocknen lassen muss. Er hat das ja schon gemacht, aber er erklärt sich bereit, auf die Sachen aufzupassen und zu fotografieren. So wird also alles den anderen nachgemacht und der ganze Körper mit Ausnahme der Badehose und der Haare mit dem grauen Schlamm bedeckt. Bei dem warmen Wetter ist man recht bald getrocknet und hat nun eine viel hellere Farbe. Wann man wohl am Boot zurücksein sollte? Der Kapitän wird schon Bescheid sagen. Am besten geht man unter eine der Duschen, wenn gerade weniger Leute anstehen. So unangenehm ist die Lehmschicht auf der Haut nicht, dass es eilig wäre, sie abzuwaschen. Aber schließlich will man irgendwann wieder zurück in die „Zivilisation".

Der Schlamm wird seine Wirkung schon getan haben. Jetzt muss man ihn nur wieder los werden. Dazu stellt man sich zuerst unter eine Dusche. Dort versucht man, die Masse, die in nassem Zustand recht schmierig ist, einigermaßen abzuwaschen. Danach ist man wieder dunkler, aber bei weitem noch nicht schlammfrei sauber. Der nächste Waschgang ist in einem der in Beton eingefaßten Wasserbecken. Dabei sollte man, um eine unnötige Verschmutzung der saubereren Becken zu vermeiden, zuerst in ein kleineres eintauchen, das schon schwarz vor Schlamm ist. Danach hat man beinahe seine alte Farbe wieder und kann sich nach einem Bad in einem der größeren Becken mit fast klarem warmen Wasser richtig sauber fühlen. Die ursprüngliche Hautfarbe ist bald von der Sonne festgetrocknet, und man kann wieder in die Kleider schlüpfen, auf die Said aufgepasst hat. Der meint, man sollte den Schlamm nicht sofort ganz abwaschen, um die beste Wirkung zu erzielen. Für diesen Rat ist es zu spät, aber vermutlich reicht die bisherige Behandlung auch, und dem Geruch nach sind bei weitem noch nicht alle Heilstoffe entfernt. Wenn heute die Dusche entfällt, wird der Schlamm bestimmt eine Wirkung haben.

Als nächstes tuckert das Boot gemütlich durch einen Irrgarten aus Schilf, vorbei an Dalyan und den seltsamen Portalen im Fels, zu einer langgestreckten Halbinsel, die von Sand bedeckt ist. Die Tatsache, dass dort ein größeres Café aufgebaut ist und dass sich die Badegäste innerhalb der für sie markierten Zone fast verlieren, lässt vermuten, dass auch hier manchmal wesentlich mehr Betrieb ist. Jetzt kann man in aller Ruhe im feinen Sand spazieren gehen, allerdings nicht barfuß, dazu ist er zu heiß. Oder man richtet seinen Blick auf vorgelagerte Felseninseln, die eine sehr begrenzte Aussicht auf das Mittelmeer freigeben. Wenn man wollte, könnte man sich auch ein winziges weißes Boot mieten und damit in den weit verzweigten Schilfkanälen auf Entdeckungsreise gehen.

Vielleicht würde man da auch die eine oder andere der berühmten Schildkröten entdecken, die überall im Ort auf Plakaten auf ihre Rechte als Ureinwohner aufmerksam machen: „Ich lebe seit 2 000 000 Jahren hier - und du?" Dazu steht unten auf den Plakaten ein Text, der erstens darauf hinweist, dass in dieser Region eine seltene Schildkrötenart heimisch ist, und der zweitens Verhaltensweisen vorgibt, wie man die Tiere schützen kann. Unter anderem soll man sich am Strand nicht innerhalb einer bestimmten markierten Zone bewegen oder niederlassen, in der Schildkröteneier vermutet werden.

Hier ist diese Zone durch Schilder und eine lange Reihe niedriger Holzpfähle markiert. Zwischen den Pfählen und dem unmittelbaren Ufer soll man sich nicht hinlegen und schon gar nicht rumlaufen. Leider sind die Panzerträger weder in ihrer Geburtszone noch im Wasser zu sehen.

Vielleicht ist gerade nicht die richtige Zeit dafür, oder es ist einfach zu viel los für die uralten Tierchen.

Trotzdem ist dieses Stück Strand geradezu paradiesisch unberührt im Vergleich zu dem, was an anderen Stellen der Küste los ist. Nur etwa einen Kilometer weiter soll die Bauruine eines Hotels stehen, dessen Vollendung aus Gründen des Naturschutzes verhindert worden ist. Baustellen gibt es in der Heimat genug, so dass es interessanter erscheint, zu schauen, ob nicht doch irgendwo Schildkröten zu sehen sind.

Nach einiger Zeit geht die Fahrt durch die Schilfalleen, direkt unter den imposanten Felsportalen vorbei, zurück in Richtung Dalyan. Warum der Kapitän nicht wenigstens bei den Felsen anhält? Vielleicht gehört das nicht zu dieser Tour, oder es ist einfach schon zu spät, oder die Dinger müssen vor uns Touristen geschützt werden beziehungsweise wir vor uns selbst, damit wir nicht zu gefährlichen Kletterpartien verleitet werden. Ein paar hundert Meter nach den großen Höhleneingängen hält das Boot dann doch an einem Steg an. Von hier aus fällt auf, dass in dem ganzen Berg, meist etliche Meter tiefer als die kunstvoll gestalteten Portale, unzählige rechteckige Löcher zu sehen sind. Offensichtlich gab es da früher eine ganze Stadt im Fels.

Dreißig Minuten Aufenthalt erlaubt der Junge. Die Zeit ist zu kurz, um zu den Höhlen zu rennen und sie zu erkunden. Da ist es vermutlich besser, den Weg, der vom Steg aus landeinwärts führt, weiterzuverfolgen, im Laufschritt, um noch etwas Zeit zum Fotografieren zu haben. Der Weg führt an eingezäunten Wasserbecken vorbei zu einem Hügel, auf dem eine Burgruine thront. Von da oben aus hat man sicher eine gute Aussicht über die ebene Landschaft aus Schilf und Kanälen. Man muss ja nicht gleich ganz auf den Hügel hinauflaufen, wenn die Zeit nicht reicht, sondern kann nach einer Viertelstunde einfach umkehren.

Auf den Hügel hinauf führt ein relativ steiler Weg, das heißt, dass die Ruine fast ohne Umwege zu erreichen ist. Auf der Seite des Hügels, die dem Kanal abgewandt ist, stehen die Reste eines sehr großen, runden Steingebäudes, eines Amphitheaters. Das ist gleich fotografiert, mit dem grünen, von Hügeln eingefassten Tal als Hintergrund. Dann kommt man an Mauerresten vorbei, die vielleicht einmal zu der Burg auf der Spitze des Hügels gehört haben. Als die fünfzehn Minuten um sind, sind es nur noch wenige Meter zur Burgruine. Zurück kann man sich ja beeilen, und eine kleine Verspätung wird ja nicht so schlimm sein. Nach einer kurzen Unterhaltung mit zwei Touristen, die fragen, wohin der Weg führt, sind die oberen Mauerreste schon erreicht. Nach den Angaben der beiden führt ein noch direkterer Weg in Richtung Steg. Damit wären einige Minuten einzusparen, Zeit, um kurz zu verschnaufen und den Ausblick auf die sehenswerte Landschaft zu genießen.

Die weißen Häuser von Dalyan grenzen an eine ausgedehnte, wirklich flache Schilflandschaft. Dieses grüne Schilfmeer ist nur von mehr oder weniger schmalen blauen Kanälen unterbrochen. Bei diesem klaren Sonnenlicht schaut das Ganze kitschig, richtig unnatürlich aus, als ob ein grüner Teppichboden auseinandergeschnitten und dann lose auf einen blauen Untergrund gelegt worden wäre. Von der Burg selber sieht man als Laie vor allem Steine, lose und als Mauerreste zwischen Gestrüpp. Von unten hat die Anlage größer gewirkt. Das liegt wohl daran, dass der Hügel nicht so hoch ist wie bei vielen anderen Burgen. Von hier aus reicht der Blick kaum zum Meer, das wirklich nicht sehr weit weg ist.

Der Rückweg ist tatsächlich um einige Minuten kürzer als der Hinweg. Allerdings ist mit dem Betrachten der Landschaft und dem Knipsen so viel Zeit vergangen, dass eine Verspätung um mindestens zehn Minuten nicht zu vermeiden ist. Zudem ist ja auch interessant, was zwischen den Zäunen im Wasser geschützt wird. Ob da vielleicht die berühmten Schildkröten drin sind? Bei näherem Hinsehen sieht man wirklich einzelne kleine Schildkröten am Ufer entlangschwimmen. Vielleicht ist das eine Art Kindergarten für die seltenen Tiere.

Obwohl das Betrachten der Schildkrötenkinder den Lauf nur kurz unterbrochen hat, sind die anderen alle schon längst auf dem Boot, und der Kapitän schaut mit tadelndem Blick auf seine Uhr. Tschuldigung. Schon gut. Das Boot legt ab, und bald taucht über dem Schilf wieder das Minarett auf, und nach und nach kommen die Schiffsmasten und die weißen Häuser von Dalyan in Sicht.

Schon am nächsten Morgen will Said ein anderes Ziel ansteuern, ein sehr ruhiges, abgelegenes Tal. Offensichtlich hat er das Bedürfnis, sich zu entspannen. Das Boot dorthin legt um acht Uhr in der Früh im fünfundachtzig Kilometer entfernten Ölüdeniz ab, das Said nicht gefallen hat. Daher soll die Anlegestelle in einer Nachtfahrt angesteuert werden. Was spricht gegen eine etwas anstrengende und dafür abenteuerliche Nacht, wenn danach zwei oder drei Tage in Robinsonatmosphäre zum Ausruhen in Aussicht stehen? Die Idee klingt gut. Wir treffen uns um sieben Uhr in dem Café, in dem wir gestern zu Abend gegessen haben.

*

Immer wieder fällt auf, was für ein leichtes und sorgloses Leben man hier als Tourist führen kann. Man kann praktisch alles haben und alles machen, und jeder ist nett und hilfsbereit, es gibt praktisch keine Probleme. Im Kontrast dazu steht die Episode im Krankenhaus mit ihren Schockeffekten. Moment, das gehört doch da gar nicht rein. Ach ja, das ist ja alles Erinnerung, der sonnige Urlaub. Hier ist ja das dunkle Krankenzimmer, das noch von einem brütend heißen Tag aufgeheizt ist. An die Hitze hat sich der praktisch unbekleidete Körper schon so gewöhnt, dass er fast friert. Und die Nacht lässt eine vom Tau erfrischte Luft eindringen. Wie spät es wohl ist? Die Erinnerung muss mindestens zwei Stunden gedauert haben, umständlich und holperig wie der Film abgelaufen ist. Sonst könnte es auch noch nicht so abgekühlt haben. Ist die Geschichte im Traum wiedergekommen oder wurde sie im wachen Zustand aus der jüngsten Vergangenheit zurückgeholt?

Momentan ist es nicht so wichtig, sich darüber den Kopf zu zerbrechen. Es ist auch nicht wirklich wichtig, was genau in dem Städtchen an der Küste los war. Wichtig ist nur, woran man sich erinnert.

Natürlich kann man sich über einen solchen Satz streiten, vielleicht muss man es sogar. Aber hier soll gerechtfertigt werden, warum eine Geschichte fast nur aus dem Gedächtnis geschrieben wird. Wichtig, auffällig war in den Städtchen im Süden und im Tal der Schmetterlinge wohl nur, dass alles leicht, heiter und sonnig ist. Hier kann man es sich als Tourist gutgehen lassen. Die Unannehmlichkeiten der größeren Städte fallen weg, und auch offensichtlich Arme sieht man kaum. Mit Touristen kann man wohl immer ausreichend Geschäfte machen. Etwas weiter im Innenland wird es wohl schon wieder anders aussehen, wenn das stimmt, was man so hört. Andererseits hat in dem bisher bereisten Teil der Türkei nicht viel auf einen Lebensstandard hingedeutet, der sich wesentlich von dem in Mitteleuropa unterscheidet. Vielleicht liegt das daran, dass mit dem Bus doch vor allem Fremdenverkehrsorte erreicht werden, also bevorzugte Stätten. Auf einer Radtour würde man alle Arten von Orten auf der durchfahrenen Strecke sehen und zum Teil auch erleben.

Es kann aber auch sein, dass es im Westen der Türkei einfach gerade wirtschaftlich so stark aufwärts geht, dass jeder irgendein befriedigendes Auskommen findet. Schließlich sieht man, sobald man aus dem Busfenster schaut, halbfertige Hochhäuser oder zumindest Baukräne aus der Ferne. Bei so vielen Baustellen gibt es sicher auch viel Arbeit, und das nicht nur am Bau. Bisher ist eigentlich nur eine Sache aufgefallen, die im Vergleich zu Deutschland merkbar schlechter ist: das Krankenhaus. Alle geben sich hier die größte Mühe, aber offensichtlich sind viel zu wenig ausgebildete Leute da, um die Patienten nach europäischem Standard zu versorgen. Und das Krankenzimmer könnte genauso gut eine Autowerkstatt oder eine Gefängniszelle sein. Ob es hier wirklich so schlimm ist, wie es angefangen hat, und in einen ständigen Kampf ausarten wird, oder ob sich herumsprechen wird, wie man jemanden mit einer Rückenverletzung behandelt, wird sich herausstellen. Wahrscheinlich wird beides eintreffen. Hoffentlich lässt sich alles einigermaßen heil überstehen!

Vielleicht gibt es bald eine Möglichkeit, nach Deutschland zu kommen, wo man sich wenigstens mit jedem verständigen kann. Schließlich wäre eine Rückholung ja sogar durch eine Versicherung gedeckt, die jeder automatisch abschließt, der förderndes Mitglied beim Roten Kreuz ist. Aber erst muss wohl der Gipsverband angelegt werden. Das ist am Montag, wenn alles gut geht. Wartet nicht der Zimmergenosse schon länger auf einen Gips? Und wenn sie tatsächlich Gips auftreiben: Geht das mit dem Anlegen des Verbandes gut? Gibt das wieder so eine abenteuerliche Transportaktion in ein Gipszimmer? Wie viele Tage sind überhaupt noch bis Montag? Welcher Tag ist heute? Ist heute noch heute oder schon morgen?

Die Luft, die durch das Fenster kommt, riecht eher morgendlich frisch, nicht wie langsam abgekühlte Abendluft nach einem staubig geschäftigen Tag. Die vorsichtig geöffneten Augenlider lassen tatsächlich schon Licht herein, mehr als eine Straßenlaterne geben könnte, ein ruhiges, kühles und doch farbiges Licht. Ein neuer Tag beginnt.

Der erste Morgen

Die erste Nacht nach dem Unfall ist also überstanden, und noch dazu recht gut. Sie hat mindestens fünf Stunden Schlaf gebracht, und ganz offensichtlich hat sich der Körper schon daran gewöhnt, dass er sich nicht bewegen darf. Sehr schön, die paar Stunden haben ihm sicher genug Energie wiedergegeben, um den kommenden Tag zu überstehen. Es geht weiter. Bis auf weiteres ist alles eine Zeitfrage. Vorerst, bis der Klinikbetrieb beginnt, können sich die Augen beruhigt wieder schließen. Der Körper kann entspannt auf der von dem Brett gestützten Matratze liegen, während im Kopf ruhige, sonnige Bilder der nächsten Wochen und Monate ablaufen.

Juckende, schwitzende Wochen werden das zwar sein, in einem schweren, unbequemen Korsett, vielleicht auch mit unangenehmen Hautkrankheiten, aber alles mit der Aussicht, dass es nur vorübergehend ist, dass danach ein neuer Anfang kommt. Ein Gips am Arm bleibt nur ein paar Wochen dran, ein Korsett für den Rücken vermutlich länger, aber wohl nicht für mehr als zwei, höchstens drei Monate. Und dann kommt das Aufbautraining, viel gezielte Bewegung, wohl unter Anleitung, bei der man viel über den Körper lernen kann, hartes aber lohnendes Training mit deutlich merkbaren Fortschritten. Es geht weiter, es wird weitergehen, es gibt eine Zukunft, die letztendlich in der eigenen Hand liegt , eine Zukunft, die abhängt von der eigenen Energie und Disziplin.

Während der morgendliche Tagtraum noch vorwegnimmt, wie die Wahrnehmung der Welt sich verändern wird in der Zeit, in der der Körper sich erst wieder an Bewegung gewöhnen muss, wie vieles größer, deutlicher und bewusster aufgenommen werden wird, beginnt langsam der Betrieb im Krankenhaus, werden Stimmen und Schritte auf dem Gang hörbar.

Hoffentlich sind die Leute heute nicht zu geschäftig mit dem Fremden. Sie meinen es ja alle gut, aber die Knochen müssen in Ruhe zusammenwachsen, ohne Bewegung. Und solange sich nicht herumgesprochen hat, was der Orthopäde über die Verletzung gesagt hat und was er daraus für die weitere Behandlung gefolgert hat, kann einfach fast jede Art von Behandlung und Hilfe sehr gefährlich werden.

Eine Frau in Schwesternuniform kommt mit einem Tablett ins Zimmer und stellt jedem Patienten ein Glas mit einer weißen Flüssigkeit neben das Bett, vermutlich Milch. In einer vorsichtigen Aktion mit dem immer noch fast steifen Arm wird das Glas in die Nähe des Gesichts geführt. Da es streng verboten ist, sich hinzusetzen, muss der Kopf so gedreht werden, dass der weitaus größte Teil der Flüssigkeit im Glas ohne Um- und Irrwege in den Mund befördert werden kann.

Die Milch ist warm und gesüßt, eine belebende erste Morgenmahlzeit, nicht nur stärkend, sondern auch praktisch. So ein Glas süße Milch hat viele Nährstoffe, aber relativ wenig Masse, wenig Ballaststoffe, die wieder ausgeschieden werden müssen. Das trägt sicher dazu bei, weitere heikle Situationen hinauszuschieben. Was soll man schließlich machen, wenn man sich nicht einmal hinsetzen darf, aber dringend einer Sitzung auf einem Stuhl ohne Sitzfläche bedürfte? Wie machen das andere, die in einer vergleichbaren Situation sind? Wie wird das hier gehandhabt? Scheitert die „Rettung" an „menschlichen Bedürfnissen", die sich als verhängnisvolle Zwänge erweisen? Eine neue Horrorvision taucht auf. Die Hygiene bei der Befriedigung eines alltäglichen und gesunden Bedürfnisses wird zur vielleicht tödlichen Falle. Ob jemand diese Geschichte als Thriller verkaufen könnte? Bestimmt nicht, das wäre absolut unglaubwürdig und würde aus der Luft gegriffen wirken. Drucken würde man so etwas allerhöchstens als Notiz auf der vermischten Seite einer nicht absolut „seriösen" Zeitung. Spannende und schreckliche Geschichten, die Leute interessieren, haben andere Gefahren zum Thema. Atombomben in falschen Händen, Gifte in der Bevölkerung, angekündigte Morde sowie Gefahren, die vermeidbar wären, wenn die, die davon wissen und sie eigentlich nicht wollen, keine Gründe vorschieben würden, warum sie in diesem Fall nicht zusammenarbeiten. Aber auch das langweilt viele nur noch, weil es inzwischen alltäglich ist. Oder ist es nicht Langeweile, sondern Resignation, was viele Menschen davon abhält, Gefahren zu verhindern, oder was sie dazu bringt, sie so erfolgreich zu verdrängen, dass Hinweise darauf aggressiv als Agitation abgewiesen werden?

Es gibt offensichtlich in sehr vielen Fällen wichtigere Dinge als Menschenleben, Dinge, die keiner der Verantwortlichen aussprechen will.

Wenigstens das trifft hier wohl nicht zu. Hier wollen alle den Patienten helfen, so weit sie können. Aber die Schürfwunden von dem Sturz sind noch immer unbehandelt. Die Schürfwunde am Ellenbogen hat zwar offensichtlich nur die Größe eines Fünfmarkstücks, aber auf dieser Fläche haben viele Bakterien und andere kleine Wesen freien Eintritt in den Patienten, der womöglich durch das Liegen und die dauerhafte Bewegungslosigkeit nach und nach geschwächt wird. An so etwas könnten die hier doch denken. Aber vielleicht gibt es eben nicht jeden Tag Desinfektionsmittel. Der Zimmergenosse wartet ja auch noch auf seinen Gips. Langes Denken, kurzer Sinn: Ein neuer Versuch, an die Reiseapotheke zu kommen, ist fällig. Die Medizin ist im Rucksack, quasi gleich hinter dem linken Ohr, vermutlich im obersten Fach, da Said immer wieder mal etwas Salbe für die Moskitostiche gebraucht hat.

Besser könnte es gar nicht sein. Der Orthopäde hat zwar jede Bewegung mit dem Rücken streng verboten, aber der Arm wird wohl auch so an das Fach herankommen. Die Flasche direkt über dem Kopf erreicht er ja auch. Zum Glück hat sich der Arm wieder so weit von der Infusion erholt, dass der Reißverschluss sofort erreicht und geöffnet ist, zielsicher, in Zeitlupe, und ohne den Rücken zu beanspruchen. Irgendwie kommt eine Spur von Stolz auf, dass das schon so einfach geht, beinahe routiniert, fast beiläufig. Ebenso vorsichtig suchen die Finger in dem Fach nach dem Plastiktütchen mit den Medikamenten. Es ist fast ganz vorne beim Reißverschluss, so dass wohl nicht viel Kraft notwendig sein wird, um es herauszuziehen. Eine Kraftanstrengung durch eine festhängende Tüte würde nämlich dazu führen, dass sich die Rückenmuskeln anspannen würden, und sobald die Tüte befreit wäre, könnte die plötzliche Entlastung dazu führen, dass der Rücken sich ruckartig bewegt, und wer weiß, ob das gut ginge. Diese Überlegung führt dazu, dass praktisch jede Bewegung im Zeitlupentempo ausgeführt wird.

Vorsichtig tasten die Finger nach den Medikamenten und nach der Öffnung der Tüte. Die Flasche mit dem Desinfektionsmittel soll möglichst nicht aus der Tüte auf den Boden fallen. Gefunden, gepackt, auf den Bauch gelegt. Sobald die Desinfektionsflüssigkeit auf dem Ellenbogen trocken ist, kommt als Schutz noch die Wund- und Brandsalbe darauf. Besser kann man die Schürfwunde wohl nicht versorgen. Die Abschürfungen am Fuß sind leider zu weit weg, und wer weiß, ob auf dem Rücken nicht auch noch eine offene Hautstelle ist. Das muss noch warten. Es wird hoffentlich in den nächsten Tagen keine schlimmere Entzündung geben. Wenigstens der Arm ist versorgt.

Nach dem Frühstück, Weißbrot und Marmelade, kommt der Arzt und kümmert sich um die Krankenversicherung. Haben Sie ein Versicherungsformular? Es muss hinten im Rucksack sein. Die Plastiktüte mit dem Krankenscheinheft ist gleich gefunden. Ich habe aber auch eine Auslandskrankenversicherung und eine Rückholversicherung beim Roten Kreuz. Das interessiert ihn nicht. Sobald das entsprechende Formular in dem Heftchen ausgefüllt ist, bedankt er sich und geht. Das mit dem Rücktransport muss also über andere Wege angeleiert werden. Wahrscheinlich hat der Arzt Angst vor der Bürokratie und der Papierwelle, die auf ihn zukäme, wenn er sich mit dieser unbekannten Materie auseinandersetzen würde. Er hätte sicher nichts dagegen, diesen heiklen Fall nach Deutschland weiterzuleiten. Aber wer sollte sich während des dazu nötigen Papierkriegs um die Patienten kümmern?

Irgendwie muss das Rote Kreuz wohl direkt alarmiert werden. Das muss sich organisieren lassen. Schließlich hat man als Patient viel Zeit, um sich Gedanken darüber zu machen. Es soll ja zum Beispiel im Krankenhaus eine Schwester geben, die deutsch spricht.

Gegen Mittag wird wieder ein Essen serviert. Es sieht gar nicht schlecht aus und riecht auch ganz gut. Ein paar Fleischstückchen, wahrscheinlich Hammel, Kartoffeln, ein großzügiger Klecks Joghurt und natürlich Weißbrot. Aber der Magen soll nicht unnötig belastet werden. Vor allem der Darm soll nicht übervoll werden, solange nicht geklärt ist, wie er entleert werden kann, ohne dass das Rückenmark gefährdet wird. Wenn man liegt, braucht man sowieso nicht so viele Kalorien. Die Milch wird zur Not reichen.

Eine Notlösung für die Flüssigkeit ist schon gefunden: Eine der Wasserflaschen von gestern ist fast leer. Den Rest des Inhalts kann man durch den Körper laufen lassen und dann wieder in die Flasche zurückfüllen. Irgend jemand vom Personal wird sich im Laufe der Tage schon um die Entsorgung des Inhalts kümmern können. Um die Trefferquote zu erhöhen, kann

man ja die obere Verengung abmachen. Damals in Marokko hatte das abgeschnittene Oberteil dieser Plastikflaschen bisweilen als Weinglas gedient, mit dem Deckel als Fuß. Kinder benutzen dort solche Plastikflaschen, um Erdnüsse für den Straßenverkauf hineinzufüllen. Warum sollte man eine geköpfte Wasserflasche nicht zum Urin sammeln hernehmen? Wenn das Abmachen des Kopfes nicht so laut knacken würde. Das Vorhaben braucht keiner mitzubekommen. Wer weiß, ob man dann nicht mit all den gebrochenen Knochen auf die Toilette gehen müsste. Gestern hat man ja gesehen, wie schnell man aufgefordert wird, aufzustehen. Die netten Leute würden einen sogar auf Händen dort hintragen, wo man hin soll. Elende Geheimniskrämerei. So ein unnötiger Kampf.

Als die Flasche schon kaputt, aber noch lange nicht geköpft ist, kommt eine jüngere blonde, nicht sehr große, aber dafür offensichtlich energische Frau ins Zimmer, die sich als Schwester Gihan vorstellt. Sie war jahrelang in Deutschland und kann daher akzent- und fehlerfrei deutsch. Außerdem kennt sie auch deutsche Krankenhäuser und entschuldigt sich für die Zustände hier. Hier ist es wirklich furchtbar. Aber es ist das beste Krankenhaus in der Türkei, wirklich, das kannst du mir glauben. Hoffentlich kannst du bald nach Deutschland.

Nachdem sie erfahren hat, was passiert ist und dass die Eltern noch nicht verständigt worden sind, versteht sie sofort, dass man die Eltern anrufen muss. Das Krankenhaus hat ein Telefon, und das ist sogar gleich im Nebenzimmer, aber das ändert nichts daran, dass sie den Anruf machen muss.

Während sie telefoniert, bringt ein Mann eine Porzellanflasche, eindeutig zum Wasserlassen. Das Problem ist also ganz offiziell gelöst. Ab jetzt ist es wieder erlaubt zu trinken. Wenn es hier solche Flaschen gibt, wird sich das mit dem Ausleeren auch regeln lassen.

Als Schwester Gihan nach kurzer Zeit wiederkommt, erzählt sie, dass sie der Mutter gesagt
hat, sie müsse kommen. Das ist nicht sehr beruhigend. Die wird sich Sorgen machen! Hoffentlich kann Stefan es einrichten, dass er bald
kommt und hilft, die Rückholung zu organisieren.

Du musst kommen. Hier in der Türkei ist das
natürlich selbstverständlich. Ein Bus ist gleich
bestiegen, und eine Fahrt nach Fethiye bedeutet keine Weltreise in ein wildfremdes Land
mit einer völlig unbekannten Sprache. Außerdem dürfte hier allgemein bekannt sein, dass
die Pflege in Krankenhäusern durch Angehörige unterstützt werden muss. Aber in diesem
Fall muss es auch so gehen, auch wenn Schwester Gihan noch einmal die Misere hier be-
dauert, nicht ohne abermals zu beteuern, dass
das hier das beste Krankenhaus in der ganzen
Türkei sei.

In ein schöneres Zimmer hätten sie dich schon
legen können. Das ist wirklich das hässlichs-
te im ganzen Haus. Ich muss jetzt wieder weg.
Wenn du etwas brauchst, frag nach Schwester
Gihan. Und wenn es etwas Wichtiges ist und
ich nicht hier bin, dann rufst du bei mir zu Hause an. Gut, dass im Rucksack immer ein Heft
für Notizen obenauf liegt. Übrigens besucht eine Frau, die sehr gut deutsch spricht, hier zur
Zeit öfters eine Verwandte. Ihr kleiner Sohn
spricht auch sehr gut deutsch. Vielleicht kommt
sie einmal vorbei. Jetzt muss ich aber weg. Bis
später.

Es gibt also hier einige Leute, mit denen man
auch deutsch oder englisch reden kann. Vielleicht hilft das, dass sich das mit dem Rücken,
der nicht bewegt werden darf, doch früher oder
später herumspricht.

Irgendwie muss es doch möglich sein, das
Krankenhaus mit unversehrtem Rückenmark zu
verlassen. Wahrscheinlich ist das auch eine Frage der Zeit. In ein bis zwei Monaten werden die

Wirbel wohl wieder einigermaßen fest sein. So
lange ist ein ständiger Kampf aber sicher nicht
durchzuhalten. Also muss vorher ein Krankentransport organisiert werden. Die Papiere mit
den Telefonnummern vom Roten Kreuz sind im
Brustbeutel. Da fehlt nur noch jemand, der denen die notwendigen Angaben weitergibt. Im
Laufe der nächsten Tage wird das hoffentlich zu
machen sein. Und die wissen sicher, wie man
jemanden transportiert, der eine Rückenverletzung hat. Und es wird doch irgendeine für den
Rücken ungefährliche Methode geben, sich zu
entleeren. Es gibt doch auch andere Leute mit
vergleichbaren Verletzungen.

Während dieser Überlegungen kommt wieder
jemand zur Tür herein, der Arzt und ein sehr
muskulös gebauter Pfleger. Der kann dich zur
Toilette tragen, wenn du musst. Du brauchst nur
zu rufen.

Aber der Rücken…

Irgendwann muss es sein. Sei froh, dass dir jemand hilft. Er ist auch ganz vorsichtig. Ohne
den Mann beleidigen zu wollen, das Angebot
klingt trotzdem allzu gefährlich. Wenn doch der
Orthopäde den Leuten Bescheid gegeben hätte!
Na ja, er hat halt auch noch andere Patienten.

Überhaupt besteht hier offensichtlich ein Problem darin, dass einfach zu wenig Personal
da ist, um die Patienten zu betreuen. Wahrscheinlich sind die Krankenhäuser in der Türkei noch knapper bei Kasse als die in Deutschland. Pfleger und Krankenschwestern gibt es
augenscheinlich nur für das Allernötigste wie
Blutdruck messen, Infusionen geben und Bret-
ter unter Matratzen schieben. Für alles andere
muss man Angehörige mitnehmen. Das macht
den Alltag hier recht ruhig. Nur selten wird man
kurz beim Träumen und Nachdenken unterbrochen.

Eine dieser wenigen kurzen Unterbrechungen
ist zum Beispiel die, als ein kräftiger Mann eine Art Servierwagen durch die Tür schiebt. Auf

dem Wagen hat er eine silberne Glocke. Unter dieser Glocke hat er - Desinfektionsmittel und Tupfer! Er behandelt schnell und gekonnt die Stellen, auf die man deutet, fragt, ob das alles war, und schiebt seinen Wagen zum nächsten Zimmer. Irgendwie erinnert der Mann an einen Eisverkäufer, den im Gülhane Park in Istanbul: Eiswagen, gewölbter Deckel, Tupfer am Stiel und ein beeindruckendes Tempo bei eleganter Treffsicherheit.

Vermutlich hat das Krankenhaus alles, was auch in Mitteleuropa dazugehört. Der Unterschied besteht wohl in der Menge. Ein Blutdruckmeßgerät ist vorhanden, aber das muss wahrscheinlich für das ganze Haus reichen. Das gleiche wird für den Desinfizierwagen gelten. Wer weiß, wie viele Tage dieser Mann braucht, bis alle Patienten im Haus einmal versorgt sind. Der Orthopäde muss ja auch sowohl das Krankenhaus als auch die Stadt versorgen. Dazu kommt sicher noch das Umland. Ein ähnliches Aufgabenpensum werden die Ärzte haben. Kein Wunder, dass man sich da manchmal etwas vernachlässigt vorkommt. Da die Leute hier alle viele Pflichten und wenig Zeit haben, muss man selbst alles versuchen, die Zeit hier möglichst unbeschadet zu überstehen und wieder heil herauszukommen.

Besuch

Auf einmal steht ein etwa achtjähriger Junge vor der Zimmertür. Das war wohl der, der vorhin schon einmal einen vorsichtigen Blick hereingeworfen hat. Das ist nichts ungewöhnliches, da die Tür praktisch immer offen steht, und eigentlich ständig jemand einen Blick ins Zimmer wirft und diesen bisweilen sogar schweifen lässt. Und Kinder sind auch in der Türkei besonders neugierig. Was den Jungen von den anderen unterscheidet, ist die Tatsache, dass er direkt auf mein Bett zusteuert. Ich ha-

be gehört, du bist aus Deutschland. Ich war sieben Jahre in Deutschland. Darum spricht er die Sprache ohne irgendeinen nicht deutschen Akzent. Nachdem die Namen ausgetauscht sind, erzählt er, dass es ihm in Deutschland sehr gefallen hat. Vor allem so viel Wasser hat es gegeben. Da hat man beim Duschen so richtig den Hahn aufdrehen können, aah, schöön, so viel man wollte.

Was fehlt dir denn? Ach, eigentlich ist es halb so schlimm. Ein paar Knochen sind gebrochen, vor allem am Rücken, und darum darf ich mich nicht bewegen. Ich habe Glück gehabt, dass ich gut trainiert bin. Ich trainiere auch. Ich mache Krafttraining, für die Schule, und wenn mich die anderen wieder ärgern, gibt es Prügel. Ich bin der Stärkste in meiner Klasse. Nach einem kurzen Gespräch muss er wieder zu seiner Mutter, die hier eine Verwandte besucht. Er verspricht aber, wiederzukommen.

Der Fluchthelfer

Nachdem es schon eine Weile her ist, dass der Junge das beruhigende Gefühl hinterlassen hat, hier nicht ganz allein zu sein, geht die Tür auf, die kurz zuvor jemand zugemacht hat. Was passiert jetzt? Es ist Stefan! Er ist recht aufgeregt. Dreieinhalb Stunden ist er von Marmaris aus unterwegs gewesen. Und hier im Krankenhaus haben sie dann nichts von einem deutschen Patienten gewusst und ihn in ein abgelegenes Hotel weit außerhalb der Stadt geschickt. Auch dort war niemand mit dem gesuchten Namen gewesen. Dafür haben die Leute dort ihn auf das Krankenhaus verwiesen. Beim zweiten Mal hat er sich nicht mehr abweisen lassen, auch wenn es außerhalb dieses Zimmers offensichtlich etwas abweisend ist. Jetzt weiß ich, warum die sich nicht vorstellen können, dass ein deutscher Tourist hier untergebracht wird. So viel Dreck. Er verzieht das Gesicht. Vor allem auf dem Klo schaut es aus, sei froh, dass du da sowieso nicht hingehen kannst.

Aber jetzt ist er hier und einigermaßen entsetzt. Die Lage ist schnell erklärt. Mit der Rückholversicherung müsste doch etwas zu machen sein. Alle möglichen Daten und der genaue Sachverhalt müssen noch weitergegeben werden, aber dann leiten die vom Roten Kreuz sicher etwas in die Wege.

Stefan geht telefonieren. Jetzt bekommen die Eltern wenigstens genauere Angaben als „Du musst kommen". Was für einen Sinn hat die beste Rückholversicherung, wenn man sie in einer solchen Situation nicht in Anspruch nehmen kann? Schließlich ist die Bindung zu dem Krankenhaus alles andere als innig, von beiden Seiten aus gesehen, auch wenn alle die größte Hilfsbereitschaft zeigen. Das zeigt sich auch jetzt wieder: Kaum hat der Arzt mitbekommen, dass ein Bekannter zu Besuch da ist, kommt er herein und schlägt einen Umzug per Taxi ins Hotel vor. Die Diagnose des Orthopäden und das damit verbundene Verbot, sich zu bewegen, hat sich also immer noch nicht herumgesprochen. Obwohl der Arzt sicher damit recht hat, dass man hier nicht mehr machen kann als im Hotel, dass es aber dort bequemer ist - wie soll der Transport funktionieren? Nach zwei Tagen ohne Training, ja fast ohne Bewegung ist die Muskulatur sicher nicht mehr ganz so stark.

Dazu kommt, dass wegen Schlafmangel vielleicht auch die Konzentration nachlässt; und bereits bisher war jeder Transport vermutlich äusserst riskant, auch wenn alles gut gegangen ist. Die Erklärung, dass das mit dem Taxi nicht geht, nimmt der Arzt mit einem Achselzucken hin. Vermutlich hält er die Weigerung für Sturheit. Wenigstens akzeptiert er sie. Dafür kommt bald darauf der Chefarzt, der zu Stefans Entsetzen den Vorschlag mit dem Hotel wiederholt.

Spätestens jetzt hat Stefan die Lage in ihrem Wesen erfasst: Von Seiten des Krankenhauspersonals ist keine allzu große Hilfe zu erwarten. Die Beziehung ähnelt eher einem Kampf. Viel mehr gibt es da nicht zu begreifen. Was ist also zu tun? Die Rückholung vorantreiben und hoffen, dass man so bald und heil wie möglich rauskommt. Das nächste Flugzeug Dalaman - München geht am Montag. Solange muss noch durchgehalten werden. Bis dahin kann man nicht mehr viel mehr machen als… waschen. Das ist zwar ohne Waschbecken oder dergleichen nicht allzu leicht, aber mit Papiertaschentüchern und einer Wasserflasche lässt sich eine ganz erfrischende Katzenwäsche auf der Vorderseite improvisieren. Den Rücken zu waschen, wäre wohl zu riskant. Die paar Tage ohne Waschen gehen schon, aber… Was ist mit dem Stuhlgang?

Ich weiß nicht, ob es gefährlich ist, bei gebrochenem Rücken mit den Achseln zu zucken, aber wie soll man auf ein Klo gehen, wenn man nicht sitzen darf? Und eine Schüssel, deren Rand ziemlich genau unter den gebrochenen Wirbeln liegen würde? Vergiss es.

Da hilft nur eine Zeitung als Unterlage. Brauchst du sonst was? Noch eine Flasche Wasser wäre nicht schlecht, danke. Als Stefan gerade gehen will, kommt der Arzt wieder und gibt ihm ein Blatt Papier, ein Rezept. Dafür bekommt er das Portemonnaie mit. Hoffentlich reicht das Geld, bei der langen Liste von Medikamenten.

Eine Weile später kommt Stefan mit dem Wasser, einer Zeitung und einer mittelgroßen Tüte voller unterschiedlicher bunter Schächtelchen mit fremdländischen Beschriftungen zurück. Der alte Mann, der das Geschehen im Zimmer stets voll Interesse und väterlicher Sorge genau beobachtet, erkennt die türkische Zeitung und macht darauf aufmerksam, dass es an einem Kiosk in der Nähe auch englische und sogar deutsche Zeitungen gibt. Der Kampf gegen das wohlwollende Unverständnis geht weiter. Stefan wird ungeduldig und beinahe ausfallend: Er braucht die Zeitung nicht zum Lesen, sondern zum Draufscheißen!

Na ja, das war englisch und der gute Mann hat wohl kein Wort verstanden, und den unwirschen Ton ist er von den Deutschen inzwischen sicher schon gewöhnt. Er hat ja bei der Aktion mit dem Brett schon immer wieder den Kopf geschüttelt.

Wichtig wäre jetzt, die Zeitung an den passenden Platz zu legen, ohne eine Katastrophe zu verursachen, also praktisch, die Zeitung unter den Rücken zu schieben, ohne diesen zu bewegen. Das ist gar nicht so leicht. Schließlich hat die Matratze an der Stelle, an der sie durch die Zeitung geschützt werden soll, eine besonders tiefe Mulde. Und die gebrochenen Wirbel sind gefährlich weit unten. Um den unteren Bereich des Rückens gleich beim ersten Versuch so anzuheben, dass er sich garantiert nicht verbiegt, fehlt einfach die Übung. Die Lage scheint aussichtslos, ist sie wohl auch. Die Zeitung lässt sich nicht ganz gefahrlos in die gewünschte Position bringen. Vielleicht reicht sie aber bereits, um wenigstens das Gröbste aufzufangen. Außerdem denkt der Darm überhaupt nicht daran, sich zu entleeren. Sch… eben nicht. Ewig kann Stefan nicht bleiben.

Das mit der Medizin muss die deutschsprechende Schwester erklären. Übrigens, du hast fast kein Geld mehr. Soll ich dir etwas leihen? Hm, die Reiseschecks werden hier wohl nicht viel nützen. Da werde ich wohl sicherheitshalber dein Angebot annehmen müssen. Viel Glück und Durchhalten! Das wird wohl beides sehr nötig sein, danke, überhaupt danke für alles. Hauptsache, es nützt was, hoffentlich.

Wieder allein

So skeptisch, wie er geschaut hat, wird man die Situation wohl nicht sehen müssen. Wozu wäre sonst der bisherige Transport gut gegangen? Nein, wenn das zu schaffen war, geht das andere auch, wie auch immer. Nur die Regeln beachten: Auf keinen Fall den Rücken bewegen und erst recht nicht bewegen lassen. Das heißt wiederum: nicht unruhig schlafen, und gar nicht schlafen, wenn viel Personal da ist. Wenn nicht einmal der Stationsarzt und der Chefarzt über die Verletzung Bescheid wissen, wie soll sich das dann zu den anderen herumsprechen, die überdies eben diesen beiden unterstellt sind? Irgendwie wird es schon zu schaffen sein. Es muss einfach!

Aber in einem hat Stefan recht: Das mit dem Stuhlgang dürfte noch schwierig werden. Wie lange kann man ohne durchhalten? Wohl keine sechs Tage bis zum Heimflug. Aber wie soll man das sonst machen? Im Stuhl mit Loch zu sitzen ist sowieso verboten. Bei einem Stehklo dagegen würden Schwierigkeiten mit dem Fuß und vielleicht auch noch Schwindel nach dem langen Liegen gefährlich werden. Außerdem würde der kräftige Pfleger, der wohl nur türkisch spricht, darauf bestehen, den Patienten auf ein bequemes europäisches Klo zu setzen, falls es ein solches in dem Krankenhaus gibt.

Der ältere Mann wundert sich, wie der Chefarzt, dass der Vorschlag mit dem Hotel nicht angenommen worden ist. Das mit dem gebrochenen Rücken kann er eben nicht glauben.

Wer will es ihm verübeln? Schließlich steckt er ja in einer anderen Haut. Außerdem ist er aus einer anderen Kultur und hat von daher sicher eine gewisse skeptische Distanz. Finden wir nicht auch vieles verrückt, was wir nicht vom täglichen Umgang her gewöhnt sind? Fällt es uns nicht auch manchmal schwer, Sachen zu glauben, die uns noch nicht begegnet sind? Erst vor einer Woche ist eine Sache passiert, die sehr schwer zu glauben war. Dabei hatte es eigentlich auch wieder ganz harmlos, fast langweilig angefangen, wie das eben so ist, wenn man sich ohne festes Ziel aber neugierig durch das Land

treiben lässt. Istanbul lag nur eine Bootsfahrt
über das Marmarameer zurück, und doch war es
schon fast wieder vergessen. Interessant schi-
en nur, was noch kommen würde, heute, morgen, in den nächsten zwei Monaten, wenn die
Türkei nach und nach etwas vertrauter würde,
vor allem weiter im Osten, wo wohl nicht alles
auf Touristen eingerichtet und wo Europa doch
schon ein anderer Kontinent ist. Für die nächsten Tage wurde noch nichts Spektakuläres erwartet.

Vor allem Bursa ist sehr westlich, hatte ein Stu-
dienkollege gesagt. Dann ist es ja ein passendes
Zwischenziel, um sich langsam auf das Land
einzurichten und um später Vergleiche anzustellen. Mal schauen, wie eine westliche türkische Stadt wirkt.

*

Bursa von unten - Statt der Grünen Moschee

Nach zwei Stunden ruhiger, ereignisloser Überfahrt kommt wieder die asiatische Seite des Marmarameers in Sicht, Land eben, grün und hügelig wie überall. Die Fähre legt bei einer Kleinstadt an, Yalova, einem von vielen Namen auf der Landkarte. Hier kann man sich etwas die Beine vertreten, für den Kreislauf und aus Neugier. Schließlich ist es erst vier Uhr nachmittags und das Ziel Bursa ist höchstens zwei Stunden Busfahrt entfernt. Vielleicht hat das Städtchen Yalova auch seine Reize. Erinnerungen an eine Radtour durch Marokko werden wach, wo aus einem kurzen Halt in einem Ort manchmal Tage oder sogar Wochen wurden.

Während die Fahrgäste in einer Schlange durch zwei Gängelbänder hindurch den Ausstiegsbereich der Fähre verlassen, fragen zwei andere Rucksacktouristen, die gerade entgegenkommen, ausgerechnet einen der Neuankömmlinge, der noch dazu eindeutig ein Ausländer ist, ob er wüßte, wo hier der Bus nach Bursa abfährt. Als Antwort kann der ihnen nur ein Schulterzucken anbieten und den Hinweis auf gut ein halbes Dutzend Busse, die ein paar Meter rechts von hier rumstehen. Bedaure, ich bin auch nicht von hier. Als das Ende des Gängelbandes erreicht ist, stellt endlich ein türkischer Teenager die erwartete Frage, ob man eine Pension brauche. Verneinend dankend und freundlich lächelnd wird unter den schulterzuckenden Blicken des Jungen der Weg in jene Richtung fortgesetzt, in der der Rand eines Ortes zu sehen ist. Dort ver-

schwindet gerade eine von zwei Gruppen, die jeweils aus einem Einheimischen und zwei bis vier Rucksacktouristinnen und -touristen bestehen. Die Türken sammeln hier wohl Gäste für ihre Pensionen ein, und die Reisenden haben die Frage, die der junge Türke soeben gestellt hat, offensichtlich mit ja beantwortet. Wieder fragt jemand, ob man eine Pension brauche, und dann hilfsbereit nach dem Ziel. Bursa. Wieso sollte man lügen? Bursa, komm mit. Richtig, das ist keine Radtour, wo man jede beliebige Richtung einschlagen kann, weil man überall etwas findet. Der Fremde ergibt sich und geht mit, lammfromm.

Dreieinhalb Minuten später ist wieder die Ausstiegsstelle erreicht, neben der, wie vermutet, gleich der Busbahnhof ist. Eine weitere Minute später hat jemand den Rucksack unten in einem Bus verstaut. Noch eine Minute später ist ein Fahrschein für denselben Bus erstanden, und noch ein paar Minuten später fährt er los. So schnell geht das.

Die Fahrt geht über Berg und Tal, schläfert den von der vergangenen Woche erschöpften Reisenden trotzdem rasch ein, so dass seine durch seltsame, fremde, pastellfarbene Tagträume schweren Augenlider nur ein paarmal den Blick auf eine herrliche grüne Landschaft freigeben.

Erst als der Bus langsamer wird, öfter den Gang und die Geschwindigkeit ändert und immer engere Kurven fahren muss, kehrt die Außenwelt wieder zurück, asphaltiert und staubig, ein Städtchen. Eigentlich ist es eine verwirrend lose Sammlung von breiten Straßen, die nur stellenweise und scheinbar zufällig von schlichten flachen Häusern, mal Geschäften und Werkstätten, meist aber Wohnhäusern, alle mit flachen Dächern, lose eingesäumt werden. Wenn man die Straßen mit denen in anderen orientalischen Städtchen vergleicht, wirken sie geradezu menschenleer. Als gerade ein paar mehrstöckig eingerahmte Straßen zu sehen sind, wohl gleich beim Zentrum, schwenkt der Bus auf einen großen staubigen Platz ein. Ein zweifelnd fragender Blick wird beantwortet: „Bursa".

Ganz fremd

Auf der Karte hatte die Stadt größer ausgesehen. Istanbul ist das nicht. Moderner sieht sie aus, das muss man dem Mitstudenten bestätigen, der sie kurz charakterisiert hat. Nur die Leute fehlen, die einem weitgereisten Touristen zur Belebung der Besichtigungsobjekte dienen sollten. Dafür sind sie schließlich da in Reiseländern.

Der Rucksack ist gleich gefunden und umgeschnallt. Die neue Stadt kann kommen. Die neue Stadt kann kommen!... Dann halt nicht. Wenn die Stadt nicht zum Touristen kommt, geht der Tourist eben in die Stadt. Alles muss man selber machen hier. In Großstädten wie Istanbul lebt sich's von selbst. Da braucht man nur Kleingeld. Hier muss man wohl selber Energie aufbringen. Die muss man zuerst tanken. Schließlich ist es schon fast sechs. Noch nicht einmal sechs? Die Fahrt war aber kurz. Imbissstände gibt es hier offensichtlich nicht so viele wie in Istanbul. Zu sehen ist kein einziger. An der großen Bushaltestelle war aber bestimmt irgendwo ein Stand oder eine Bude. Als der Fußgänger mit dem pinkfarbenen

Rucksack nach ein paar Minuten wieder am Busbahnhof steht und umherblickt, sieht nur eine Ecke erfolgversprechend für die Nahrungssuche aus. Tatsächlich verkauft dort jemand in einem kleinen Geschäft Pide, längliche Brotfladen mit Hackfleisch, sättigend und nicht so schwer im Magen liegend wie Döner Kebab, das Grundnahrungsmittel für Rucksackreisende in Istanbul. Nachdem diese Kalorien im Magen verstaut sind, rufen sich die Vitamine der Bananen vom Vormittag in Erinnerung, in recht klebriger Form. Die Leinentasche hat sich damit vollgesaugt. Darum also haftet der Staub so fest an ihr.

Wie wird das erst in der Tasche selbst aussehen? Es ist besser, noch gar nicht nachzuschauen. Sicher fällt es unangenehm auf, wenn ein leicht heruntergekommener Fremder klebrig triefende Klumpen aus seiner Tasche zieht und versucht, diese unauffällig verschwinden zu lassen. Vielleicht bietet jemand seine Hilfe an und sieht dann, wie ein Deutscher mit den wertvollen Früchten umgeht. Günstig wäre jetzt ein mehr oder weniger unbeobachteter Ort, wo man sich wie zu einer Verschnauf- und Brotzeitpause kurz niederlassen kann. Die Straße, die am Parkplatz vorbei bergab führt, sieht streckenweise unbewohnt aus. Ein planiertes Grundstück bietet eine kniehohe Mauer am Straßenrand zu einer unbehelligten Rast. Der erste Blick in die Tasche wirkt fast wieder beruhigend. Die Wasser- und die Limonadenflasche haben erst eine der Bananen halb leergepreßt. Fest ist allerdings keine mehr. Aber wenn man sie auslutscht, sind sie noch genauso gesund und schmackhaft wie vor ein paar Stunden. Das Auge muss sich halt aus der Bewertung des Genusses raushalten, und auch der Tastsinn, dem nach die Hände jetzt einfach klebrig sind. Gut, dass der erfahrene Reisende Papier, seien es Tüten oder Belege, nie wegwirft und fast immer seine Taschen voll davon hat, besonders in klopapierarmen Ländern. Leider geht der Dreck von der Tasche und der Hose nicht so leicht ab wie von den Händen. Kleider zu waschen, ist problematisch, wenn man gerade auf der Durchreise ist. Zumindest kann man sich noch rasieren lassen. Ein frisch barbiertes Äusseres kann Wunder wirken, was Übernachtungsgelegenheiten betrifft. Vielleicht ist das auch nur ein alter Aberglaube, der aber schon vielfach bestätigt worden ist. Tatsache ist, dass es schon gewirkt hat. Schmutzige Kleidung kann notfalls durch den Umstand der Reise entschuldigt werden. Machen wir also noch einen Bummel durch das Städtchen. Irgendwo findet sich sicher ein Barbier. Dem nach, was man überblicken kann, scheint der Ort nicht allzu groß und unübersichtlich zu sein.

Hauptsächlich spielt sich eigentlich alles auf drei parallelen Straßen ab, die, durch kurze Querstraßen verbunden, quasi im Zickzack aufeinanderfolgen. Komisch ist, dass nirgends ein Minarett in den Himmel ragt, dass kein Verwaltungsgebäude rumsteht, nicht einmal eine Polizeiwache, und dass die Straßen eigentlich viel zu breit sind. Vielleicht ist das doch nur ein Vorort, und das diesige Wetter und die Kuppe, die den Horizont auf wenige hundert Meter begrenzt, lassen die eigentliche Stadt nicht sehen. Dann würden aber wohl nicht alle Busse gerade hier halten. Das kommt davon, wenn man wo hinfährt und keine Ahnung hat, was einen erwarten soll. Spätestens morgen wird sich das alles herausstellen. Zumindest schaut die Stadt auf den ersten Blick nicht sehr interessant aus, so dass es sich nicht rentieren dürfte, viel länger zu bleiben als einen Tag.

Aber zunächst ist es am wichtigsten, einen Barbier und eine Unterkunft aufzutreiben. Kleine Hotels verstecken sich in den schlichten, weiß-bunten, zweistöckigen Häuserreihen entlang der ersten Straße oberhalb der Haltestelle. Barbier - Tschuldigung: Friseursalon - fällt in den drei umbauten Straßen auch nach längerem Suchen nur einer auf. Der sieht gar nicht

so orientalisch aus, wie man sich das hierzulande vorstellt. Mit den höhenverstellbaren Friseurstühlen und den großen Spiegeln, die über den Waschbecken hängen und den Raum verdoppeln, wirkt er eher modern, wie eben die ganze Siedlung, nur noch europäischer. Enttäuschend. Die großen Schaufenster geben den Blick auf ein paar westlich zivilisiert gekleidete Männer frei, die sich unterhalten und zum Teil gerade die Haare schneiden lassen, beziehungsweise selber anderen die Haare schneiden oder auf einen Haarschnitt warten, nicht anders als bei einem Friseur in einer deutschen Stadt.

Nur kann man hier unbesorgt den Rucksack vor der Tür stehen lassen, wie ein Friseurkunde versichert, der während einiger Jahre Arbeit in München perfekt deutsch gelernt hat. In dem engen Salon würde er stören. Möglichst unauffällige, aber vorsichtig-besorgte Blicke, die direkt oder indirekt über die großen Spiegel durch das große Fenster auf den Rucksack geworfen werden, bestätigen auch während der Rasur, dass dem so ist. Diese Nervosität, gepaart mit etwas Angstschweiß, und eine ganz undeutsche Unsicherheit lassen den Fremden offensichtlich nicht sehr gesund aussehen, so dass sich der frühere Wahlmünchner besorgt nach seinem Befinden erkundigt. Du schaust krank aus. Das ist ja beruhigend, vor allem, da der Durchfall schon seit einer Ewigkeit vorbei ist. Das war ja noch in Istanbul. Und Istanbul ist... weit weg, fast einen halben Tag.

Mit frisch rasiertem Gesicht kann die Herbergssuche beginnen, eine Straße weiter, direkt über dem Busbahnhof, wo sich, wie gesagt, ein paar kleine Hotels verstecken. Gleich das erste nach der Haltestelle sieht auf den ersten Blick am freundlichsten aus, ein paar himmelblau und weiß gekalkte Meter mit saftig grünen Fenster- und Türstöcken, eingepasst in die restliche, vorwiegend graue Straßenzeile. Die Farben erinnern an frisches Wasser, das in der Sonne glänzt. Nur um zu testen, ob die Oase keine Fata Morgana ist, schaut der Fremde neugierig durch die offene Eingangstür ins Innere des lockend bemalten Gebäudes. Sein Blick streift kurz vorbei an einem gläsernen Verschlag, der dem Schlüsselbrett nach die Rezeption ist, durch einen kurzen, aber kühlend düstern Gang und fällt auf einen kleinen Tisch in einem freundlich hellen Innenhof, an dessen Mauern wilder Wein emporrankt. Ein Springbrunnen, von dem man von der Straße aus nur einen verspritzten Rand sieht, den man aber leise plätschern hört, macht die Idylle perfekt. Wo Schale und Herz eines Hauses so heimelig scheinen, fällt es nicht schwer zu nicken, als der Mann, der gerade vor dem Gebäude an einem Auto rumbastelt, fragend herschaut.

Eine Person? Bir; eine; dazu noch ein aus der lockeren Faust emporgereckter Daumen. Wieviele Nächte? Wie bitte? Wieviele Nächte? Es ist ein Rätsel, wie diese Verständigung immer klappt, aber bisher hat es immer funktioniert. Man müsste die Körpersprache, die man unbewusst selber benutzt und bei anderen genausowenig bewusst versteht, besser beobachten und beschreiben können. Vielleicht liegt in der Angewiesenheit auf den Instinkt ein Teil des Reizes, sich in die Fremde zu begeben.

Der Mann mittleren Alters zeigt dem Fremden ein kleines, kaum eingerichtetes Zimmer mit Tür und Fenster zum Innenhof, der außer von wildem Wein und einem in Beton gefassten Springbrunnen auch von einer kleinen Palme geziert wird. Der Preis ist mit 18 000 Lira um über die Hälfte höher als in Istanbul. Dafür ist das hier aber ein Einzelzimmer in einer durchaus angenehmen Lage. Hier strahlt einfach alles Ruhe aus, Ruhe nach der Zugfahrt und der ewig lärmenden Großstadt Istanbul. Zum Ausschlafen nach der anstrengenden Woche ist nicht mehr Luxus nötig. Duschen kostet 2500 Lira extra. Auch das ist hier also Luxus. Darauf kann man aber einen Tag lang verzichten, wenn man noch nichts Schweißtreibendes

gemacht hat außer dem Dauerlauf zur Fähre.

Der Verzicht fällt noch leichter, wenn man sich etwas umsieht. Die einzigen bisher sichtbaren Wasseranschlüsse sind nämlich der Springbrunnen und ein Wasserhahn über einem steinernen Waschbecken an der Wand des Innenhofs. An diesen Hahn ist ein langer Gartenschlauch angeschlossen. Das schaut sehr nach Dusche aus, vor allem, wenn man noch einen Blick auf die beiden Türen am anderen Ende des kleinen Innenhofs wirft. Eine davon dürfte zu einer Toilette führen. Über die andere ist ein Schlauch gehängt, und unter ihr sieht man eine Wasserpfütze. Dahinter verbirgt sich vermutlich die Duschkabine. Das verspricht einem von stufenlos temperatur- und wasserstrahlhärteregelbaren Duschorgien verwöhnten Mitteleuropäer ein eher spartanisches Vergnügen, und das zu einem Preis, der einer sättigenden Mahlzeit entspricht. - Nein, danke, keine Dusche, bitte. - Und in Istanbul hat man ja gehört, wie rar Wasser hier sein kann. Im Nachhinein betrachtet ist das weit hergeholt. Wenn man in dem einfachsten Hotel, das man sich denken kann, einen Springbrunnen vorfindet, kann Wasser hier nicht knapp sein. Und wer weiß, wie gut die Regionen versorgt sind, die auf der Reiseroute noch kommen werden. Vielleicht wäre das hier für Wochen die letzte Gelegenheit zum Duschen gewesen.

Zu spät. Wer wird denn seine Entscheidungen zurücknehmen? Schließlich will man ja ernstgenommen werden. Außerdem macht man einen unsicheren oder sogar verdächtigen Eindruck, wenn man eine Entscheidung ändert. Man hat einen Ruf zu wahren, wenn man dann auch noch so stinkt.

Genauso schlimm ist es, wenn man kein nächstes Fahrtziel angeben kann. Also auf zum Busbahnhof, der eh gleich um die Ecke ist. Auf Schritt und Tritt merkt man in dieser Stadt, dass sie lange nicht so international ist wie Istanbul. Schilder gibt es, wenn überhaupt, nur auf türkisch, die Leute sprechen keine Fremdsprachen, und man wird nicht alle paar Meter angequatscht. So lästig das war, irgendwie geht es einem ab, wenn man es schon so gewohnt ist. Außerdem stehen nicht alle paar Meter Straßenverkäufer rum. Man muss also richtig die Augen aufmachen, wenn man etwas sucht. Es fliegt einem nicht mehr alles zu.

Die Reise beginnt, Eigenleistung zu fordern, Initiative. Der Blick für Einzelheiten, Feinheiten, Zusammenhänge und Gewohnheiten muss geschärft werden. Überdies verlangen die mangelnden Fremdsprachenkenntnisse der Einheimischen, dass man die flüchtig angelernten Brocken Türkisch anwende und ergänzt. Die Reise beginnt. Ein beklemmendes Gefühl von Unsicherheit und Vorfreude kommt auf. Was wird in den nächsten Wochen zu bewältigen sein?

Kann ich Ihnen helfen? Wo wollen Sie hin? Afyon, kommen Sie mit. Der ältere, schmächtige Türke rennt zu einem der vielen Stände in der Halle am Busbahnhof, die an einen Markt erinnert, in dem viele kleine, bunte Geschäfte ihre Waren feilbieten. Nur schauen hier alle Läden gleich aus, wenn man von den Werbeplakaten der Busgesellschaften absieht, und von den Männern, die an den Verkaufstheken stehen und Fahrkarten loswerden wollen. Mit einem von diesen spricht der Mann kurz. Inzwischen reden ein paar andere den Fremden an. Wohin? Istanbul? Izmir? Kann ich Ihnen helfen? Kappadokia? Eine ruhige Handbewegung in die Richtung des Standes, den der ältere Mann ausgesucht hat, und ein kurzer Kommentar von diesem führen zu einem höflichen Lächeln und einer angedeuteten Verbeugung beiderseits und schließlich zu einem ungestörten Zwiegespräch mit dem Mann hinter dem Stand für die Busse nach Afyon. Nach Afyon? Ja. Wann? Morgen nachmittag. Unsere Busse fahren nur in der Früh und dann erst wieder ab acht Uhr abends und nachts nach Afyon. Kann

ich eine Karte für acht Uhr haben? Selbstverständlich. Was kostet sie? 1800 Lire. Der Bus hält da draußen. Das Ticket ist gleich ausgestellt und bezahlt. Dankeschön. Vielen Dank. Auf Wiedersehen. Auf Wiedersehen. Der ältere Mann ist inzwischen verschwunden. Auf dem Weg aus der Halle wieder die Fragen: Kann ich Ihnen helfen? Pamukkale? Marmaris? Konya? Ankara? Der mit einem entschuldigenden Lächeln vorgezeigte Fahrschein wird zu einem Passierschein, der wiederum eine von einem entschuldigend verständnisvollen Lächeln begleitete angedeutete Verbeugung hervorruft. Der ältere Mann kreuzt inzwischen schon wieder vor der Halle und sucht nach neuen Kunden.

Direkt am Busbahnhof füllen Frauen und Reisende Behälter verschiedener Größe mit Wasser auf. Offensichtlich gibt es hier Trinkwasser. Das sollte man sich merken. Ein kleiner Bummel zeigt nichts allzu Aufregendes. Die Straßen hören alle nach höchstens zehn Minuten auf, nur eine, eine mit vielen Geschäften und Cafés, sieht aus, als wäre sie länger. Die wird für den nächsten Tag eingeplant. Vielleicht ist das hier doch nur ein Vorort, und hinter der Kuppe versteckt sich im Dunst das eigentliche Bursa. Das nennt man Entdeckungsreisen. „Unbedarft Reisen". Aber wer weiß, was da vorne wartet. Man sollte sich nicht schon am ersten Abend verlaufen. Das ist ja alles schon passiert, zum Beispiel vor Jahren in Dubrovnik. Jedenfalls ist dieser Teil von Bursa nicht so verrußt wie Istanbul, dafür aber viel staubiger.

Außerdem ist er wesentlich ruhiger. Vor allem das kleine Hotel ist die Ruhe selbst, die durch das Plätschern des Brunnens nur noch unterstrichen wird. Ist es beleidigend, wenn man als reicher Ausländer in einem gastronomisch nicht ganz unbedarften Land Brot und Käse bevorzugt? In dem Rucksack war einfach zu viel Essen aus Deutschland, das für die lange Bahnfahrt gedacht war. Das ist halt keine Radtour, auf der man ständig Kalorien nachschieben muss. Aber mit etwas gutem Willen werden die Vorräte hoffentlich in zwei bis drei Tagen vertilgt sein. Solange das das einzige Problem ist… Wer weiß, wie viele Leute wenige Kilometer oder nur Meter weiter nicht wissen, wie sie am nächsten Tag satt werden sollen, während der Fremde pappsatt die Reste seines eine Woche alten Reiseproviants wegräumt und hofft, dass er es schafft, sie noch aufzuessen, ehe sie verderben.

Bei dieser Ruhe besteht endlich einmal die Möglichkeit, ein Reisetagebuch anzulegen. Angeblich soll Schreiben ja dabei helfen, die eigenen Gedanken zu ordnen. Das klingt einleuchtend. Wie soll man wirre Gedanken in einer logischen Grammatik unterbringen?

Ein Tischchen in einer Ecke des Hofs bietet sich direkt an. Stifte und Papier haben immer einen Stammplatz im Rucksack, den sie allerdings selten verlassen, meist nur, um Adressen festzuhalten oder um dabei zu helfen, bei einer Unterhaltung komplizierte Sachverhalte zeichnerisch darzustellen. Kompliziert ist dabei alles, was sich nicht mit Worten darstellen lässt; das kann bei einem geringen gemeinsamen Wortschatz schon eine Birne sein. Aber diesmal füllt sich Blatt für Blatt mit Wörtern und Sätzen. Eine Familie veranstaltet im Hof ein Abendessen. Dabei wundern sie sich wohl, was der komische Deutsche die ganze Zeit schreibt. Zwischendurch kommen immer wieder Leute in und durch den Innenhof. Guten Abend. Guten Abend. Mal nur ein lächelndes Kopfnicken. Sind Sie ein Deutscher? Ja. Zu viel mehr reichen einfach die Sprachkenntnisse nicht. Aber es sind ja noch Wochen Zeit zum Lernen. Bei der sonst völlig unvorbereiteten Art, von Ort zu Ort zu ziehen, ist es einfach notwendig, sich unterhalten zu können.

Wenn man kein konkretes Ziel hat, weiß man manchmal selbst nicht, was man in einem ganz fremden Land eigentlich sucht. Busfahren und irgend etwas anschauen kann doch nicht der eigentliche und einzige Zweck einer Reise sein. Mit anderen Touristen in Kneipen und Hotelzimmern saufen gehen, kann man zu Hause auch. Sehenswürdigkeiten kommen in guten Fotobänden mindestens genauso gut zur Geltung wie in natura. Auf Dünnschiss wegen des Stresses und des ungewohnten Essens kann man notfalls verzichten. Schöne Landschaften gibt's auch auf Fotos und in Filmen, und wenn man im Voralpenland wohnt, hält man sowieso die halbe restliche Welt für Ödnis und Wüste. Außerdem gibt's dort wunderschöne Badeseen, die überhaupt nicht so gräßlich salzig sind wie das Meer. Liegewiesen sind auch nicht so auf- und eindringlich sandig.

Während der Hauswirt mit einem kabellosen Telefon in der Brusttasche durch das Haus wetzt und die Familie ihr Mahl beendet hat, sitzt der Fremde im Innenhof, schreibt wie ein Wilder und kommt sich furchtbar unhöflich vor, weil er die Höflichkeiten der anderen nur unzureichend erwidern kann. Und das in einem Land, in dem der Koran eine hohe Bedeutung für Verhaltensvorschriften hat. Dort heißt es, dass man Grüße mindestens genauso freundlich oder noch freundlicher erwidern soll. Etwas besser türkisch sollte man schon können, sonst sieht man das schöne Land wirklich nur mit der Kamera oder mit dem Magen beziehungsweise mit der Leber. Aber was soll man tun, wenn man schon einmal hier ist? Erst einmal schauen, was der nächste Tag bringt.

Im Markt

Der nächste Tag beginnt um zehn mit einem ausgiebigen und einseitigen Frühstück. Danach wird fein säuberlich der Rucksack gepackt. Bleibt nur noch die Frage, ob man den Rucksack hier deponieren kann bis acht Uhr abends, wenn der Bus geht. Teuer genug war das Hotel ja. Auf dem erkundenden Weg ins Freie kommt gerade die Hausmamma vorbei und fragt, mit hilfreichen Gesten untermalt, ob das die letzte Nacht war. Ein paar Worte erklären der Frau unmissverständlich, dass um acht Uhr abend der Bus geht. Mensch, das war ja ein richtiges Gespräch auf türkisch! Der Mann von der Rezeption erlaubt nach einer fragenden Geste selbstverständlich, das Gepäck im Hotel zu deponieren, gleich in einer Ecke am Gang, in Blickweite von der Rezeption aus. Gut, die Gegend schaut recht anständig aus, nicht sehr räuberisch.

Außerdem wäre es äusserst unbequem und wahrscheinlich nicht ungefährlicher, das Gepäck den ganzen Tag über herumzuschleppen.

Und schon geht's los in die Stadt, die man jetzt, da der Dunst dünner ist, weit hinter den Kuppen, die gestern den Gesichtskreis begrenzt hatten, die Berge hinaufschwappen sieht, chaotisch, riesig, gespickt mit Minareten.

Nach einer ewig langen modernen Geschäftsstraße kommt irgendwann einmal ein offensichtlich älterer Stadtteil, der optisch und von der Ausstattung her für Touristen mehr bietet. Irgendwo sieht man eine Passage mit Kleiderläden, einen gefährlichen Ort für willensschwache Touristen. Da sollte man lieber vorbeigehen, wenn man nicht bald vollgepackt rumlaufen will wie ein Maultier, vor allem, wenn man noch vorhat, acht weitere Wochen durch das Land zu reisen. Hundert Meter weiter schimmern aus dem selben großen Gebäude ein paar Schmuckläden goldig verlockend durch. Das kann man auf sich wirken lassen. Schmuck wiegt nicht viel, nimmt nicht viel Platz weg und ist sowieso zu teuer.

Die Passage scheint größer zu sein, als sie von außen ausgesehen hat. Das Gebäude muss riesig sein. Überall trifft man auf nicht enden wollende Straßen voll von Geschäften, und alles ist überdacht, die Straßen sind zumeist fein gepflastert. In dieser verborgenen Stadt wird wirklich alles angeboten, nicht nur das genormte Standardangebot wie in den großen Kaufhäusern in München. Hier ist es auch bei weitem nicht so anonym.

Wenn man bergauf das Ende der Straßen erreicht, ist man auf einmal in einem lichten kleinen Innenhof, wo ein paar Cafés einen Springbrunnen umgeben und wo man im ersten Stock einen von Bögen umrahmten Rundgang sieht. Dort sind wohl wie im Großen Bazar in Istanbul kleine Werkstätten, in denen Lederjacken und andere Sachen hergestellt werden. Und irgendwo überhalb des Marktes muss eine größere Moschee sein. Zumindest sieht man die Minarette. Nur ist es nicht ganz leicht, einen Ausgang in diese Richtung zu finden. Man landet immer wieder in einer neuen kleinen Passage, und nach den Innenhöfen an deren Enden mit ihren Cafés geht es offensichtlich nicht weiter. Bleibt nichts anderes übrig, als sich wieder mitten in das Straßensystem zu stürzen, das weit größere Ausmaße als der Große Bazar in Istanbul zu haben scheint. Alle bergauf führenden Straßen enden offenbar in ähnlichen Innenhöfen, die keinen sichtbaren Ausgang haben. Orientieren kann man sich praktisch nur anhand einzelner Geschäfte, da sich die Sträßchen baulich nicht unterscheiden und parallel verlaufen. Wenn man nicht an jedem Ende der Straßen Tageslicht einfallen sähe und das Ganze nicht recht geometrisch angeordnet wäre, könnte man es mit einem unterirdischen Labyrinth vergleichen. Irgendwo ist das Gebäude zu Ende, aber der Bazar keineswegs. Die Mauern sehen etwas anders aus, aber die Straßen sind weiterhin überdacht. Wenn man trotz der Verlockungen, die links und rechts die Wege säumen, stur geradeaus geht, senkrecht zu den ebenso verlockenden Gängen, die zu den Innenhöfen führen, kommt man ans Tageslicht, aber noch lange nicht aus dem Bazar. Hier ist wohl im Laufe der Zeit ein ganzer Stadtteil zu einem Supermarkt umgebaut worden.

Jetzt wäre es zwar vermutlich leicht, einen Ausgang in Richtung der Moschee zu finden, aber es wird auch interessant, herauszufinden, wo der Markt endet, wie groß er ist. Die Hauptstraße, an der er, wenn man geradeaus weitergeht, nach einer Weile abrupt abgeschnitten wird, ist nicht so attraktiv und bringt einen eher dazu, das andere Ende zu suchen. Wenn man nach ein paar weiteren Runden durch die vielfältigen Angebote jenes andere Ende erreicht und es dort übers Herz bringt, den Markt zu verlassen, kommt man auf eine andere Hauptstraße. Bergauf in Richtung einiger Türme folgt ein offensichtlich modernerer Stadtteil, wo auch die Frauen moderner gekleidet sind. Irgendwo dort stößt man dann plötzlich auf eine Moschee, wohl die, die man vom Markt aus sieht. In deren Vorhof taucht unter zahllosen anderen Leuten ein dunkelhaariger, graubärtiger Typ auf, der an den Schauspieler Mario Adorf erinnert und ein Klappgestell und einen schuhkartongroßen Glaskasten mit sich herumschleppt, und bleibt stehen.

Nein, danke. Ein entschuldigendes Lächeln gegenüber dem armen Schuhputzer. Ich will meine Sandalen nicht putzen lassen, nicht heute schon wieder. No, I don t want to make business. I only want to speak. I like tourists. Where do you come from? From Holland? Germany. Ah, Deutschland. I know many tourists. We speak, they come to my house, eat, sleep and we become very good friends...

*

In Istanbul wäre diese Sache untergegangen: Schon wieder ein Schuhputzer oder ein Schlepper. Nicht hinhören. So tun, als ob man nichts verstanden hätte oder sich nicht angesprochen fühlen würde. Vorbei. Wieder allein in der Großstadt. Wer weiß, wie alles weitergegangen wäre?

Während der Betrieb im Krankenhaus langsam nachlässt, verwandelt sich der Tagtraum in einen anständigen Traum.

*

Der Parfumverkäufer

Nein, ich will dir nichts verkaufen. Ich will nur mit dir reden. Ich mag Touristen. Wo kommst du her? Aus Holland? Ah, Deutschland. Ich kenne viele Touristen. Wir reden, sie kommen in mein Haus, essen, schlafen, und wir werden sehr gute Freunde...

Na ja, unterhalten kann man sich ja. Das Ticket wird ihn schon überzeugen, dass es wirklich nicht möglich ist, seine Gastfreundschaft anzunehmen. Sich von Leuten bewirten zu lassen, die selbst nichts haben, gibt immer so ein peinliches Gefühl. Aber wenn er quatschen will, englisch lernen und Geschichten über unsere Heimatländer austauschen, bitte. In einer Ecke des Moscheevorplatzes sind zusammengelegte Kartons gebündelt und gestapelt. Darauf setzt sich der Mann, bietet seinem Gast einen Platz an und stellt sich als Omar vor. Er verkauft auf der Straße Parfum. Er erzählt, wieviele Gäste er schon gehabt hat, aus so vielen Ländern. Und mit der Zeit erkennt man auf dem ersten Blick, wer woher kommt. Blonde sind aus Holland oder Deutschland und lassen sich leicht unterscheiden. Die Deutschen sind nämlich so... Er imitiert eine fette Wampe und prustende Pausbacken. Holländer sind dagegen eher schlank. Darum habe ich dich zuerst für einen Holländer gehalten. Italiener kennt man dagegen nur dadurch von Türken auseinander, dass sie fremd sind. Die anderen Nationen sind offensichtlich nicht so stark unter den Fremden vertreten.

Später betont er, um wieviel gesünder die Sitten im Islam wären als in der christlichen Welt.

Ein weiblicher Gast wollte sogar schon Liebe für Geld machen. Das finde ich nicht gut. Überhaupt ist in der Türkei in dieser Hinsicht nicht viel zu holen. Das ist gut so. Obwohl freilich die blonden Nordländer die dunklen Türkinnen viel attraktiver finden, und die blonden Europäerinnen die schwarzhaarigen Türken, und natürlich auch umgekehrt. Aber in der Türkei sind die Leute anständig. Heiraten kann man dagegen jederzeit. Aus den genannten Gründen ist es ja kein Problem, einen attraktiven Partner zu finden. Es ist dann nur noch eine Frage der Religion.

Du musst nur Moslem werden, und die Türkinnen reißen sich um dich, meint er wohl. Bist du Katholik oder Protestant? Katholik, ah ja. Schau dir mal die älteren Frauen bei euch an. Er zieht sein Gesicht in Falten. Und die älteren bei uns. Wenn sie jung sind, schauen sie alle gut aus, aber wenn sie älter werden... Das kommt von der Art zu beten. Er imitiert eine Katholikin, die mit sorgenvoller, stirnfaltenreicher, todernster Miene und zitternder Stimme betet. Allah, Allah... Dann spielt er eine Moslemfrau, die freudig, mit strahlendem Gesicht und heller, frohlockender Stimme ihr Gebet verrichtet. Allah, Allah... Die positivere Einstellung unserer Frauen hält sie bis ins hohe Alter hübsch. Aha, so ist das. Wenn ich konvertiere, habe ich die besten Chancen auf eine Frau, die für mich viel attraktiver ist als eine deutsche und die sich wesentlich länger frisch hält. Eine rentable Sache, sehr überlegenswert. Aber überlegen muss man sich so einen Schritt vorher doch noch gründlich, vor allem, wenn man auch hübsche Christinnen kennt. Vermutlich hat er eine Handvoll Töchter im heiratsfähigen Alter zu Hause, oder zumindest eine, die er unter die Haube bringen will.

Als die Rede gerade von seiner Familie ist, einer jungen Frau, einem zwölfjährigen Sohn und einer zehnjährigen Tochter, kommt ein Kollege vorbei, auch ein Parfumverkäufer, und setzt sich dazu. Er ist etwas besser ausgerüstet als Omar. Sein Glaskasten ist in Metall eingefasst, und er hat außer dem Klappgestell für den Kasten auch noch einen Klappstuhl dabei und ist daher nicht auf die Pappkartons angewiesen. Diese Tageszeit ist nicht sehr gut, um Parfum zu verkaufen. Es ist zu heiß.

Offensichtlich hat Omar recht. In den zwei Stunden, die das Gespräch dauert, verkauft der Kollege insgesamt nur etwa einem Kubikzentimeter Parfum, das sorgfältig mit einer Spritze einer der Flaschen in dem Glaskasten entnommen und in einen winzigen Flacon abgefüllt wird. Und von Umsätzen in dieser Größenordnung muss jemand wie Omar, der in der Zeit übrigens gar nichts verkauft hat, sich und seine Familie ernähren? Dazu kostet die neue Wohnung umgerechnet zweihundert DM im Monat. Das erzählt er nicht im Zusammenhang, sondern nach und nach, wenn man ihn danach fragt. Er sagt auch nicht, dass er arm ist. Er gibt nur gelegentlich zu, dass sie einfache Leute sind und nicht reich.

Gleich neben dem Moscheevorhof, mitten im Blickfeld, sitzt schon seit längerem eine Familie auf einer Treppe. Irgendwie fallen die Leute unter allen anderen auf. Sie sind deutlich dunkler als die Türken, die man sonst in dieser Gegend sieht. Außerdem sind sie ziemlich dick. Sie sind schon die ganze Zeit da und unterhalten sich meist recht lebhaft. Kurden, meint Omar. Ja, die da. Das sind keine guten Leute. Warum sind sie keine guten Leute? Die machen nur Schwierigkeiten. Außerdem sind sie ungebildet und können oft nicht einmal türkisch. Ah, so... Nach einer kurzen Zeit wird es für ein paar Augenblicke zufällig etwas ruhiger rundum, und man kann ein paar Worte von dem verstehen, wie sich die Kurden unterhalten. Sie reden türkisch, doch keine Kurden, seltsam...

Der Gesprächsfaden droht gerade abzureißen, als ein Bekannter Omars vorbeikommt, ein würdig aussehender, vollbärtiger älterer Herr, und sich verbeugt. Salam aleikum. Wa aleikum salam wa rahmatullahi wa barakatuhu. Friede sei mit dir. Und mit dir Friede und das Heil Gottes und sein Segen. Die begrüßen sich ja richtig auf arabisch. Da war Atatürk aber schlampig. Oder durften islamische Umgangsformen in der arabischen Originalform beibehalten werden?... Guten Tag. Wie geht's? Gut, danke, und Ihnen? Omar erklärt, dass sein Freund sieben Jahre in Deutschland war. Das ist aber schon so lange her, dass er die Sprache inzwischen fast wieder verlernt hat. Nach einem Schwatz verabschiedet sich der ältere Mann wieder.

Mittlerweile haben sich zwei etwa dreizehnjährige Jungen mit einem Brett voler Sesamringe, Simits, in die gleiche Ecke gestellt. Die machen mehr Geschäft mit den Moscheebesuchern als Omar, sind allerdings auch auffälliger. Eine halbe Stunde später tauchen vier junge Männer auf und schicken sie weg, und auch den anderen Parfumverkäufer. Omar hat offenbar schon so etwas geahnt und seinen Parfumkasten bereits vor einer Viertelstunde hinter sich auf die Kartons gestellt. Als die Männer auch ihn wegschicken wollen, erklärt er ihnen, dass er nicht verkauft, sondern sich mit einem Freund unterhält. Das darf er. Die Männer bleiben noch eine Weile stehen und unterhalten sich. Sie wollen offensichtlich verhindern, dass die Verkäufer gleich wiederkommen. Das werden sie nämlich, wie Omar versichert. Er hält von den Männern, deren Bezeichnung er nur auf türkisch kennt und die eine Art zivile Hilfsscherrifs sein müssen, genauso wenig wie von der türkischen Polizei. Als er von seinem Gesprächspartner nichts Gutes und nichts Schlechtes über die deutsche Polizei erfährt, erzählt er, dass er gehört habe, dass die englische Polizei gut sei.

In England arbeite auch sein Bruder, ein schlechter Bruder, der nicht einmal seine Briefe beantwortet. Übrigens wäre es kein Problem,

um acht Uhr abends, wenn er mit seiner Arbeit fertig sei, in sein Haus auf eine Tasse Tee zu vorbeizukommen und dann bei ihm zu übernachten. Das Ticket scheint ihn aber zu überzeugen. Hast du nicht mehr Zeit? Nein, ich muss bis zum dreißigsten Freunde in Marmaris besuchen, und vorher will ich noch Pamukkale und ein paar Küstenstädte sehen. So. Aber nächstes Jahr, wenn du wieder in die Türkei kommst, besuchst du uns und bleibst ein paar Nächte. Gut, das kann man ja versprechen. Das erspart die Diskussion, warum man nicht jedes Jahr in die Türkei fährt, wenn sie einem doch gefällt. Wieder folgen ein paar Anpreisungen von türkischen Frauen, jedoch verbunden mit der Bemerkung, dass es nicht gut sei und eigentlich aussichtslos, der Frauen wegen in die Türkei zu fahren. Da kommt eine Frau vorbei, zierlich, unscheinbar aber sauber gekleidet, mit Kopftuch, gefolgt von zwei adrett angezogenen Kindern. Das ist seine Familie. Nach der Begrüßung erzählt er stolz, dass sein Sohn soeben die Primary School geschafft hat und bespricht dann etwas mit seiner Frau, die bald weitergeht.

Als die Gesprächspausen immer länger werden, meint er auf einmal, dass sein Geschäft heute sowieso nicht so gut liefe und dass es besser wäre, die „Grüne Moschee" anzuschauen. Zuerst müsse er aber noch seinen Parfumladen in sein Haus bringen. Bleib inzwischen hier sitzen. Ich bin in fünf Minuten wieder da.

Das ist eine gute Gelegenheit, sich davonzustehlen. Ihm fällt sicher ein Argument ein, bei dem ein Gast keinen Vorwand mehr findet, heute noch weiterzufahren. Bustickets wird man wohl umtauschen können. Und dann ist der reiche Deutsche ein umsorgter Gast einer armen Straßenhändlerfamilie und hat keine Gelegenheit, sich angemessen zu revanchieren, allein, weil er nicht weiß, was angemessen ist. Natürlich wäre Omar böse und enttäuscht, wenn der Fremde seine Gastfreundschaft verschmäht. Oder wäre er insgeheim froh, dass der ihm nicht die Haare vom Kopf frisst? Aber er will ja englisch lernen. Seine Kenntnisse hat er ja nur von Unterhaltungen mit Ausländern. Irgendwie wäre es auch feig, jetzt einfach abzuhauen. Eine Verabschiedung ist ja wohl das mindeste, was man von jemandem verlangen kann, der einen ganzen Nachmittag lang das Geschäft lahmgelegt hat. Aber wer weiß, wie man sich aus der Affäre ziehen soll, wenn man bleibt...

Fünf Minuten später kommt Omar zurück und geleitet seinen Gast in Richtung Moschee. Die soll etwa zwanzig Minuten entfernt sein. Er bräuchte das Gehen für seinen Magen. Rumsitzen bekäme ihm nicht. Sonst würde er ein Taxi nehmen. Er wäre ja schon alt, einundvierzig, im Gegensatz zu seiner Frau, eine tüchtige Frau, sie verkauft Zucker. Ja, zu Fuß gehen ist eine gute Sache. Zwei Ecken weiter kann er seinem Gast den weiten Weg nicht mehr zumuten und führt ihn zu seinem Haus, bzw. in seine Wohnung im Untergeschoß eines modernen Wohnblocks, relativ geräumig mit vier Zimmern plus Küche, Bad und Klo. Das wird wohl die letzte Sehenswürdigkeit von Bursa auf dieser Reise sein.

In Omars Haus

Omar scheint hungrig zu sein und ruft dauernd wie in Gedanken nach seiner Frau - Whaiff! Whaiff! - während er irgend etwas erzählt. Offensichtlich ruft er seine Frau nicht nur in Gedanken, sonst würde er das nicht auf englisch tun. Wahrscheinlich will er seinem Gast zeigen, dass heute eine Ausnahmesituation besteht und seine Frau ihn sonst sofort umsorgt, wenn er ihr Reich betritt. Schließlich will er demonstrieren, wie gut Moslemfrauen sind. Der Gast soll ja von den Vorzügen eines Übertritts zum Islam überzeugt werden. Das ist die Küche, - Whaiff! - sie ist wohl noch nicht da, weil sie noch etwas erledigen muss, da der Sohn ge-

rade die Primary School geschafft hat. Sie wollte aber schon um vier Uhr zurück sein. Was sie wohl wieder macht. Ein unauffälliger Blick auf die Armbanduhr zeigt zehn nach vier. Er legt also Wert auf Pünktlichkeit.

Das Wohnzimmer ist eigentlich ganz europäisch ausgestattet, nur einfacher. Die Polstersitzgarnitur ist zum Schutz mit alten Tüchern bedeckt. In einer Ecke, gegenüber dem Sofa steht ein Aquarium, ein Geschenk von europäischen Gästen. Als er den Gast auf dem Sofa plaziert hat, überlegt er kurz, bittet ihn, zu warten und verschwindet aus dem Zimmer. Nach ein paar Minuten kommt er zurück mit einem Schälchen Oliven und etwas Brot. Wenn alle Stricke reißen, ist der Hausherr trotzdem nicht zum Hungern verurteilt. Nach einer kleinen Stärkung, für Omar wohl in letzter Minute, verschwindet er wieder und kommt mit einer kleinen Schachtel zurück, der er Fotos entnimmt. Das sind also seine ausländischen Freunde, Frauen und Männer unter dreißig, wohl ebenfalls Rucksacktouristen. Die haben alle schon bei ihm übernachtet. Mit der Jugoslawin, von der sie relativ viele Fotos haben, war die ganze Familie beim Baden in Iznik. Das ist sie beim Schlafen, und das war sein altes Haus. Schaut auf dem Foto von außen eher wie ein alter Reihen-Geräteschuppen aus.

Aus dem Flur hört man Geräusche. Das ist meine Frau. Sie kommt mit den Kindern. Er steht auf und geht ihnen entgegen. Das Haus ist nicht sehr hellhörig. Sobald die Tür zu ist, glaubt man, allein in der Wohnung zu sein. Aber gleich kommen alle vier ins Wohnzimmer. Nach der Begrüßung und dem Vorstellen, bei dem die Gastgeber ihr Englisch und der Gast sein Türkisch bemühen, lassen sich alle auf den Sesseln und der Couch nieder. Vorher bringt die Hausfrau noch eine Schale Sonnenblumenkerne und gesalzene Pistazien, eine Art von Lebensmitteln, bei denen man, wenn man nicht mit ihnen vertraut ist, zuerst den Gastgebern zuschauen müsste, wie diese sie aufkriegen, und auch, wo sie dann die Schalen unterbringen. Leider bekommt freundlicherweise der Gast als erstes die Schale gereicht. Da hilft nur noch, die Kerne so langsam zu entblößen, dass die Kinder, die neben dem Fremden auf dem Sofa sitzen, währenddessen ungeduldig werden und doch alles vormachen.

Nachdem die technischen Einzelheiten geklärt sind, beginnt die eigentliche Konversation. Die Frau, eine zierliche Schwarzhaarige mit einem Gesicht, das an ein Mäuschen erinnert, mit gleichzeitig lustigen und traurigen Augen, versucht, etwas zu sagen, aber dann scheint ihr ein entscheidendes Wort zu fehlen. Mein Sohn... Sie zeigt stolz auf den Jungen im blauen Anzug und blickt dann hilfesuchend zu ihrem Mann. Die beiden diskutieren kurz. Mein Sohn hat die Grundschule besucht und jetzt... Sie erwartet, dass der Fremde den Satz ergänzt. Aber was meint sie? Geht er auf eine höhere Schule oder muss er demnächst arbeiten als Zwölfjähriger? Wie ist das Schulsystem in der Türkei? Auf welche Schule wird der Junge jetzt wohl gehen? Wie heißen die Möglichkeiten auf englisch? Omar hilft. Mein Sohn hat die Grundschule - Primary School - abgeschlossen und jetzt... Welche Schule kommt danach? Die mit einem Achselzucken vorgeschlagenen zwei oder drei Schularten, die vom Englischunterricht hängengeblieben sind, führen nicht zum gesuchten Wort. Primary School - Secondary School? Währenddessen fixiert sie mit den Augen ein dickes blaues Buch. Die Kinder gehen zum Spielen. Omar und seine Frau diskutieren wieder, worauf er das Buch nimmt und ihr in die Hand drückt. Es ist ein türkisches Englischbuch. Nach kurzem Suchen ist das Wort endlich gefunden. Mittelschule. Der Sohn, der Stolz der Familie, geht also demnächst auf die Mittelschule, was das in der Türkei auch immer bedeutet. Ach so, Mittelschule. Sehr gut. Das anerkennende Nicken lässt sie noch stolzer erscheinen.

In der Türkei haben die Ehepaare oft sechs, sieben oder mehr Kinder, auch wenn sie arm sind. Was aus denen dann wird... Omar zuckt mit den Schultern. Verantwortungslos. Die Deutschen und so haben meistens nur ein oder zwei Kinder. Die werden dann richtig gefördert. Das finden wir gut. Wir haben nach zweien aufgehört mit dem Kindermachen, damit wir uns eine anständige Erziehung leisten können für sie. Er tauscht mit seiner Frau bestätigende Blicke. Die Mittelschule kostet nämlich auch was. Da würde das Geld nicht für mehr Kinder reichen. Wovon die beiden wohl ihren jetzigen Lebensunterhalt bestreiten? Wenn Omar immer so wenig Parfum verkauft wie an diesem Nachmittag, reicht das nicht einmal für das Essen, geschweige denn für die Miete. Und seine Frau verkauft Zucker, das hört sich auch nicht einträglich an. Reich können die beiden nicht sein. Und dann bewirten sie noch gelegentlich Ausländer, vorwiegend hungrige Rucksacktouristen, wie sich aus den Fotos schließen lässt.

Touristen sind unser einziger Kontakt zum Ausland. Eine Reise können wir uns nicht leisten. Wir sind nicht reich, wie du siehst. Außerdem sind wir nicht mehr so gesund. Mein Magen und der Rücken meiner Frau. Das hat sie vom Putzen. Jetzt kann sie sich nicht mehr richtig bücken, nicht mehr putzen, verdient noch weniger Geld. Ich habe Englisch nur durch Sprechen mit Touristen gelernt. Ich lade sie ein, sie bleiben ein, zwei oder drei Nächte, und wir lernen voneinander. Du kannst auch eine Nacht bleiben. Ich weiß, du musst weiter, aber heute nacht kannst du hier schlafen. Wenn du mitten in der Nacht in Afyon ankommst, das ist nicht gut.

Ich habe doch das Ticket hier.

Das ist kein Problem. Wir gehen zur Garaj und tauschen es um. Garaj, gesprochen Garasch, heißt also Busbahnhof. Wo hast du dein Gepäck? In einem Hotel, gleich bei der Garaj.

Gleich bei der Garaj, das ist gut.

Wie soll man sich da noch herausreden? Das ist orientalische Überredungskunst. Die technischen Probleme sind alle lösbar. Du bleibst. Basta. Howgh.

Da hilft nur eines: sich ergeben. Prinzipien haben im Urlaubsgepäck nichts zu suchen. Im Ausland haben sie meistens sowieso keinen oder einen ganz anderen Wert. Vielleicht lässt sich das Ticket ja doch nicht umtauschen. Nicht, dass die Leute nicht nett oder nicht vertrauenerweckend wären, aber was haben sie schon wirklich von einem Touristen? Unterhaltung? Ein paar neue Wörter englisch? Mehr? Die sollen ihre Kinder füttern und keine Fremden, die auch ohne sie zurechtkommen.

Als seine Frau in der Küche ist, spielt Omar, eigentlich ganz nebenbei, inmitten eines anderen Gesprächsthemas, noch einen Trumpf aus, der wohl auch den eiligsten Gast endgültig davon überzeugen soll, dass er ein existentielles Erlebnis versäumt, wenn er nicht über Nacht in seinem Haus bleibt. Du darfst mit meiner Frau schlafen, wenn du bleibst. Oha. Ist das der fromme Moslem? Dürfen Männer ihre Frauen herleihen? Meint er, das wäre in Europa so üblich, und ein Europäer würde sonst nicht bleiben? Will er zeigen, dass Türken auch kultiviert sind? Oder soll das ein weiterer Anstoß dafür sein, die Religion zu wechseln?

Kulturwissenschaftlich ist das sicher ganz interessant, aber wie soll man als betroffener Gast reagieren? Ist das als Test gemeint? Will er die Reaktion eines Europäers testen? Noch ist ja nichts zu entscheiden. Noch ist das Ticket nicht umgetauscht. Als Reaktion genügt es vorerst, das nichtssagend ratlos blöde Grinsen, das während der Unterhaltung Zuhör- und Lernbereitschaft und Wohlwollen signalisiert hat, durch ein höflich dezentes Hochziehen der Augenbrauen, gepaart mit einem halbironischen Lächeln, zu unterbrechen.

Diese Miene wird von einem Murmeln untermalt, das zwar keiner Sprache zuzuschreiben ist, und das man selber nicht versteht, das aber der Gesprächspartner, der die akustische Verständigungsschwierigkeit seinen mangelnden Sprachkenntnissen zuschreibt, in seinem Sinne interpretieren kann. Jener will bei dem Thema noch nicht nachhaken, sieht, dass der andere gelassen, also europäisch rational und damit richtig reagiert, und geht davon aus, dass er die Entscheidung getroffen hat, die er selbst als richtig ansieht.

Mehr ist noch nicht nötig. Schließlich ist es ja gerade fünf Uhr nachmittags. Trick siebzehn, vorerst gerettet. Vielleicht war es ja nur ein Scherz. Diese nichtssagende Art von Konversation funktioniert allerdings nur in einer Atmosphäre von Freundschaft und Vertrauen, beziehungsweise wenn sich der Gastgeber völlig sicher ist, wie der Gast reagieren wird. Sonst würde er nachhaken. Und Moslems wünschen dann meist ganz klare Antworten. Zumindest hat sich dies auf anderen Reisen gezeigt. Würde er aber jemandem so ein Angebot machen, sei es auch im Scherz, wenn er ihm nicht vertrauen würde? Der viele Platz, der hier für die paar Gedanken verwendet wird, soll nicht darüber hinwegtäuschen, dass die Bemerkung Omars eher nebenbei gefallen war und das Gespräch über Gott und die Welt dadurch praktisch nicht unterbrochen wurde. Ja, ich hatte schon viele Gäste, aus Australien, Dänemark, Jugoslawien, überall. Sie kommen hierher, bleiben zwei, drei Nächte in Bursa und ziehen dann weiter durch die Türkei. Du musst weiter, deine Freunde treffen, aber nächstes Jahr kommst du wieder, bleibst vier, fünf Nächte und schaust dir Bursa an. Lächelndes Achselzucken. Vielleicht. Er grinst gutmütig hinter seinem Bart. Vielleicht denkt er an seine Frau. Es ist wohl unmöglich, von ihr nicht gefesselt zu sein, so gefesselt wie er. Die Gelegenheit muss einfach jeder Mann wahrnehmen, wenn er ihm erlaubt, mit seiner

Frau zu schlafen.

Überredet

Gehen wir zur Garaj, tauschen dein Ticket um und holen dein Gepäck. Sein Englisch klingt wirklich zusehends fließender, trotz des noch immer grammatikfreien Satzbaus. Das macht sicher die Übung, der passive Verdienst des ausländischen Gastes. Also auf zur Garaj. Wenn man weiß, dass die Frau aus gesundheitlichen Gründen nicht mehr beruflich putzen kann und der Mann offensichtlich an einer traditionellen Rollenverteilung festhält, die der Frau alle Aufgaben bezüglich der Kinder und des Hauses zuweist, bemerkt man bei näherem Hinsehen, dass der Flur nicht vor Reinheit blitzt. Sie können aber noch nicht lange hier wohnen. Dafür ist die Wohnung noch zu leer und zu sauber. Ein typischer Schluss für einen arroganten Westeuropäer, der ins südliche Ausland fährt und der Überzeugung ist, dass „die da unten" sich um nichts kümmern und alles verkommen lassen.

Überhaupt sieht das Haus noch recht neu aus und riecht auch so. Man bemerkt noch keinen typischen Geruch, keine für einfache Miethäuser typischen Spuren von Abnutzung, einen noch makellosen blassen pastellgelben Anstrich und eine frisch gewalzte Sandstraße. Außerdem waren die Fotos noch alle aus dem alten Haus gewesen.

Das ist kein gutes Viertel für Touristen, aber es gibt schlimmere, meint Omar. Warum, hier ist es auch nicht übler als in Deutschland in einer billigen Trabantenstadt. Die Türen sind sogar schöner. Allerdings würden Touristen vermutlich auch keine deutsche Trabantenstadt besuchen.

Ein paar Ecken weiter ist eine Dolmuşhaltestelle. Im Taxi muss man warten, bis noch mindestens zwei zusteigen, damit der Wagen wenigstens einigermaßen voll ist und die Fahrt sich rentiert. Zu Fuß wäre es auch nur eine halbe Stunde, aber wir wollen zum Essen zurück sein. Nach ein paar Minuten ist der Wagen voll, und es geht los. Die anderen kramen kleine Münzen hervor, jeweils fünfhundert Lire, wie kurze Blicke auf deren offenen Handflächen zeigen, und geben das Geld dem Fahrer. Wenn man das einfach nachmacht, fällt man gar nicht auf.

Es ist kein Problem, das Ticket umzutauschen. Ein kleiner Schwatz, und es gilt für morgen früh, neun Uhr, eine humane Zeit. Du musst morgen früh aufstehen, sehr früh. Ich werde versuchen, dich zu wecken und zur Dolmuşhaltestelle zu bringen. Er rechnet wohl damit, dass der müde Gast verschläft oder vertrödelt. Wo ist dein Hotel? Ah, gleich um die Ecke. Sehr gut. Dann kommen wir noch rechtzeitig zum Essen. Hast du viel Gepäck? Was meint er mit viel? Für seine Verhältnisse sind es wahrscheinlich Unmengen, auch wenn der Rucksack für einen deutschen Tramper vergleichbar winzig ist. Im Hotel ist der Mann von gestern wieder da, gut gelaunt. Das Gepäck steht noch unberührt in der Ecke. Ein kurzes Gespräch zwischen ihm und Omar, was die wohl reden? Gegen Ende der Reise, wenn die Türkischkenntnisse besser werden, werden solche Fragen der Vergangenheit angehören.

Der Rucksack ist ja richtig klein. Nach einem freundlichen Abschied geht es zurück, diesmal zu Fuß. Da kann man mehr reden. Wie gefällt dir die Türkei? Ich habe bisher nur Istanbul gesehen. Natürlich ist das eine faszinierende Stadt, aber eben eine Großstadt und sicher nicht typisch türkisch. Und Bursa? Außer dem Markt, dem Platz vor der Moschee und deiner Wohnung habe ich hier praktisch noch nichts gesehen. Gut, heuer musst du weiter, deine Freunde in Marmaris treffen. Aber nächstes Jahr kommst du wieder hierher. Dann kannst du vier, fünf Nächte bei uns übernachten. Für wie alt hältst du meine Frau? Oh, ähm, ich weiß nicht. Für wie alt hältst du sie? Das ist schwer zu sagen. Wie alt? Rate einfach.

Das ist wirklich schwer zu sagen. Er ist einundvierzig und sagt, sie wäre noch sehr jung. Dem Aussehen nach könnte sie in etwa sein Alter haben. Ihn könnte man dagegen für Mitte fünfzig halten. Das macht sicher die schwere Arbeit, und er wäre gewiss beleidigt, wenn man sie zu alt schätzen würde. Weit unter dreißig ist sie aber sicher nicht, bei einem zwölfjährigen Sohn. Nach ein paar ausweichenden Antworten gibt Omar etwas indigniert auf. Das hat sicher etliche Sympathiepunkte gekostet. Oder er hält es für Verlegenheit, was es ja tatsächlich ist.

Und wer weiß, welche Schlüsse er aus den Komplimenten über ihr Aussehen zieht?

Bald ist das Haus erreicht. Die Frau kocht gerade. Du kannst dich zu ihr in die Küche setzen. Was hat er jetzt vor? Jedenfalls ist es ein komisches Gefühl, dieser fremden Frau beim Kochen zuzuschauen. Sie wirkt zerbrechlich und von harter Arbeit gezeichnet, wie sie in ihrem Reich hantiert. Es war bestimmt nicht ihre Idee, dass man hier sitzt und ihr in die Töpfe schaut.

Möglicherweise waren auch andere Ideen nicht von ihr. Sie fühlt sich sicher beobachtet und gemustert. Außerdem ist es schwierig, sich nebenbei zu unterhalten, wenn man nur ein paar gemeinsame Wörter kennt. Es gibt Auberginen, Kartoffeln, Gurken und noch ein weiteres Gemüse. Billig, meint sie bei den Kartoffeln, und als der Fremde nicht verstanden zu haben scheint, deutet sie nochmals auf die Kartoffeln und wiederholt, billig. Viel ergiebiger wird die Konversation nicht. Nach und nach schält sie das Gemüse. Ob ihr Mann sie öfters herleiht, und wenn, ob ihr das recht ist? Das geschälte Gemüse schneidet sie in Scheiben in eine Pfanne mit brutzelndem Öl und gibt es in eine Reine, sobald es gut durch ist. Als Salat bereitet sie Tomaten und Oliven. Nach einer

sprachlosen Ewigkeit ist das Mahl bereitet, und Omar kommt zum Essen. Ob die Kinder nichts bekommen? Vielleicht haben sie gerade gegessen. Das fritierte Gemüse schmeckt recht gut, und etwas von der besteckfreien Eßtechnik ist noch von dem Marokkourlaub hängengeblieben. Am besten schmecken die Kartoffeln, von denen die Frau gar keine isst, im Gegensatz zu ihrem Mann. Sie isst überhaupt sehr wenig. Ob sie die Vorräte für die Familie schonen muss, wenn ein hungriger Gast mit bei Tisch sitzt?

Bei den Auberginen erinnert sich der Darm an schlechte Erfahrungen und mahnt bereits nach den ersten Bissen zur Vorsicht. Also ist eben der Hunger nicht so groß, und die Auberginenscheiben werden nur mit ausreichend Brot genossen. Außerdem ist es immer ratsam, etwas Appetit aufzusparen für den Fall, dass der Hausherr gegen Ende der Mahlzeit den Gast auffordert, noch ein paar Bissen zu essen.

Dies ist auch diesmal der Fall. Nach dem Essen geht es im Wohnzimmer mit Omar wieder um die Sitten in Europa im Unterschied zu denen in der Türkei. Er findet es nicht gut, dass die Frauen in Europa oft nackt rumlaufen. In der Türkei gibt es das nicht. Da sind die Frauen anständig angezogen, auch seine Frau, und das, obwohl sie das von zu Hause her nicht gewohnt ist. Sie kommt nämlich aus Zypern, und da ist man nicht so streng. Da ist das normal. Da ist es so heiß, dass die Leute öfter nackt herumlaufen. Ich habe da noch ein paar Fotos. Warte. Moment. Er holt wieder die Schachtel.

Was der sittenstrenge, fromme Omar wohl unter nackt versteht? Sicher bringt er keine Aktfotos in europäischem Sinne von seiner Frau. Tut er auch nicht. Das weiß gekalkte Häuschen mit dem Flachdach ist das seiner Schwiegereltern. Die gemütlichen Südländer auf dem nächsten Foto sind seine Schwiegereltern und ein Onkel. Die jungen Frauen beim Wasserschleppen sind Freundinnen seiner Frau. Die Mädchen, die sich nebeneinander aufgestellt haben, sind aus dem Dorf, aus dem seine Frau kommt. Die ganz links ist seine Frau. Damals waren sie noch nicht verheiratet. Einige haben kurze Kleider an, seine jetzige Frau auch. Sie sind nackt. Omar zieht die Brauen hoch und rollt bedeutungsvoll mit den Augen. Es ist jetzt wohl nicht angebracht, die Fotos von dem Badeausflug mit der Jugoslawin nach Iznik ins Gespräch zu bringen.

Vielleicht sind die unbetonten, aber augenscheinlichen Kontraste, mit denen er immer wieder in relativ kurzer Folge überrascht, Zeichen dafür, dass er bestimmte Regeln nur in bestimmten Bereichen gelten lässt. Frömmigkeit und Sittenstrenge gelten nur auf der Straße. Was man oder frau zu Hause macht, bestimmen die Hausherren selbst. Und vielleicht leiht er seine Frau eben nur her, weil er meint, dass sie als Zypriotin eine lockerere Atmosphäre gewohnt ist, als er ihr in der sittenstrengen Türkei bieten kann, und daher von Natur aus etwas Abwechslung braucht. Er ist wirklich sehr um ihre Gesundheit besorgt, wenn diese Vermutung stimmt. Vielleicht liegt sie aber auch voll daneben. Und wie denkt die Frau darüber? Man könnte sie ja fragen, um das herauszufinden. Und wenn das mit dem Angebot nur ein Test war und sie nichts davon weiß?

Als sie mit dem Abwasch fertig ist, setzt sie sich wieder ins Wohnzimmer. Die Gesprächsatmosphäre wird etwas lockerer. Omar fällt immer mehr Englisch ein, und sein Gast versteht immer mehr und bekommt nach und nach ein Gespür dafür, welchen Wortschatz Omar zur Not versteht und wieviel Grammatik man ihm zumuten kann. Immer wieder preist Omar zwischendurch mit einem Augenzwinkern seine Frau an. Sie ist eine kluge Frau. Sie hat die Mittelschule, ich nur die Grundschule. Dazu kommen versteckte Anspielungen auf das gastfreundliche Angebot. Sie ist einfach das Beste, was das Haus zu bieten hat. Und das muss dem Gast Schritt für Schritt immer mehr be-

wusst werden, damit der sein ganzes Glück überhaupt fassen kann. Sie schweigt dazu und reagiert mit keiner Miene. Vermutlich versteht sie kein Wort und fragt aus höflicher Zurückhaltung nicht nach. Oder sie haben das schon abgesprochen, und sie ergibt sich. Zumindest lacht sie verlegen, wenn er sie mit ihrer zypriotischen Abstammung und der damit verbundenen Freizügigkeit neckt. Die beiden diskutieren etwas. Sie beraten wohl darüber, wie man den Abend weiter gestalten könnte, denn Omar erklärt danach, dass seine Frau kurz weggeht, um herauszufinden, ob es möglich ist, an diesem Abend jemand bestimmten zu besuchen.

Nachdem sie die Wohnung verlassen hat, bringt er zwei Fotos, die er offensichtlich getrennt von den anderen aufbewahrt, denn er holt sie nicht aus der Schachtel mit den anderen Bildern, sondern von irgendwo draußen. Stolz zeigt er sie. Sie zeigen seine Frau im Bett, offensichtlich schlafend, fast voll angekleidet, aber mit bis zu den Oberschenkeln hochgezogenem Schlafrock, also mit entblößten Beinen. Hässlich ist die Frau wirklich nicht, sie wirkt mit den sehr schlanken Beinen nur noch zerbrechlicher. Das ist meine Frau - nackt. Ist sie nicht schön? Eine bewundernde Bemerkung seines Gastes lässt ihn noch stolzer werden. Striptease. Das wird er wohl verstehen als Ausdruck für die spielerische Gewagtheit, die durch das dreiste Entblößen der Beine zum Ausdruck kommt. Nackt, das hätte sich unsittlich, also negativ angehört. Zumindest hat Omar bisher das Wort nackt immer etwas negativ belegt. Daher soll es in Bezug auf seine Frau ihm vorbehalten bleiben. Striptease versteht er aber miss. Ja, ja, eine Überraschung. Er benutzt das Wort surprise, das er sürpries ausspricht, für Überraschung. Nein, Tschuldigung, ich habe Striptease gemeint. Ach so, Striptease. Er grinst wieder. Eine Überraschung ist das sicher nicht, wenn die schönste Ehefrau von allen auch unter dem Rock eine gute Figur macht, sonst würde er sie schließlich nicht seinem Gast anbieten. Und heute nacht kannst du sie haben.

Was für eine Gastfreundschaft ist das, wenn man das Beste anbietet, was der mit weltlichen Gütern nicht gerade gesegnete Haushalt zu bieten hat: die eigene Ehefrau. Ob er beleidigt ist, wenn man ablehnt? Ob er religiöse Gründe gelten lässt? Sie ist sehr schön. Aber sie ist deine Frau. Richtig, sie ist meine Frau, und du darfst heute mit ihr schlafen. Er versteht nichts. Und er tut wirklich so, als würde er es ernst meinen. Er würde auch nicht glauben, dass das im unmoralischen Europa nicht so üblich und für Christen nach dem sechsten Gebot nicht einmal erlaubt ist. Vielleicht hilft es, zu betonen, dass man ihm nichts wegnehmen will. Aber ich kann doch nicht mit deiner Frau schlafen. Er ist etwas verdutzt, bleibt aber unbeirrt und großzügig. Ach, das ist kein Problem. Du hast gesagt, sie ist schön, und ich habe gesagt, du kannst mit ihr schlafen, und das ist O.K. Bei den wenigen gemeinsamen Sprachkenntnissen gehen sehr schnell die Argumente aus. Am wirkungsvollsten wäre es wohl, jetzt einen Rückzieher zu machen und zu sagen, die Frau gefalle einem doch nicht. Das wäre allerdings sicher äußerst beleidigend, nicht nur für den Hausherrn, sondern auch für seine Frau. Schließlich hat diese doch einen gewissen Charme, und hässlich ist sie auch nicht. Da braucht man eine diplomatischere Methode, um sich aus der Affäre zu ziehen. Der Abend dauert ja noch länger. Und sie wird wohl auch nicht allzu scharf darauf sein, irgendeinen Touristen mit ins Bett zu nehmen, den ihr Göttergatte ausgesucht hat. Laut Omars Theorie müßten natürlich Männer mit heller Haarfarbe von Natur aus bei dunkelhaarigen Frauen besonders gut ankommen. Und wenn er als schwarzhaariger, zumindest noch nicht überwiegend silberblonder Türke schon recht gut bei ihr ankommt, muss sie ja von dem jungen, blonden Fremden noch mehr begeistert sein. Er ist blond, sie schwarzhaarig, also fühlen sie sich unwiderstehlich voneinander angezogen. So einfach ist das. Und kleine, ausgefallene Geschenke halten die Liebe frisch. Fragen muss er sie da gar nicht. Als gut erzogene Frau darf sie natürlich nicht sagen, dass sie dem Fremden nicht abgeneigt ist. Sie tut es auch nicht, und darauf ist Omar stolz. Aber er ist weise und erfahren und weiß, was sie wirklich will. Schließlich ist sie eine junge Frau und in jeder Hinsicht die beste, die er sich vorstellen kann. Er sorgt dafür, dass ihre Triebe, für die sie nichts kann und die sie tapfer und vorbildlich beherrscht, trotzdem befriedigt werden, ohne dass sie ihn betrügen muss. Schließlich geschieht ja alles mit seiner ausdrücklichen Erlaubnis. Und als Nebenbuhler braucht er den Fremden nicht zu fürchten, da der ja am nächsten Morgen weiterzieht.

Ob das bei den beiden so üblich ist? Sie haben ja schon öfters Gäste aus dem Ausland gehabt. Zwei von den Frauen hat er ja auch im Schlaf fotografiert, fast wie seine Frau, nur nicht nackt. Vielleicht ist das eine Art Tausch. Er bekommt die weiblichen Gäste und sie dafür die männlichen. Er gibt sich zwar sittenstreng, aber gesagt hat er nur, dass er Liebe gegen Geld nicht gut findet. Vielleicht ist das Ganze auch eine neue Idee von Schlitzohr Omar. Er möchte halt gerne die noch jüngeren hübschen Frauen und sieht ein, dass seine Frau dafür entschädigt werden muss, am besten gleich gegen gleich. Gerechtigkeit muss sein. Was wird da auf die jungen Frauen und Männer zukommen, denen Omar Obdach gewährt, nachdem sich dieses Ritual eingespielt hat und der Partnertausch mit dem Besuch selbstverständlich wird. Ob die Fremden das dann für typisch türkisch halten... Und wie sie darüber denkt, darüber kann er sich auch täuschen.

Die Frau kommt zurück und bespricht etwas mit Omar. Der erklärt, dass sie jemanden besuchen wollen, aber nur, wenn sie nicht gerade Besuch von Verwandten hat. Das wissen sie noch nicht. Sehr schön. Da bietet sich also die Gelegenheit, noch einen Haushalt kennenzulernen. Wo man mit der planlosen Umherreiserei überall rumkommt. Mal schauen, welchen Umgang die beiden haben. Aber zuerst braucht Omar noch Fotos für seine Sammlung. Als Hintergrund muss der Flur der Wohnung herhalten. Allzu angenehm scheint es der Frau nicht zu sein, wenn man ihr den Arm um die Schulter legt. Und man hat immer Angst, sie zu zerbrechen. Nachdem alle abgelichtet sind, macht sie sich fürs Ausgehen zurecht, das heißt, sie bedeckt ihr Haar mit zwei Kopftüchern und geht brav verhüllt in Begleitung von zwei Männern, dem stämmigen Omar mit dem grau melierten Vollbart und dem hellhaarigen Fremden, in die abendlichen Gassen der Außenbezirke von Bursa.

Eine Freundin des Hauses

In dieses Viertel kommen normalerweise keine Touristen. Dir würde ich auch nicht raten, alleine herzukommen. Hier gibt es nichts, nur Probleme, aber hier wohnt eine Freundin von uns. Große Stücke scheint Omar nicht auf das leicht schmuddelige Wohnviertel zu halten, das sich gleich an seines anschließt. Zumindest ist die Gegend bis auf ein paar spielende Kinder ruhig, als die Dreiergruppe zu Beginn der Abenddämmerung zielstrebig auf eines der dicht gedrängten schmutziggrauen Häuschen mit den kleinen Freitreppen zusteuert.

Meine Frau schaut, ob wir sie besuchen können.

Omar macht wirklich ein großes Geheimnis aus dem Besuch. Wer darf eigentlich nicht zu Hause sein? Mag vielleicht ihr Mann nicht, wenn sie Umgang mit der Familie eines Straßenhändlers hat? Jedenfalls ist er nicht zu Hause.

Die Freundin der Familie hat also eine sturmfreie Bude und lädt die abendlichen Gäste in ihr bescheidenes Heim. Im schlichten Wohnzimmer, in dem sich ein paar Sitzmöbel, ein Fernseher und ein niedriger kleiner Tisch verteilen, lässt sie auf ein paar Stühlen Platz nehmen. Jetzt kann man im Schein einer Öllampe die Gastgeberin besser erkennen. Die relativ große Schwarzhaarige hat eigentlich nicht die recht weichen türkischen Gesichtszüge, sondern schärfer geschnittene, wie man sie eher auf dem Balkan antrifft. Sie dürfte höchstens Anfang dreißig sein und wirkt recht lebhaft.

Im Haus sind auch zwei kleine Kinder, ein eineinhalbjähriges blondgelocktes Töchterchen und ein achtjähriger Sohn, der schon im Schlafanzug ist und recht ratlos umhermarschiert. Dabei zieht er ständig die Hose in Leistenhöhe nach vorne. Irgend etwas scheint ihm dort unangenehm zu sein. Seine Mutter lässt ihn das Geheimnis lüften. Mit einer Mischung aus Stolz und Verlegenheit muss er den Besuchern einen Blick auf sein vorne dick mit Salbe beschmiertes Zipfelchen gewähren. Ganz offensichtlich ist er heute beschnitten worden. Die Erklärungsversuche Omars bestätigen das. Die Gastgeberin scheint also gar kein Englisch zu können. Aber sie erklärt auch mit Gesten, zum Beispiel, indem sie das Zepter und die Uniform andeutet, die die Knaben an diesem Ehrentag tragen. Frisch entwickelte Fotos von dem farbenfrohen Fest räumen dann auch alle Zweifel aus. Der Junge setzt sich artig auf die kleine niedrige Couch am Rande des Zimmers, während seine Schwester auf eine Tasche zugeht, ihr einen riesigen, weiß geflockten Pfirsich entnimmt und hineinbeißt, noch während sie ihn hochhebt. Der Bruder reagiert sofort und versucht, ihr diesen zu entreißen, sei es, weil sie das nicht darf, oder weil er wirklich noch die Farbe des Spritzmittels hat, also erst gewaschen werden müsste. Die Mutter meint, er solle sie lassen. Nach zwei Bissen bringt das inzwischen völlig verschmierte Mädchen den Rest ihrer Mutter. Die legt den halben Pfirsich auf einen Teller.

Omar grinst. Siehst du, ein ganz blondes Mädchen. Böse Zungen behaupten, da hätte ein Tourist seine Finger mit im Spiel gehabt, nicht nur seine Finger... Omar wird immer gesprächiger, umso mehr ihm bewusst wird, dass er der einzige ist, der mit allen Anwesenden reden kann. Der Fremde versteht die Frauen nicht und umgekehrt. Die letzte Bemerkung scheint sie anhand der Körpersprache trotzdem weitgehend verstanden zu haben und boxt Omar lächelnd in die Seite. Ferkel oder Verleumder nennt sie ihn wohl dabei. Eine hübsche Frau, findest du nicht auch, und so temperamentvoll. Doch, ja, du hast Geschmack. Geschmack findet das kleine Mädchen offensichtlich an Obst. Schon wieder stolpert sie graziös zu der Einkaufstasche und grabscht diesmal eine Birne heraus. Auch von dieser kostet sie ein paar Bissen und gibt den Rest der Mama. Vielleicht hat die Kleine ihren starken Ausschlag von dem vielen Spritzmittel. Jedenfalls legt die Mutter die angebissene Birne zu dem angebissenen Pfirsich auf den Teller.

Die Frau ist keine Türkin, sondern Bulgarin, und hat einen Türken geheiratet. (Darum empfängt sie heimlich Besuch. Eine Einheimische würde das sicher nie tun.) Streng muselmanisch scheint sie auch nicht zu sein, sonst würde sie niemals einem anderen Mann in die Augen sehen und ihm dabei sogar noch zulächeln. Ein Vergleich mit Omars Frau, die schweigsam und brav in ihrem Stuhl sitzt und umsichtig jedem Blickkontakt aus dem Weg geht, scheint dies zu bestätigen. Allerdings ist dieser Vergleich nicht allzu aussagekräftig. Schließlich sitzt der guten Frau gegenüber ihr Mann.

Während ein paar fast förmlich ausgetauschter Informationen über die Heimatländer der Anwesenden klopft es draußen. Die Hausherrin entschuldigt sich, geht hinaus und führt ein betagtes, sehr traditionell gekleidetes Pärchen ins Wohnzimmer und bietet den beiden Platz an. Das sind die Schwiegereltern. Die Hausherrin stellt ihnen die Besucher vor und bietet Tee an. Der alte Türke mit seinem ansehnlichen, gepflegten Schnurrbart lehnt ab. Er scheint ihn den Gesten nach für ungesund zu halten. Dann fragt er den blonden Ausländer, ob er Tee trinkt. Dafür und für eine Antwort reicht dessen Türkisch gerade noch. Nicht viel. Dem alten Herrn scheint die Antwort zu gefallen. Er hat vor vielen Jahren in Deutschland gearbeitet und zeigt, dass er auch deutsch kann. Gut Kamerad.

Nach einer kurzen Unterhaltung mit der Schwiegertochter gehen die beiden wieder. Die Bulgarin begleitet sie hinaus, und nachdem man das Schließen der Tür gehört hat, ertönt von draußen ein schrilles Kreischen. Die junge Frau stürmt lachend und ein Tuch schwingend ins Wohnzimmer. Omar und seine Frau lachen mit. Was ist jetzt los? Omar sieht den etwas verblüfften Blick und erklärt. Ihre Schwiegereltern sind sehr strenge Moslems, die viel Wert auf Anstand und Sitte legen. Und eine Frau darf da gegenüber Fremden auf keinen Fall ihr Haar zeigen, nicht einmal im eigenen Haus. Ach so, das Tuch, das sie in eine Ecke geschleudert hat, hat sie gerade noch aufgehabt. Und jetzt schüttelt sie triumphierend ihre üppigen pechschwarzen Locken. Sie haßt Kopftücher, aber hier wird von ihr verlangt, dass sie welche trägt. Wenn wir hier sind oder nur ihr Mann, dann ist das egal, aber wenn jemand überraschend zu Besuch kommt, der Wert darauf legt... Heute hat sie gerade noch einmal Glück gehabt. Sie hat wohl so etwas geahnt. Ihre Schwiegereltern dürften zufrieden mit ihrem Benehmen sein, auch wenn es etwas gewagt war, dass sie nur ein Kopftuch auf hatte. Eigentlich sollte man nämlich gar keine Haare sehen, aber im Haus wird das wohl nicht ganz so streng gesehen.

Mittlerweile versucht die noch mehr aufgetaute Gastgeberin, Omars Frau zu überreden, auch ihre Kopftücher abzulegen. Verlegen lehnt die brave Frau ab. Sie lässt sich nicht überzeugen. Vermutlich sagt sie, sie fände Kopftücher bequem und praktisch, und wenn doch jemand kommt... Die Bulgarin erwidert wahrscheinlich, dass die Bude jetzt sicher sturmfrei ist und dass Kopftücher hier einfach zu warm und unangenehm sein müssen, bis sie ihr schließlich lachend und mit sanfter Gewalt zumindest das oberste Kopftuch abnimmt. Schaut sie jetzt nicht viel besser aus? Die Männer bejahen die augenzwinkernde Frage ohne zu zögern mit Nicken und anerkennenden Blicken. Gell, du findest sie hübsch. Heute nacht kannst du sie haben, und ich nehme mir die andere. Jetzt fängt er schon wieder an. Gut, spielen wir den Macho. O.K. Omar grinst zufrieden. Als er das auf die Frage der Gastgeberin hin übersetzt, fängt er wieder einen Boxhieb ein. Unverbesserlicher. Von seiner Frau hört man nur ein verlegenes Räuspern. Irgendwie scheint ihr die Situation nicht so zu behagen. Das ist verständlich, egal, ob das daran liegt, dass sie einem Fremden angeboten wird, dass ihr Mann mit einer anderen liebäugelt oder einfach am Gesprächsthema. Über so etwas spricht man doch nicht, und schon gar nicht außer Haus.

Vielleicht ist das die Lösung, der wahre Grund für Omars Angebot. Er will die Bulgarin und muss dafür seine Frau entschädigen. Gefragt hat er sie vermutlich nicht. Sie muss einverstanden sein, denn er ist ja mehr als fair und bietet einen jugendlichen blonden Liebhaber gegen eine schwarzhaarige Nebenbuhlerin, die verheiratet ist und schon zwei Kinder hat. Sie kommt also noch besser weg als er. Der Pferdefuß an der Sache ist wohl, dass es seine Idee war und sie vermutlich nicht mitreden konnte. Soll man den Schlawiner unterstützen? Der braven Frau kann man doch so etwas nicht antun. Recht wehrhaft scheint sie nicht zu sein. Ihr Räuspern wird den übermütigen Omar wohl nicht zur Ordnung rufen. Die Gastgeberin entschul-digt sich mit einem Schulterzucken und einer vielsagenden Kopfbewegung für ihren Gast Omar.

Um dann das Thema zu wechseln, verlässt sie wieder kurz das Zimmer und kommt mit Teegeschirr zurück. Vermutlich hat sie schon früher Wasser aufgesetzt, denn sie schenkt gleich ein. Mit viel oder wenig Zucker? Mäßig. Der Tee schmeckt brutal stark. Der marokkanische Tee ist eindeutig besser. Aber mit genügend Zucker ist der hier auch erträglich. Omar meint, Tee wäre nicht gesund und Zucker schon gar nicht. Seine Frau sei der gleichen Meinung, und deshalb gäbe es bei ihnen zu Hause gar keinen Tee. Und sonst würden sie sich halt zurückhalten, wenn ihnen Tee angeboten würde.

Bei diesem Sud hier ist das durchaus verständlich und nachvollziehbar. Aber als Gast, und noch dazu als ausländischer, muss man halt mindestens seine obligatorischen drei Tassen trinken. Wenn man dann noch als höflicher Mensch den Geschmack lobt, ist man selber schuld. Dann gelten gesundheitliche Bedenken nicht mehr, und man bekommt nach und nach mit sanftem Nachdruck noch ein paar Tassen angeboten. Am Ende haben Omar und seine Frau als anerkannte Abstinenzler je zwei Tassen, die Hausfrau zwei bis drei, der Sohn nur eine, da Tee ja in größeren Mengen für Kinder nicht unbedenklich ist, und der ausländische Gast etwa so viel wie die anderen zusammen, auch wenn er beteuert, dass er normalerweise nicht so viel Tee trinkt. Zumindest sind der zweite und dritte Aufguß nicht mehr so stark, und man kann daher den Zucker nach und nach weglassen.

Die Tochter bevorzugt weiterhin Obst und holt noch einen Apfel aus der Tasche, kostet in gewohnter Manier von ihm und gibt den Rest wieder ihrer Mutter ab, die diesen zu den anderen vorgekosteten Obststücken auf den Teller legt und dann endlich die Tasche in Sicherheit bringt. Das Blondchen stolpert noch einmal in die Richtung der Tasche und versucht, sie zu erreichen, aber sie liegt einfach zu hoch. Nach nur einer Streckung gibt sie auf, steuert auf das Sofa zu, auf dem noch immer brav ihr großer Bruder sitzt, und leistet ihm Gesellschaft.

Hübsche Frau, was? Doch, ja. Was bringt Omar jetzt? Könntest du dir vorstellen, sie als deine Frau mit nach Deutschland zu nehmen? Sicher. Omar zieht ausnahmsweise zurück. Na ja, da wäre aber ein Problem. Welches? Meint er, es würde stören, dass sie verheiratet ist? Er deutet auf das Sofa mit den zwei Kleinen. Ach, kein Problem. Eine Handbewegung in die Richtung der beiden und dazu die mit der flachen Hand angedeutete Größe der Kinder, begleitet von den türkischen Zahlen für eins und zwei, gefolgt von einem stufenweisen Absenken der flachen Hand, jeweils begleitet von weiteren Zahlen, drei, vier, fünf und sechs, soll andeuten, dass bei unserer zukünftigen großen Kinderschar zwei Kinder aus erster Ehe nicht weiter stören. Omar lacht und übersetzt. Die Antwort ist gut angekommen.

Jetzt möchte die Bulgarin zählen lernen. Omar beginnt: One, two, three… Nein, das ist ja englisch. Ich möchte die deutschen Zahlen lernen. Sie holt Papier und Stift und will sich diktieren lassen. Da hat sie wohl endlich einen Weg gefunden, sich einmal direkt und ohne Dolmetscher mit dem Fremden zu unterhalten. Sie stellt sich gar nicht so dumm an. Sie versteht sofort, kann die Zahlen auch einigermaßen aussprechen und bald selbst welche konstruieren. Ab vierzehn darf sie selbständig probieren, ob sie das richtige Zahlwort errät, und wird bei Bedarf korrigiert. Eine gelehrige Schülerin. Was heißt bloß gelehrig oder klug auf türkisch? Die Zeichen- oder Minensprache versteht sie auch und wirkt ganz furchtbar stolz. Als Omar anbietet, ihr auch noch die englischen Zahlen beizubringen, will sie das Angebot ein anderes Mal wahrnehmen. Ob er jetzt eifersüchtig ist?

Er ist immer noch gut aufgelegt und kommt wieder einmal auf die Partnerverteilung zurück, die er sich für die kommende Nacht ausgedacht hat. Meine Frau bekommt dich und ich die Bulgarin. O.K. Einverstanden. Ein kopfschüttelndes Augenzwinkern in Richtung der Frauen soll bedeuten, dass das Machogerede wohl einfach dazugehört. Dem Blick nach ist Omars Frau nicht so von der Idee begeistert, auch wenn sie nichts sagt, nur mitlacht. Das war sicher nicht ernst gemeint. Das Angebot vom Nachmittag vielleicht auch nicht. Vielleicht. Oder doch? Die Schlafenszeit rückt beängstigend näher. Irgendwie wird sich die Sache schon regeln. Wofür hat man denn seinen Instinkt?

Vielleicht tut sie ja nur, als ob das nur seine Idee wäre. Schließlich dürfte sie ja nicht zeigen, dass sie in Erwägung zieht, einen anderen als ihren Mann zu sich zu lassen. Wie soll man bei so einem Theater wissen, wie man sich verhalten soll? Auf den ersten Blick scheint es am vernünftigsten, alten Vorstellungen zu folgen, Gedankenleser zu spielen und unter einem Vorwand, der auf gar keinen Fall beleidigend für einen der beiden sein kann, ihre Würde zu schonen und auf eine Nacht mit ihr zu verzichten. Böse dürfte aber eigentlich auch niemand sein, wenn man Einladungen annimmt, vor allem, wenn die magische Zahl von drei Wiederholungen, nach der eine Einladung unwiderruflich gültig ist, erreicht oder überschritten ist. Sie dürfte wohl zu überzeugen sein, dass das eine gute Idee war. Vielleicht würde sich ja herausstellen, dass es eigentlich ihre war. Wie soll man das herausfinden, wenn man es nicht darauf ankommen lässt?

Und überall lauern die Fettnäpfchen, wenn man sich in einer fremden Kultur bewegt, vor allem in einem Bereich, der als tabu gilt. Alle bisherigen Vorstellungen von den Spielregeln dort sind wertlos geworden sind. Allein das Angebot und die Gesprächsatmosphäre hier haben das Vorurteil von der gnadenlos und haushoch übertriebenen Sittenstrenge der Türken vernichtet und jede Orientierung in diesem Bereich ausradiert. Der Tanz um die vielen und eng stehenden übervollen Fetttröge wird also zu einem Blindflug. Wenn die Sache so unübersichtlich ist, dass sie sich nicht mehr nach sachlichen Gesichtspunkten beurteilen lässt, muss man halt nach Gefühl handeln.

Wer nicht wagt, der nicht gewinnt, das kann ein durchaus brauchbares Motto sein, wenn man es richtig einsetzt. Ein Wagnis ist inzwischen vermutlich jede Entscheidung bezüglich Omars Frau. Demnach bliebe nur noch offen, ob eine Nacht mit ihr als Gewinn anzusehen ist. Die Aussicht auf ein Abenteuer mit dieser Frau hat schon seinen Reiz, umso mehr, als ihr Mann nichts dagegen hat, also eigentlich nichts passieren kann. Aber was soll das? Das ist eine fremde Frau, mit der bisher nicht einmal Augenkontakt möglich war, und aus all ihren Reaktionen auf nicht einmal beabsichtigte Annäherungen muss man annehmen, dass sie nichts davon hält. Verlockend ist weder die Rolle als Zuchthengst noch die als Vergewaltiger. Vergiss es. Wenn Omar so von ihren Qualitäten begeistert ist, dass er sie im Rahmen der Gastfreundschaft anbietet, muss es einfach reizvoll sein mit ihr, wenn man es schafft, sie zu verführen. Wenn man es schafft, sie zu verführen... Aber was ist, wenn man Sex nicht als Sportart betrachtet?

Vielleicht ist das ja auch eine einmalige Gelegenheit, die letzte für ganze acht Wochen, bevor man in den wirklich strengen Osten kommt. Na und? Torschlusspanik ist trotzdem nicht angebracht. Wenn das bei den beiden so üblich ist, könnte man vielleicht sogar ein dauerhafteres Andenken mitnehmen oder hinterlassen, einen Verkehrsunfall in Form einer Geschlechtskrankheit oder eines Kindes. Vielleicht ist ja trotz ihres Willens zur Familienplanung gerade etwas unterwegs, und sie brauchen einen Alimentezahler für ihr drittes Kind. Furchtbarste, wahrscheinlich absolut

unberechtigte und ungerechte Gedanken kreisen um etwas immer noch Unverständliches, um eine völlig unerwartete Situation.

Willst du noch Tee? Du schaust so abwesend. Bist du müde? Meine Frau ist auch müde. Ich glaube, es wird Zeit, zu gehen. Aber zuvor führt die Gastgeberin ihre Gäste noch über eine schmale Holztreppe, fast nur eine Leiter, nach oben. Was sie jetzt wohl vorhat?

Sie geht voran, und Omar und seine Frau folgen vor dem Fremden. Türkisch müsste man können. Offensichtlich sind da oben die Schlafgemächer. Links erkennt man schwach im Dämmerlicht Betten, und rechts - den Grund für den Besuch dieses Stockwerks. Da steht im Öllampenlicht ein Bett, das aufgemacht ist wie neulich eines in einem Schaufenster in Istanbul, neben der Schaufensterpuppe eines Jungen mit blauer Uniform und Zepter. Jenes Bett war auch so liebe- und eindrucksvoll mit bunten Bändern und Schnüren überspannt, dass es fast wie ein Zelt oder ein Himmelbett aussah. Irgendwie passt dieser prachtvoll hergerichtete Schlafraum gar nicht in das alte, triste, dunkle Haus. Genauso hat die Uniform, die der Junge auf den Fotos vom Vormittag angehabt hatte, nicht so recht dazugepasst. Dieses Brauchtum macht die Menschen gleich, wenigstens die Kinder, für ein paar Stunden.

Hier schläft ihr Sohn. Danke, Omar, das habe ich mir fast gedacht. Ja, das ist wunderschön. Ein anerkennendes, lächelndes Nicken zur Gastgeberin, die sicher viel Arbeit mit dem Kunstwerk gehabt hat. Diese verabschiedet sich mit Umarmung und Küsschen von Omars Frau. Was sagt man gleich wieder auf türkisch zum Abschied? Gibt's in dem Haus noch irgend etwas zu sehen, etwas für den letzten Blick? Es ist einfach viel zu dunkel. Wie wird die Nacht wohl ausgehen? Ach, Omar hat sich schon verabschiedet. Auf Wiedersehen. Alles Gute. Umarmung. Küsschen, Küsschen. Gute Nacht.

Die beiden sind etwas erheitert. Oh, das war wegen des Abschieds. Sie finden den Kuß verwegen. Wie hat sie sich denn von Omar verabschiedet? Man sollte doch besser aufpassen, was die anderen machen, was üblich ist. Aber es hat ja niemand gesehen, der es nicht sehen dürfte. Und überhaupt war es ihre Idee. Und außerdem wird man ihr wohl noch einen ganz kleinen Kuß auf die Wange drücken dürfen, wenn sie einem schon vorher in den Hintern kneift. Sie ist halt keine richtige Türkin.

Wer weiß, was an dem Gerücht über die Abstammung der blonden Tochter dran ist.

Omars Frau ist ja als Zypriotin eigentlich auch keine strenge Türkin. Womit wir wieder beim Thema wären, das Omar auf dem Rückweg mit keinem Wort erwähnt. Und seine Frau geht brav verschleiert einige Meter voraus. Moment, war das nicht eben der Sohn der Bulgarin? Unverkennbar mit dem etwas ratlosen Blick, die Schlafanzughose von seinem empfindlichsten Körperteil fernhaltend, streift er noch spätabends im Schlafanzug durch die Straßen. Dass es ihn gar nicht in sein so schön hergerichtetes Bett zieht? Die Normalität ist wohl inzwischen wieder eingekehrt, noch bevor der Tag um ist, während sogar der festliche Schmuck noch kaum bewundert wurde, nur von ein paar seltsamen Gästen, und während er noch sichtbar die Folgen des Rituals spürt, das vermutlich irgendeine Änderung für ihn oder in ihm bewirken hätte sollen. Der Alltag hat ihn wieder.

Die Nacht

Der Rückweg verläuft recht schweigsam. Im Haus setzen sich die Männer wieder ins Wohnzimmer. Omar kommt gleich zum Thema, mit einer guten Nachricht. Ich habe meine Frau gerade gefragt, ob du ihr gefällst. Du gefällst ihr. Sie ziert sich allerdings. Aber wenn du ihr gefällst, ist das kein Problem. Du wartest einfach,

bis sie schläft, und kommst dann, etwa nach ein Uhr.

Ja, ja, eigentlich will sie dich, aber sie geniert sich. Da braucht man kein angehender Sozialwissenschaftler zu sein, um nachvollziehen zu können, wie der Schlawiner zu diesem Schluss gekommen ist, ohne zu lügen. Sicher hat er sie zuerst gefragt, ob ihr der Fremde gefällt. Was soll sie da bitte antworten? Soll sie seinen Gast beleidigen? Dann hat er ihr wohl eröffnet, dass sie ihm auch gefällt, dass er sie sicher gerne in dieser Nacht nimmt und dass er sich auch schon darauf freut. Was Omar dann darunter versteht, dass sie sich geniert, liegt bestimmt nicht allzu weit von ihrer tatsächlichen Reaktion auf sein großzügiges Angebot entfernt.

Nach ein Uhr? Das wären noch über drei Stunden. Da schläft sicher nicht nur seine Frau. Bei seinen Englischkenntnissen könnte er aber auch nach einer Stunde gemeint haben. Auf türkisch hört sich das sehr ähnlich an, und vielleicht kennt er auf englisch nur die Uhrzeiten und nicht das Wort für Stunde. Aber wie soll man das um diese Uhrzeit klarstellen? Und was sollte überhaupt der Aufwand, wenn man schon beschlossen hat, auf sie zu verzichten. Vielleicht versteht er die moralischen Skrupel inzwischen besser.

Aber sie ist deine Frau. Richtig. Ich kann doch nicht mit deiner Frau schlafen. Das ist kein Problem. Du gefällst ihr. Und wenn du nächstes Jahr wiederkommst und fünf Nächte bleibst, kannst du sie fünfmal haben.

Aussichtslos.

Jetzt hilft nur noch das sprachlicheMissverständnis, etwa so: Ich wollte bis ein Uhr warten, wie du gesagt hast, aber ich muss wohl eingeschlafen sein. Die Reise hat mich einfach so ermüdet. Da wird nicht einmal eine Lüge nötig sein.

Schau, das ist das Buch mit meinen anderen Gästen. Er hat ein rotes Poesiealbum hervorgezogen und zeigt ein paar Adressen: aus Neuseeland, Australien, Jugoslawien, Frankreich und und und... Er hatte offensichtlich wirklich schon Gäste aus aller Welt. Ob die etwa auch die Ehre hatten, mit seiner Frau oder mit ihm selbst... United Nations of Tripper.

Und jetzt steht auch eine Adresse aus Deutschland in dem Buch. Er schreibt natürlich auch seine auf. Und schreib einmal und schick mir ein Foto von dir und deiner Familie. Am besten schreibst du an diese Adresse. Denn hier werde ich wohl nicht mehr lange wohnen. Vermutlich ist diese Wohnung einfach zu teuer. Aber das würde er wohl nie zugeben. Er schreibt seine Adresse auf. Bevor er damit fertig ist, denkt er kurz nach, murmelt etwas, meint, dass es wohl doch besser sei, an die momentane Adresse zu schreiben, übermalt die andere mit kräftigen Kugelschreiberstrichen bis zur absoluten Unleserlichkeit und setzt die aktuelle Adresse darunter. Vermutlich weiß er noch nicht genau, wann er eine günstigere Wohnung finden wird. Der Brief wird hoffentlich irgendwie ankommen.

Während Omar die Adresse aufschreibt, wird sein Blick immer nachdenklicher. Danach und nach kurzem Schweigen erteilt er noch letzte Instruktionen für die kommende Nacht. Meine Frau hat heute fast nichts zu abend gegessen. Bei ihr bedeutet das, dass es heute sehr riskant ist, wenn man in sie hineingeht. Er macht eine unzweideutige Handbewegung und deutet dann auf seinen Bauch. Daher sollst du nur daran vorbei... Er fährt mit seinem rechten Zeigefinger an der Öffnung zwischen dem linken Daumen und dem linken Zeigefinger vorbei. Verstehst du? Ja. Gut. Du musst wissen, eigentlich ist es immer ein Problem, wenn man hineingeht. Und wenn du keine Lust hast und nicht kommst, dann mache ich es ihr, das ist kein Problem. Beim letzten Satz wird sein Gesichtsausdruck noch ernster.

Bald nach dieser Lektion über Verhütungsmethoden bringt seine Frau ein paar Matratzen, ei-

ne Bettdecke, Kopfkissen und ein Laken. Das alles wird auf dem Wohnzimmerboden zu einem Lager zusammengefügt. Ist es O.K.? Komfortabel. Gut, das Zimmer zum Waschen ist geradeaus, und die Toiletten sind rechts gegenüber. Warte, ich zeige dir. Am besten ziehst du diese Schuhe an, wenn du da reingehst. Er deutet auf zwei Paar Plastikbadeschlappen, die auf dem gefließten Boden gleich neben der Tür stehen.

Im Bad ist gerade meine Frau. Willst du inzwischen etwas essen? Bist du hungrig? Nein, danke. Doch, komm mit. Er geht in die Küche und holt die Schüssel mit den restlichen Auberginen vom ersten Abendessen. Kalte Auberginen - Erinnerungen an unvergnügliche Stunden auf Stehklos, auf Sitzklos, in Sandmulden und in Obst- und Gemüsegärten werden wach. Wussten Sie, dass nach mehrmaligen einschlägigen durchschlagenden Erfahrungen der Darm auch auf die bloße Vorstellung von bestimmten Lebensmitteln reagieren kann? Dabei schmeckt das Gemüse gar nicht schlecht. Danke, ich habe wirklich keinen Hunger. Ich kann dich nicht zwingen, etwas zu essen. Gute Nacht. Und warte etwas, meine Frau wäscht sich gerade. So, das wär s. Die beiden gehen zu Bett, und der blonde Gast darf in einer Stunde nachkommen, oder um ein Uhr, je nachdem, wie das gemeint war. Was macht Omar eigentlich dann? Will er zusehen, um etwas über mitteleuropäische Kultur zu lernen? Zieht er sich inzwischen in ein anderes Zimmer zurück? Ist er auf einen Dreier aus? Das ließe sich ganz leicht herausfinden. Aber die Aussicht auf eine Nummer zu dritt ist nicht allzu erregend. Und die Möglichkeit, dass einer dabei danebenliegt, macht auch nicht gerade heiß. Vielleicht mischt er sich auch noch ein. Gib ihr! Das hätte ich auch noch gekonnt! Und du hast ihn wirklich nicht drin? Reiß dich zusammen! Macht's Spaß? Gute Frau, nicht? Jetzt reicht's aber langsam!... Nein, danke, Omar, mach es ihr bitte selbst.

Oh, der Darm rumort. Die Aussicht auf kalte Auberginen hat recht prompt gewirkt. Der Darm gehört auf die Couch, bei einem Psychiater. Gut, dass es nicht weit bis aufs Klo ist. Natürlich gibt es hier kein Papier, und die eigene Sammlung ist gestern durch die zermantschten Bananen praktisch aufgebraucht worden. Aber da steht ja zum Händewaschen ein Halbliterbecher direkt neben der Stehkloschüssel. Irgendwer muss da auch Durchfall gehabt und viel Platz zum Händewaschen gebraucht haben. Was soll sonst das braune Zeug in den Fliesenritzen sein? Und die arme Hausfrau hat ja Schwierigkeiten mit dem Bücken. In dem kleinen Waschbecken an der Wand kann man die Hände dann noch nachreinigen und den Becher nachfüllen. Angeblich finden die Bewohner vieler Länder diese Methode hygienischer als die mit Papier.

Gewöhnung ist alles. Wäre alles.

Die Nacht wird recht schlafarm. Das Gewissen versucht zu kämpfen, aber es weiß ja nicht, was gut ist und was böse. Ist die arme Frau gekränkt oder sogar entehrt, wenn man sie verschmäht? Ist es nicht verantwortungslos, Sextourismus in der Türkei zu praktizieren und damit zur Verbreitung von Geschlechtskrankheiten beizutragen, indem man sie auf den Geschmack bringt? Sollen sie doch den nächsten Gast beglücken. Die Stadt ist ja gut besucht. Man braucht nur an das fast volle Buch mit den Adressen zu denken. Morgen kann man sagen, man wäre eingeschlafen und bedaure außerordentlich, die Nacht mit der Frau versäumt zu haben. Das ist ja nicht abwegig. Zumindest ist die Müdigkeit inzwischen echt. Und vielleicht hat er doch ein Uhr gemeint. Wenn man bis dahin noch nicht eingeschlafen ist, kann man ja einmal nachsehen, um zumindest ein Rätsel zu lösen. Sie scheinen tatsächlich zu warten. Durch die Glastür im Wohnzimmer sieht man, dass Licht durch die offene Schlafzimmertür der beiden Gastgeber kommt. Irgendwann wird er sie als Trost wohl selber nehmen. Dann oder vorher wird das Licht ausgehen. Tut es auch.

Als sich nach einer Nacht voll wirrer Träume zwei dennoch erholte Augen öffnen, fällt der Blick auf kurze Sofabeine. Der reisegewohnte Gast findet sich sofort wieder zurecht. Wir sind in der Türkei, und um neun Uhr geht der Bus nach... Afyon. Die Uhr muss neben der Brille liegen, gleich hinter dem Kopfkissen. Punkt acht. Wie das nur immer funktioniert, ohne technische Wecker? Anziehen und zusammenpacken ist eine Sache von Minuten. Und nach einer Viertelstunde stehen auch die beiden auf. Guten Morgen. Gut geschlafen? Ja danke.Es ist Zeit, der Bus geht bald, ich bringe dich zur Dolmuşhaltestelle. Auf Wiedersehen. Auf Wiedersehen. Ihr Lächeln zeigt hoffentlich, dass sie nicht allzusehr beleidigt ist. Auf dem Weg zum Taxi bittet Omar noch einmal um ein Foto mit der ganzen Familie. Auf Wiedersehen. Gott befohlen. Geh lachend.

Der Umgang mit Taxi und Bus ist beinahe schon Routine, und schon beginnt die Fahrt nach Afyon, was für ein Ort das auch immer sein mag. Immer noch spuken Gedanken an die vergangene Nacht durch den Kopf. Hat man was versäumt? Sind sie, ist sie, ist er böse? Jedenfalls haben sie am Morgen kein Wort mehr darüber verloren. Das gehört in die Nacht. Die Station ist abgehakt, nicht mehr wiederholbar und... vergangen.

Der Bus fährt weiter nach Süden, mit vielen Türken und offensichtlich nur einem Ausländer, der den Kopf so voll hat, dass er kein ruhiges Nickerchen machen kann wie der junge Mann mit der dunkelblonden Haarfarbe, der sich auf dem Doppelsitz gegenüber eingerollt hat. Das Ruckeln der Landstraße wirkt einschläfernd, aber man hat immer das Gefühl, etwas zu versäumen, wenn man nicht aus dem Fenster schaut. Das Schauen bringt aber auch nichts, weil die Bilder vom Auge gar nicht an den vielen tausend anderen Gedanken vorbei

bis ins Hirn vordringen. Was ist bisher eigentlich schon alles passiert? Was wird die Reise
noch alles bringen? Ist es richtig, allein rum-
zufahren? Wäre es nicht besser gewesen, sich
ab Istanbul den anderen beiden anzuschließen?
Aber kann man in einer Gruppe solche Einbli-
cke in das Leben einzelner Familien gewinnen?
Was wird wohl in Afyon los sein? Was gibt es
dort überhaupt?

Während dieser Überlegungen hat der Nachbar
seinen Schlaf beendet. Was, du willst auch nach
Afyon? Was um alles in der Welt führt dich in
dieses Nest?

*

Es muss weitergehen

Was in aller Welt willst du in Afyon? Die verwirrende und doch treffende Frage des jungen Türken beschließt die Nacht. Hier im Krankenhaus stellt sich nicht die Frage, was man hier will: Raus, und zwar möglichst ohne irreparable Schäden. Dazu muss man sich jetzt innerhalb der Gegebenheiten einrichten und jeden Fehler vermeiden. In der Früh sind die „Gegebenheiten" noch harmlos: Die morgendliche Milch stärkt und das Frühstück auch. Und beides zwingt den Darm noch nicht, sich zu entleeren. Er muss einfach warten, bis dafür eine Lösung gefunden ist.

Nicht allzu lange nach dem Frühstück schaut Schwester Gihan vorbei. Ich wollte dir nur Kemal vorstellen. Sie zeigt durch die Türe auf einen kräftigen Mann, der gerade den Flur fegt. Das ist Kemal. Er ist sehr nett, und ich habe ihm gesagt, dass er machen soll, worum du ihn bittest. Wenn du etwas brauchst, musst du nur sagen: Kemal, gel - Kemal, komm. Wenn du ihn nicht mehr brauchst, sagst du einfach: Kemal, git - Kemal, geh. Kemal ist sehr stark, er kann dich zum Beispiel auf die Toilette tragen. Also: Kemal, gel - Kemal, git - ganz einfach. So lernt man also türkisch. Danke, aber das mit der Toilette ist ein anderes Problem, und zwar wegen der Sache mit dem Rücken. Kemal ist ganz vorsichtig, dafür sorge ich schon. Irgendwie wiederholt sich dieser Teil des Gesprächs. Gibt es da keine weniger gefährliche Lösung? Jedenfalls bieten alle möglichen Leute ihre Hilfe an. Das nährt die Hoffnung, dass es irgendwann doch einen Ausweg geben wird. Irgend jemand wird doch einmal einen Geistesblitz haben.

Schwester Gihan bringt wenigstens Humor in die Situation. Mit den Zaubersprüchen Kemal komm und Kemal geh stellt sie ihren offensichtlich bärenstarken Kollegen als Naturgewalt dar, beziehungsweise als Märchenfigur. Gibt es da nicht ein Märchen mit einem Breitopf beziehungsweise einer Salzmühle?

Brei gibt es nicht zum Mittagessen, dafür relativ leichtes, aber nahrhaftes Essen mit Kartoffeln, Gemüse, Joghurt und Hammelfleisch, und nicht etwa nur gesalzen, sondern durchaus angenehm orientalisch gewürzt. Davon soll wieder möglichst wenig den Darm füllen. Nur keine Ballaststoffe. Etwas Joghurt reicht. Wieso isst du nichts? Schmeckt es nicht? Die Worte gehören zu Schwester Gihan, die wohl gerade auf der Station zu tun hat. Doch, es ist bestimmt gut. Es sieht gut aus und riecht gut. Aber zum Liegen braucht man nicht so viel. Unsinn! Du musst doch gesund werden. Soll ich dich füttern wie ein Baby? Na ja, die drei Tage, die noch durchzuhalten wären, sind wohl sowieso zu lang. Außerdem schmeckt dieses einfache Essen wirklich gut. Es wäre unfair gegenüber dem Koch, wieder fast alles zurückgehen zu lassen. Und immerhin hat Stefan ja die Zeitung untergeschoben.

Und du kannst sicher sein, das ist das beste Krankenhaus in der ganzen Türkei. Sei froh, wenn du heimkommst.

Am Nachmittag schaut Said wieder vorbei, mit seinem türkischen Freund und großformatigen

Fotos vom Tal der Schmetterlinge. Sie sind zurückgefahren und haben einen ungefährlichen Weg zu dem bekannten Wasserfall erkundet. Man steigt einfach über einen sehr steilen Pfad in der Nähe der Restaurants die Felswand hoch und nähert sich von oben. Auf dem anderen Weg hat man übrigens die Leiter nicht mehr hingestellt. Wahrscheinlich haben sie keine Lust, ein Krankenhaus in das Tal zu bauen.

Das Bild von dem Wasserfall ist jedenfalls beeindruckend. Wo das ganze Wasser nur hinfließt? Unten gibt es doch nur noch ein Rinnsal. Zumindest bleibt jetzt anderen Besuchern der Weg ins Krankenhaus erspart, hoffentlich. Said findet es schade, dass die Heimreise schon am Montag sein soll. Ich wollte dir noch so viel zeigen. Du kannst doch hier im Krankenhaus bleiben, bis du wieder gesund bist, und dann weiterreisen. Said verspricht, vor der Abreise noch einmal wiederzukommen, und verabschiedet sich. Er hat halt keine Vorstellung davon, was ein gebrochener Rücken bedeutet. Wie sollte er auch, wenn er gesehen hat, dass man damit sogar noch klettern kann, wenn auch langsam. Zum Busfahren, meint er, müsste das reichen, sobald der Rücken eingegipst ist. Wenigstens macht er sich so weniger Sorgen. Na ja, irgendwann wird sich schon die Gelegenheit ergeben, die versäumten Ausflüge nachzuholen. Aber vorerst ist es am wichtigsten, gesund zu werden.

Es sieht ja momentan so aus, als hätte sich das Ganze jetzt einigermaßen eingespielt, als wäre endlich Ruhe eingekehrt. Jetzt kann man in aller Ruhe auf den Gips warten, während die Wirbel bereits beginnen, zu heilen.

Sogar die starke Akne von früher scheint weitgehend verschwunden zu sein. Wahrscheinlich hat die den Stress nicht verkraftet. Oder war es die starke Sonnenstrahlung in diesen südlichen Breitengraden, in Verbindung mit dem Salzwasser vom Mittelmeer und vom Köyceǧiz Gölü? Oder halt - apropos Köyceǧiz Gölü - war

es am Ende der Heilschlamm? Vielleicht war es alles zusammen. Ich würde Ihnen aber, falls Sie Hautprobleme haben, nicht raten, einen Wasserfall hinunterzurutschen. Das ist die Sache nicht wert! Aber wenn man schon einmal hier ist, sollte man wenigstens das Beste daraus machen.

Zum Beispiel kann man neue Freunde gewinnen. Mitten im Nachsinnen über dies und jenes steht fast unerwartet wieder der kleine Junge vor dem Bett. Kann ich dir irgendetwas helfen? Er kann. Die Pinkelflasche dürfte randvoll sein. Aber das kann man einem Gast nicht zumuten, erst recht keinem kleinen Jungen. Das wäre ja noch schöner. Wofür sind denn die Pfleger da? Ach ja, die Betreuung sollen die Angehörigen übernehmen. Na ja, irgendwer vom Krankenhaus wird heute schon noch kommen, bevor die Flasche wieder gebraucht wird. Man darf nur nicht vergessen, die nächste Gelegenheit zu ergreifen, die Sache erledigen zu lassen. Also: Danke, ich habe alles, was ich brauche, und wie geht's dir?

So entsteht wieder ein Gespräch über alles Mögliche und Unmögliche. Der Junge will wohl den armen kranken Fremden aufmuntern. Das gelingt ihm. Er gibt einem das Gefühl, eine wichtige Aufgabe als Ansprechpartner zu erfüllen, also auch hier als Kranker zu etwas nützlich zu sein, gebraucht zu werden. Und ein bisschen kehrt man in Gedanken zurück in das Alter, in dem dieselben Geschichten wichtig waren. Wichtig sind sie immer noch, aber die Erwachsenen haben kompliziertere Themen, über die sie sich unterhalten, ja oft nur noch Themen und keine Geschichten mehr.

Nachdem sich der Junge verabschiedet hat, wird es fast schon wieder Abend. Nach und nach sind nur noch die Patienten im Zimmer und versuchen zu schlafen. Ach ja, der mit dem Blinddarm, dem es schon wieder recht gut zu gehen scheint, da er so viel unterwegs ist, fragt, ob er etwas helfen kann. Gewonnen! Die Flasche. Vielen Dank!

Bauchschmerzen

Als wirklich schon alle versuchen zu schlafen, meldet sich ein starkes Drücken im oberen linken Oberschenkel und wandert langsam in die Bauchgegend, als ob jemand eine Murmel durch den Körper nach oben schieben wollte. Was kann das sein? Eine Kugel schiebt sich nach oben und hat Mühe dabei. Wahrscheinlich ist der Gang zu eng. Vielleicht ist es ein Blutgerinnsel, das sich durch eine Ader nach oben zwängt. Wenn man lange liegt, kann man doch eine Thrombose bekommen, und wenn das Gerinnsel bis zum Herz kommt, gibt das eine Embolie. Wie fühlt sich so etwas nur an? Nach wie vielen Tagen Liegen bekommt man eine Thrombose? Sollte man den Arzt fragen? Hält er es nicht für eine Schikane von einem wichtigtuerischen und wehleidigen Patienten, wenn es nichts Ernstes war? Ist zur Zeit überhaupt Zeit für so etwas? Man muss in einem Krankenhaus taktisch vorgehen, möglichst vermeiden, das Personal zu belästigen, damit im Notfall noch irgendeine Hilfe zu erwarten ist. Aber woran erkennt man als Laie einen Notfall? Die Murmel bewegt sich nach oben, nach oben Richtung Herz. Bei dem Tempo ist das Ding in weniger als einer Stunde am Herz. Thrombose oder nicht - Panik! Was kann man jetzt tun?

Massieren hilft nicht. Das Ding lässt sich nicht zerdrücken. Was es auch ist, es ist bedrohlich. Aah. Die Angst macht sich Luft. Aaaah. Aaaaaah. Was die anderen im Zimmer auch denken mögen, der Mund lässt sich nicht mehr halten. Und er hat wohl recht. Der ältere Nachbar deutet auf eine der Tablettenschachteln, die sich auf dem Nachtkästchen stapeln. Als ob solche Dinger so schnell wirken würden. Nein danke, das Zeug kann bestimmt nichts helfen. Aber Sie verstehen sowieso nicht, was ich sage. Der Mann hat nur noch einen abschätzig resignierten Blick übrig. Das Alter in Ehren, aber der Schmerz wandert weiter nach oben, und die Angst wird größer. Aaaaaaaah. Die Schreie werden immer lauter. Vermutlich ist das inzwischen ein unerträgliches Gebrüll. Und es lässt sich nicht mehr abstellen. Soll es auch nicht. Das hört bestimmt jemand draußen. Aaaaaaaaaah.

Bald kommt tatsächlich ein größerer dunkelhaariger Mann um die vierzig im weißen Kittel, der fragt, was los ist. Da... was heißt wohl Thrombose auf türkisch? Der Arzt scheint die Handzeichen zum Bauch zu verstehen und geht wieder. One Moment. Einen Moment. Er kann englisch.

In den Minuten, bis er wiederkommt, werden die anderen aus dem Zimmer abgeholt und hinausbegleitet. Gleich darauf folgen ihre Sachen. Offensichtlich wird das Zimmer evakuiert. Das ist verständlich. Wie soll man bei dem Theater gesund werden? So ein frischverletzter Zimmergenosse ist einfach eine Zumutung. Ihnen sei die Ruhe gegönnt. Der Arzt kommt mit einem Gerätewagen zurück. Dem entnimmt er zuerst eine Art Tablett, das er vorsichtig unter den Körperteil schiebt, der normalerweise über einer Kloschüssel wäre. Offensichtlich hat er die Schmerzen anders interpretiert. Hoffentlich hat er recht. Man muss allerdings in dieser Lage den geraden Rücken mit den Beinen hochstemmen, wenn man ihn nicht abknicken will. Schließlich sind die gebrochenen Wirbel nicht weit über dem hinteren Schüsselrand. Sich da einfach entspannt hinzulegen, hätte möglicherweise schlimme Folgen. Ob der Arzt über die Brüche informiert ist? Ein aufklärendes Gespräch hat vermutlich wegen sprachlicher Schwierigkeiten wenig Aussichten auf Erfolg. Aber eine Weile lässt sich die Stellung schon durchhalten. Schließlich ist dann auch das Thema mit dem Darm bis auf weiteres erledigt, vielleicht sogar für den restlichen Aufenthalt in diesem Krankenhaus, wenn man nur das Nötigste isst.

Der Arzt entnimmt dem Wagen einen Schlauch mit einem schmalen Rohr, das in einer schlanken gebogenen Düse endet. Damit macht er etwas, was man vermutlich Einlauf nennt. Die Wirkung ist schnell und durchschlagend. Der Mann nimmt die stinkend volle Schüssel gleich mit und bringt sie entleert wieder. Nochmal eine Brücke machen. Dann verabschiedet er sich und geht. Fein, jetzt kann man sich ungestört der vollständigen Leerung widmen. Am besten versucht man, schnell die verbleibende Wirkung der Behandlung zu nutzen, und im Darm so viel Platz wie möglich für die nächsten Tage zu schaffen. Wer weiß, wann wieder so eine Gelegenheit kommt. Die klassische Methode würde zu viele Risiken in sich bergen, und würde es im Bett funktionieren, müsste man dieses zur Reinigung verlassen, was sich ebenfalls als äusserst gefährlich erwiesen hat. Sogar die Bettpfanne ist nicht ganz unbedenklich, wenn man bedenkt, dass man doch für einige Zeit den Rücken anspannen muss und dass die dazu benötigten Muskeln durch das lange bewegungslose Liegen sicher schwächer werden. Also muss jetzt alles raus. Viel Masse scheint es nicht mehr zu sein, aber der Doktor ist so rücksichtsvoll, sicherheitshalber länger zu warten, damit auch wirklich alles erledigt werden kann.

Mit der Zeit verspannt sich der Rücken natürlich etwas. Man kann ihn zwar mit den Händen etwas abstützen, aber die Hauptbelastung tragen die Bauch- und Rückenmuskeln sowie die Oberschenkel. Dabei fällt wieder auf, dass der rechte Fuß wohl gebrochen ist. Es ist zeitweise ziemlich schmerzhaft, einen Teil des Körpers auf ihm hochzustemmen. Aber das soll das kleinere Übel sein. Da kann man hoffentlich auf die modernen Behandlungsmethoden in Deutschland vertrauen. Wer weiß, was passiert, wenn die hier erfahren, dass ein Fuß vielleicht gebrochen ist. Die Röntgenstation liegt ja ein Stockwerk, eine steile, gewundene Treppe, tiefer. Außerdem haben sie sowieso keinen Gips. Mit etwas Probieren kann man den Fuß so stellen, dass er in Ruhe vor sich hinschwillt und kaum wehtut, wenn man sich an ihm hochstützt. Die Verletzung scheint im vorderen Bereich zu liegen, da er kaum Schwierigkeiten macht, wenn man das Gewicht auf die Ferse verlagert. Trotzdem wird es mit der Zeit unangenehm, sich ständig hochstützen zu müssen. Aber der Doktor wird ja bald kommen. Vermutlich weiß er, wie lange die Wirkung eines Einlaufs dauert und will so lange warten. Eine kurze Weile ist das ja noch auszuhalten, wenn man sich bewusst ist, dass dann wieder einmal eine Hürde geschafft ist.

Nach ein oder zwei Stunden schaut die Frau vorbei, die englisch spricht, und fragt nach dem Befinden. Danke, es geht, aber wissen Sie, wann der Arzt wieder kommt? Am Montag vormittag. Montag??? Ja, jetzt ist Freitag abend, und der Doktor kommt nach dem Wochenende wieder. Auf eine vorsichtige Frage, wann man denn die Schüssel wieder entfernen könne, meint sie, da müsse man den Arzt fragen. Der kommt aber erst am Montag wieder. Ja, am Montag. Das heißt, das ganze Wochenende auf der Schüssel hängen, und sich nicht hinlegen dürfen, da das ja mit diesem Ding unter den gebrochenen Wirbeln brandgefährlich ist? Dazu meint die Frau, dass der Arzt das schon wissen werde und man ihn ja am Montag fragen kann, was man weiter unternehmen muss. Aber ich kann doch nicht das ganze Wochenende auf dem Ding hängen. Ich darf nichts ohne die Anweisung des Arztes unternehmen. Der Arzt wird schon wissen, was er tut. Das halte ich aber nicht durch. Aber ich kann Ihnen doch nicht einfach die Schüssel rausnehmen. Langsam wird verständlich, worauf die Frau hinaus will. Vermutlich ist sie in Wirklichkeit keine Schwester, sondern einfach eine nette Frau, von der ein Familienmitglied im Krankenhaus ist und die englisch kann und aus Mitleid gelegentlich bei dem ausländischen Patienten vorbeischaut. Der kann man allerdings nicht zumuten, die Schüssel zu entfernen. Allerdings wird sie vermutlich Schwierigkeiten haben, am späten Freitag abend jemanden vom Personal zu verständigen. Na gut, da kann man nichts machen. Die Frau versteht offensichtlich langsam, worum es geht, will im Rahmen ihrer Möglichkeiten helfen und sucht einen Lösungsweg. Haben Sie wenigstens einen Slip an? Äh, nein. Sie wissen schon... Das liegt doch in der Natur der Sache. Vergessen Sie es einfach. Das wird schon gehen. Ich kann doch da nicht hin, wenn Sie keinen Slip anhaben. Ohne Slip geht das einfach nicht. Die Frau wird immer verzweifelter. Ist gut. Kein Problem. Vergessen Sie es einfach. Das geht schon. Danke. Einer anständigen Frau kann man so etwas wirklich nicht antun. Was kann denn sie dafür, dass es in dem Krankenhaus praktisch kein Personal gibt, und dass offensichtlich über das Wochenende die medizinische Versorgung völlig ausfällt. Der Arzt hat sich vermutlich darauf verlassen, dass das mit der Bettpfanne schon irgendwie geht.

Vielleicht kann man das Ding doch selbst herausziehen. Die Hände sind zwar nötig, um den Rücken mit abzustützen, aber für ein paar Minuten kann eine davon diese Aufgabe auch einer verstärkten Anspannung der Rückenmuskulatur überlassen. Doch wenn man den Rücken nicht bewegen darf, ist es schon schwierig, das Ding mit den Händen zu erreichen, geschweige denn, es vorsichtig hervorzuziehen, ohne dass der Rücken noch mehr verbogen werden muss. Auch wenn man die Schultern seitlich ganz leicht senkt und das Gefäß zu fassen kriegt, würde es einer Gegenspannung bedürfen, wenn man es mit den Fingerspitzen anheben wollte, und genau das

könnte die Rückenmuskeln dazu veranlassen, gerade den gefährdeten Teil zu verschieben. Dieses an und für sich einfache Manöver ist also einfach zu riskant. Und die englischsprechende Frau darf keinem Mann ohne Slip zu nahe kommen, was ja verständlich ist, auch wenn es in der momentanen Lage absurd erscheint. Sie entschuldigt sich nochmals, dass sie nicht helfen kann, und verabschiedet sich. Ist gut, danke, auf Wiedersehen.

Jetzt beginnt ein langsamer, einsamer Kampf, ein Kampf gegen ein Nachlassen der Muskeln und ein Kampf gegen den Schlaf. Natürlich können sich die Hände und die Beine mit der Stützarbeit abwechseln. Das lässt sich schon noch etliche Stunden durchhalten, wenn es sein muss, vielleicht sogar ein oder zwei Tage. Aber man darf keine Sekunde nachlassen, keinen Fehler, keine unbedachte Bewegung machen, nicht einschlafen, sonst war alles umsonst. Natürlich hat es keiner böse gemeint. Jeder wollte helfen. Und jetzt liegt man auf dem Ding und muss vielleicht ein ganzes langes Wochenende lang warten, bis die Kräfte nachlassen. Langsam beginnt der Begriff „Grenzerfahrung", Gestalt anzunehmen. Dazu braucht man nicht allein und zu Fuß durch Schneehöllen zu wandern oder angeseilt von Brücken zu springen. Eine Bettpfanne und ein paar gebrochene Wirbel genügen. Vielleicht ist das Wochenende durchzuhalten, wenn man die Situation als große Herausforderung betrachtet. Vielleicht kommt doch noch jemand. Und wenn nicht, ist es halt das Abenteuer schlechthin: mit gebrochenem Rücken über einer Bettpfanne eine Brücke machen, vielleicht tagelang. Um das durchzustehen, muss man sich mental vorbereiten, die Rücken- und Bauchmuskeln auf die gerade Haltung einschwören und kraftsparende Stützmethoden entwickeln und verfeinern. Nur zweieinhalb Tage sind durchzuhalten, morgen nur noch eineinhalb. Vielleicht kann man sich in eine Art Trance versetzen, dass man die Anstrengung vergisst, die schon in der kurzen Zeit begonnen hat, sich bemerkbar zu machen. Allein der Gedanke daran, was passiert, wenn man einen Fehler macht, müsste nach und nach alle vorhandenen Reserven mobilisieren können.

Nicht allzu lange Zeit später kommt ein ehemaliger Zimmergenosse, der junge Mann mit der überstandenen Blinddarmoperation ins Zimmer und fragt, ob er etwas helfen kann. In nicht einmal einer Minute ist das emaillierte Folterinstrument entfernt. Bestimmt hat ihm die Frau von vorhin Bescheid gesagt.

Sie hat dem Zufall nachgeholfen, auf den der Arzt vertraut hatte, als er bezüglich der Bettpfanne keine weiteren Anweisungen mehr hinterlassen hat. Und der ehemalige Zimmernachbar hat die Rettung ausgeführt, wohl nachdem er zufällig die Frau getroffen hatte.

Diese Zufälle hätten aber auch in eine andere Richtung führen können. Wer kann sich das besser vorstellen, als jemand, der sich auf Reisen grundsätzlich dem Zufall aussetzt? Ein Krankenhaus ist aber keine Urlaubsreise. Im Urlaub ist es normalerweise kein Problem, wenn man irgendwo hinfährt und noch nicht weiß, was man dort machen wird - wie zum Beispiel vor wenigen Tagen in Afyon.

*

In Afyon

Was um alles in der Welt führt dich nach Afyon? - hatte der junge Türke auf der Busfahrt von Bursa nach Afyon erstaunt gefragt.

Was ich hier will? Hm... Schauen, was es in Afyon gibt. Ich war ja noch nie da. Viel wirst du nicht finden, es ist das letzte Nest. Ich wüßte nichts, was dort sehenswert wäre. Wenn du Sehenswürdigkeiten suchst, weiß ich nur die Süßigkeiten, für die ist Afyon berühmt, aber sonst & Ich wohne in Afyon und arbeite in der Umgebung. Er spricht sehr gut englisch.

Du bist Student, nehme ich an. Ja. Ich verkaufe Gurken nach Deutschland. Die werden hier angebaut und per LKW nach Deutschland geschickt. Ich sollte ein Buch über den Weg einer Gurke schreiben.

Und wie gefällt dir die Türkei? Bisher habe ich nur Istanbul und Bursa gesehen. Du willst also länger bleiben? Ja, vielleicht acht Wochen, oder ich werde einen Teil davon im Irak und in Jordanien verbringen. Das könnte Schwierigkeiten geben wegen des Krieges. Glaubst du, dass es Krieg gibt? Wahrscheinlich. Wir werden sehen. So geht das Gespräch kurz weiter. Dann streckt sich der junge Türke, der gerade ein Jahr jünger ist, wieder auf seine Bank. Wie kann man nur im Bus schlafen? Da könnte man ja etwas versäumen. Aber vermutlich kennt er die Strecke schon. Und er fährt gerne Bus. Er hat erklärt, dass er auf längeren Strecken nie mit dem Auto fahren würde. Busfahren ist bequemer, sicherer und billiger.

Als sich der Bus dem Ziel nähert, gibt der Nachbar Ratschläge für Afyon. Im Zentrum gibt es ein Zwei-Sterne-Hotel, die haben recht günstige Zimmer, für fünfundzwanzigtausend Lira. Es gibt natürlich auch noch billigere und viel billigere Hotels. Er lächelt. Aber wer weiß, was die mit dir machen. Du kannst es dir ja noch überlegen. Dein Gepäck kannst du immer vorübergehend in der Vorhalle eines besseren Hotels deponieren, ob du dort übernachtest oder nicht.

Der Bus hält. Afyon. Man kann auch erst im Zentrum aussteigen. Der Türke ist in der Vorhalle des genannten Zwei-Sterne-Hotels, das gleich neben der Bushaltestelle steht, mit einem Freund geschäftlich verabredet. Die beiden wollen erst essen gehen, sich dann ausruhen und danach zu einem Gurkenfeld fahren. Der Freund, der offensichtlich auch nicht viel älter ist, wartet schon in der Vorhalle. Hallo. Hallo. Nach einem kurzen Gespräch brechen die beiden auf zum Restaurant. Kommst du mit? Wir kennen ein ganz gutes Restaurant. Dein Gepäck kannst du ja, wie gesagt, vorerst hier deponieren, ob du dann hier schlafen willst oder woanders. Warum nicht. Gerne.

Das Essen ist wirklich nicht schlecht, und die beiden neuen Bekannten scheinen ganz in Ordnung zu sein. Irgendwann kommen die zwei auf die Idee, den Deutschen bei den Bauern als Gurkenexperten auszugeben. Dagegen spricht nur die von den letzten Tagen stark verschmutzte Kleidung, mit der es schon peinlich war, dieses Restaurant zu betreten. Schmutzig? Macht nichts, die Leute dort sind das auch. Das macht bei denen vielleicht sogar einen positiven Eindruck. Zumindest kannst du dir das Dorf anschauen, wenn du willst. Dort gibt es zwar nichts zu sehen, aber hier auch nicht. Du musst nicht. Eigentlich rentiert es sich fast nicht. Es ist nur ein Vorschlag. Nach zwei Stunden sind wir wieder zurück. Wir sind also von drei bis fünf Uhr dort. Vorher machen wir aber noch einen Mittagsschlaf.

Gut, wenn ich um drei Uhr hier bin, fahre ich mit; wenn nicht, dann nicht. Die beiden verabschieden sich und gehen ins Hotel. Schlafen kann man zu Hause. Der Urlaub ist zu kostbar, um viel zu schlafen. Und der Aufenthalt hier ist besonders kurz. Ein Spaziergang wird schon zeigen, ob es wirklich nichts zu sehen gibt.

Die beiden haben einen ganz anständigen Eindruck gemacht. Vielleicht ist es interessant, türkische Gurkenbauern zu „besichtigen". Wenn da nicht der Spruch wäre, eines von zehn Geboten, die mir vor zwei Jahren der Marokkaner BenAhmed mit auf die Weiterreise gegeben hat: Traue den Jungen nicht; sie sind nur hinter Geld her. Bei den beiden hier ist das aber sicher nicht der Fall. Erstens haben die als Geschäftsleute so etwas nicht nötig, und zweitens haben sie es sich nicht nehmen lassen, das Essen zu bezahlen, das bestimmt nicht billig war. Außerdem hat die Wirkung dieser Gebote schon damals nicht einmal einen Tag lang angehalten. „Never sleep in the wild", war ein anderer der Ratschläge gewesen, wohl zu übersetzen mit: „Du sollst nicht wild campen". Und schon die Übernachtung nach der ersten Etappe war wieder „wild" im Freien gewesen, weil keine größere Ortschaft in der Nähe war und keine armen Leute in Verlegenheit gebracht werden sollten.

Hier ist der Fall noch einmal ganz anders. Die Einladung besteht in einer Mitfahrgelegenheit für zwei Stunden. Außerdem haben die beiden zugegeben, dass nichts Besonderes zu erwarten ist. Die Entscheidung kann leicht noch einmal aufgeschoben werden. Bis drei Uhr sind noch zwei Stunden Zeit für einen ausgedehnten Spaziergang. Danach kann man sicher besser beurteilen, ob es sinnvoller ist, in das Dorf mitzufahren oder etwas mehr von Afyon anzuschauen.

Afyon scheint eine recht saubere größere Stadt zu sein. Zumindest die Hauptstraßen sehen modern aus. Was besonders auffällt, ist die große Zahl von Soldaten, die zu sehen ist. Offensichtlich gibt es hier eine Kaserne oder wichtige Gebäude, die zu bewachen sind. Auf der nördlichen Straßenseite ist ein Tourismusbüro. Hier scheint es also auch Dinge zu geben, die man Fremden zeigen will. Den Aushängen an dem kleinen schwarzen Brett nach sollte man sich vor allem die Umgebung ansehen. Das Büro ist gerade nicht geöffnet. Einen Nachmittag lang kann man sich aber sicher auch ohne offizielle Hinweise umschauen. Auf den ersten Blick fällt außer den Soldaten, die immer mehr werden und sich nach und nach zu einem richtigen Aufmarsch mit Musik formieren, vor allem ein großer Hügel im Süden der Stadt auf, der von einer großen Burganlage gekrönt ist.

Eine Burg ist immerhin eine Sehenswürdigkeit. Auf dem Weg dorthin lässt sich nicht verbergen, dass nicht alle Viertel von Afyon den Standard von München haben. Aber immerhin schaut alles recht sauber aus. Am Beginn des Aufstiegs zur Burg, den man erst findet, wenn man den ganzen riesigen Hügel zur Hälfte umrundet hat, ist ein Viertel mit besonders einfacher Bauweise. Auch hier schauen die winzigen einstöckigen Häuschen mit Flachdach, die in Deutschland kaum als Garage reichen würden, blitzsauber aus und sind offensichtlich frisch angestrichen. Seltsamerweise sieht man kaum Leute, eigentlich gar keine außer zwei kleinen Jungen, die sich unbedingt fotografieren lassen möchten und sich dazu mit ihrem gemeinsamen Fahrrad in Pose stellen. Ich habe leider keinen Fotoapparat dabei. Das ist eine Lüge, aber hier ist es so verdächtig ruhig, dass es fast unheimlich wird. Was ist, wenn jemand anderes den Fotoapparat sieht und ihn haben will? Die Geschichte von den unsicheren billigen Hotels sitzt doch tiefer als üblich. Schließlich stammt sie von einem Einheimischen. Warum so ängstlich heute? Jedenfalls siegt das Gefühl, das an diesem Tag zur Übervorsicht mahnt. Die Kinder verstehen das Achselzucken als Verständigungsschwierigkeit. Mit Händen und Füßen und einer reifen schauspielerischen Leistung erklären sie ihr Anliegen und können nicht verstehen, dass ein Tourist sie nicht fotografieren will. Dass er keinen Fotoapparat hat, würden sie vermutlich erst recht nicht glauben. Nachdem sie noch eine Weile gewartet haben, ob es sich der Fremde nicht noch anders überlegt, müssen sie schließlich aufgeben.

Burg oder Gurken? Die übertriebene Vorsicht warnt auch vor dem Trampelpfad, der auf den Hügel führt, auf dem auch von dieser Seite aus eine alte Mauer zu sehen ist. Sogar von hier aus, wo man schon einen luftigen Überblick über die ganze Stadt hat, wirkt dieser bewaldete Hügel noch riesig. Bei der augenblicklichen ängstlichen Stimmung erscheint ein Ersteigen dieses Berges unnötig abenteuerlich, vor allem, als von oben Stimmen zu hören sind. Natürlich sind das höchstwahrscheinlich ebenfalls ganz harmlose Spaziergänger, aber die Lust auf eine Besteigung ist verschwunden. Außerdem ist es schon halb drei Uhr. Wie lange der Herweg wohl gedauert hat? Direkt und zügig geht es sicher schneller. Und wenn aus dem Besuch der Gurkenfarm nichts wird, ist das auch kein Weltuntergang.

Auf dem Rückweg fällt ein kleiner Wegweiser auf: Ulu Camiî. Da extra ein Wegweiser angebracht ist, und an der nächsten Biegung wieder einer zu sehen ist, muss die Moschee etwas besonderes sein. Das Hotel ist sowieso nicht mehr pünktlich zu erreichen, so dass sich die Frage mit den Gurken inzwischen erledigt hat. Die Ulu Camiî ist bald gefunden. Vor der großen, relativ flach gebauten Moschee, die mit ihrer schweren, dunklen Holztür recht alt aussieht, sitzen ein paar betagte Männer auf einer Bank. „Wollen Sie hineingehen?" fragen ihre Blicke. Na ja. Ja. Warum nicht? Ein schüchtern zögerndes Nicken beantwortet die nicht ausgesprochene Frage. Waschen kann man sich da vorne. Auch dieser Hinweis wird wortlos gegeben. Einer der Männer braucht nur diskret auf die Füße zu zeigen, die in den Sandalen nach dem Spaziergang wirklich vor Staub starren, und danach auf einen nahen Seitenflügel, dessen Tür offensteht. Mit denen kann man wirklich in kein Haus eintreten, und schon gar nicht in eine Moschee. Die soll man ja ohne Schuhe betreten, mit sauberen Füßen. In dem Seitenflügel ist ein richtig großer, modern und zweckmäßig eingerichteter Waschraum, so dass sowohl die Füße als auch die Hände bald sauber sind. Die alten Männer sind auch mit dem Ergebnis der Waschung zufrieden, und einer von ihnen öffnet die schwere Tür und vergisst nicht, auf den Opferstock zu deuten.

Die Moschee macht einen uralten Eindruck mit ihrer schlichten, groben Bauweise und einer ebensolchen Ausstattung. Hier findet sich keine Spur der bis in die letzte Feinheit ausgetüftelten filigranen Verzierungen und Schriftzüge in der blauen Moschee in Istanbul. Keine gewaltige Kuppel deutet die Erhabenheit an.

Die Decke ruht auf halbrohen Holzbalken. Trotzdem ist dieser Raum hier schön in seiner Einfachheit. Gerade diese Einfachheit in dem kühlen und dunklen Raum ist es wohl, die diese feierliche, übersinnliche Ruhe ausstrahlt, viel mehr als dies in der prächtigen, von Touristen durchströmten blauen Moschee zu spüren ist, die durch ihre Erhabenheit Demut gebietet.

Die Beschreibung ist kurz und sehr unvollständig. Aber der Eindruck war in der Moschee stärker als das intellektuelle, visuelle Sehen. Und auch das Gefühl der Ruhe hält nicht sehr lange an. Wenige hundert Meter nachdem von den alten Männern mit einer höflichen kleinen Verbeugung Abschied genommen worden ist, ist alles schon wieder vergessen. Sogar die Tatsache des Besuchs in der Moschee ist bald aus dem Bewusstsein verschwunden. Die zackige Musik einer Militärkapelle hat die Wahrnehmung übernommen. Bisher war alles ein Urlaub der Augenblicke, der vorüberhuschenden Eindrücke. Was war gestern um diese Zeit gewesen? In welcher Stadt war ich gestern überhaupt?

Auf dem Rückweg zum Hotel stellt sich ein Hungergefühl ein. Da waren doch die Süßigkeiten in der Serviette. Hier in der Tasche sind sie ja. Die Wasserflasche hat sie etwas verformt. Da hat sie die Sonne noch weicher gemacht hatte, als sie im Lokal waren. Dadurch sind sie mit der Serviette verklebt. Aber an den Stellen, an denen sie aufeinandergelegt und später durch die Flasche zusammengepreßt worden sind, lassen sie sich immerhin noch ohne große Schwierigkeiten auseinandernehmen. Von dort aus kann man die süßen Leckereien recht gut verspeisen.

Die beiden Gurkengroßhändler sind natürlich nicht mehr da. Jetzt müssten sie schon längst auf der Farm sein. Die Straße wimmelt inzwischen von Männern in Uniform. Da muss eine größere Veranstaltung im Gange sein. Vermutlich verabschieden sich künftige Kriegshelden in Richtung Irak oder zumindest zur Sicherung der Grenze zu diesem gefährlichen Nachbarn. Ob schon Krieg ist? Ob es so weit kommen wird? Ob er so weit in den Westen kommen wird? Wie es wohl dem Tunesier ergeht, der den Bus von Istanbul nach Bagdad genommen hat? Ob das Irakvisum im ReisePass einen schlechten Eindruck macht, falls ihn jemand kontrolliert? Es stört bestimmt keinen. Ein Tourist, der noch einmal Glück gehabt hat.

Um ein Lebenszeichen in die Heimat zu schicken, kann man ja eine Karte an einen Bekannten in Deutschland schreiben. Da vorne ist ein Geschäft mit einem Ständer voller Ansichtskarten. Die ausgesuchte Karte zeigt eine Hauptstraße von Afyon, die mit einer roten Mondsichel geschmückt ist. Gruß aus dem Land des roten Halbmonds. Die Front ist noch weit weg. Da will ich auch gar nicht hin. Hier brechen offensichtlich schon etliche auf. Das Wetter ist schön. Mir geht es gut. Gruß und so weiter...

Mit Hilfe des Sprachführers ist auch gleich ein Briefkasten gefunden, direkt am Hauptpostamt.

Was jetzt? Für den Berg mit der Burg ist es jetzt wirklich zu spät, und die Gurkenhändler sind schon weg. Gibt es in dieser Stadt wirklich nicht mehr zu sehen? Die vielen Uniformierten machen einen unheimlichen Eindruck, so dass man sich fast gar nicht traut, sorglos durch die Straßen und Gassen zu schlendern, die sowieso alle unter dem Berg enden. Irgendwann lässt es sich auch nicht mehr vermeiden, dass man sich den Soldaten nähert. Hallo! Der Soldat kann keinen anderen gemeint haben. Das Herz rutscht in die Hose. Wird das eine Kontrolle mit peinlichen Fragen? Wie erklärt man das Irakvisum? Was gibt man als Reiseziel an? Wie war gleich wieder der Mädchenname der Großmutter mütterlicherseits? Wird das Verhör schlimm? Nur höflich bleiben und nicht zeigen, dass man Angst hat.

Die Soldaten wollen nur plaudern. Wo kommst du her? Ein Tourist? Einer, der etwas älter aussieht, meint stolz, der Aufmarsch wäre der Auszug in den Kampf gegen den Irak. Auf den mitleidigen Blick hin gibt er allerdings zu, dass das ein Scherz war. Das ganze ist nur eine Parade zur Feier der Schlacht von soundso in dem und dem Jahr. Noch ist hier also alles ganz harmlos. Hoffentlich bleibt es beim Gedenken an Schlachten, die lange Jahre zurückliegen.

Es gibt aber auch Menschen, die in einem Krieg gegen den Irak Vorteile für die Türkei sehen. Ein Mann in Zivil und in mittlerem Alter hat wohl die unsicheren Blicke des Fremden auf die vielen Soldaten bemerkt und damit jemanden gefunden, dem er seine Sicht des augenblicklichen militärischen Geschehens darlegen kann. Er deutet auf die Soldaten. Die ziehen nicht gegen den Irak; aber Saddam wird bald angreifen. Das ist gut für die Türkei. Gut für die Türkei??? Ja, natürlich. Die NATO wird den Irak zerstören. Aha!? Ja, und als Entschädigung wird die Türkei sicher etwas vom Irak bekommen. Der Mann spekuliert wohl auf die ehemals türkischen Gebiete, in denen unter anderem Kaffee angebaut worden war, der Kaffee, der den Türken den Ruf als unmäßige Kaffeetrinker eingebracht hat. Offensichtlich ist das Vertrauen in das militärische Bündnis, das jahrzehntelang der Bedrohung aus der Sowjetunion getrotzt hat, nahezu grenzenlos.

Im Hotel richtet der Mann an der Rezeption aus, dass die beiden vom Mittagessen schon gefahren sind, sich vorher aber nach dem Besitzer des dunkelrosa Rucksacks erkundigt haben. Zu spät, vielleicht sind sie nachher anzutreffen. Zumindest wird jetzt ein Zimmer in diesem Hotel genommen. Einmal kann man den Luxus von zwei Sternen schon verkraften. Ein Blick nach unten auf die schmutzige Kleidung zeigt, dass ein Zimmer mit fließendem Wasser sogar dringend notwendig ist. Das Zimmer ist mit einfachen Möbeln und einer eigenen Nasszelle mit Dusche und WC vollständig und sauber eingerichtet. Bevor etwas dazwischenkommt, werden gleich die schmutzigen Kleidungsstücke gewaschen und gegen andere ausgetauscht. Danach ist es schon weit nach sechs, so dass die beiden Gurkengroßhändler nicht nur von der Farm zurück, sondern sogar bereits wieder weg sind.

Ein weiterer Spaziergang soll ein gemütliches Restaurant für ein kleines Abendessen ausfindig machen. Wenn man aber gar nicht dazu aufgelegt ist, auszugehen, findet man nur sehr schwer ein Restaurant gemütlich. So wird nach einem kleinen Spaziergang lange vor Mitternacht, also zu einer inzwischen völlig ungewohnten Zeit, eine Bettruhe eingelegt. Die Frage des jungen Gurkenexporteurs war berechtigt: Was um alles in der Welt macht man in Afyon?

Trotz des schönen Hotelzimmers öffnen sich die Augen am nächsten Tag recht früh. Die Zeit kommt gerade recht, um die Stofftasche zu reparieren. Wofür hat man Nähzeug dabei? Warum schläft man in der Nacht? Damit man am nächsten Tag ausgeschlafen ist. Was passiert, wenn man doch noch nicht ganz ausgeschlafen ist? Man näht eine Tasche an der falschen Stelle. Bei dem Nähtempo hätte man die Zeit, die das Zunähen der Tasche und das Auftrennen gekostet hat, gut und gerne noch mit etwas mehr Schlaf verbringen können. Dann wäre wohl auch der unnötige Fehler nicht passiert. Die Wäsche vom vorherigen Abend ist trocken. Das könnte man sich in Deutschland nicht vorstellen, nicht bei Baumwolle.

Dort könnte man sich auch nicht vorstellen, dass an und für sich überschaubare Vorräte an Brot und Käse so lange nicht aufgegessen werden. Vielleicht liegt das zum Teil an dem warmen Klima, wo man lieber andere Sachen zu sich nimmt, oder an den niedrigen Preisen für Essen in Restaurants, wo man geselliger isst und die eigenen Vorräte daneben leicht vergisst. Erschwerend kommt hinzu, dass ein Langschläfer gelegentlich das Frühstück überhaupt ausfallen lässt, was in Istanbul öfters der Fall war, und dass dann bis zum Abend eigentlich keine Zeit zum Essen ist, zumindest nicht im Hotel. Am Abend hatte es dann jeden Tag ein gemeinsames Abendessen gegeben. Dazu kam noch die Einladung bei Omar, wo es sicher nicht angebracht gewesen wäre, Vollkornbrot und Käse auszupacken. So ist jetzt immer noch einiges übrig. Vom Käse wird jetzt die vorletzte Packung vertilgt, ergänzt vom größten Teil der Mitte des Brotes. Der Rand schimmelt bereits.

Nach der eintönigen aber kräftigen Mahlzeit soll es nach Pamukkale weitergehen, dem Ort mit den bizarren weißen Kalkterrassen. Der Mann an der Rezeption erklärt, dass man da einen Bus nach Denizli nehmen muss und dort umsteigen. Denizli, O.K. Auf dem Weg zur Garaj, zum Busbahnhof, wird noch eine Flasche Wasser gekauft. Der Bus hatte zwar ganz in der Nähe des Hotels gehalten, aber die Garaj liegt etwa zwei Kilometer außerhalb des Zentrums, wie sich nach einer Frage an den Lebensmittelhändler herausstellt. Wenn man frisch gestärkt und mit genügend Wasser ausgerüstet ist, ist der Weg aber kein Problem. Schließlich ist es erst Vormittag und daher noch nicht so heiß.

An der Garaj gibt es drei Busgesellschaften, die nach Denizli fahren. Bis überhaupt Zeit ist zu reagieren, ist auch schon ein Ticket erstanden, natürlich das von der Gesellschaft mit dem ältesten Bus. Die anderen Linien sind zwar sicher auch nicht teurer, aber als sie gehört haben, dass jemand nach Denizli will, haben die Leute von der einen dem jungen Touristen kaum Zeit zum Reagieren gelassen, geschweige denn zum Auswählen.

Auf der Fahrt, die diesmal nicht völlig verschlafen wird, fällt eine enorme Zahl von Hochhäusern auf, die zum Teil noch in Bau sind. Ein jugendlicher Türke erklärt, dass das daran liegt, dass zur Zeit viele Türken von Osten nach Westen ziehen. Im Westen geht alles aufwärts, und die Leute verlassen den ärmeren Osten. Der Junge wohnt in Marmaris und hat jahrelang in Oldenburg gewohnt. Für alle Fälle schreibt er seine Adresse in das Notizheft. Seine Eltern haben eine Pension mit Restaurant.

In einem kleinen Dorf hält der Bus vor einem Restaurant. Viele der Fahrgäste steuern sofort auf ein appetitliches und frisches Büfett zu. Das Restaurant ist vermutlich auf den Bus vorbereitet. Die gefüllten Paprika, Biber Dol-

ma, schauen besonders gut aus, und eine der Beilagen, die dazu zu passen scheint, ist Reis. Das war wohl ungeschickt, meint der Junge; die Paprika ist ja auch schon mit Reis gefüllt. Es schmeckt trotzdem, und vor allem ist es bekömmlich.

Nach und nach begeben sich immer mehr der Fahrgäste in ein kleineres Nebengebäude. Dort sind Toiletten untergebracht. Am Ausgang steht ein Junge, der für die Benutzung kassiert. Büyük o küçük - Groß oder klein? Dabei gelten je nach Art der Benutzung unterschiedliche Tarife, die fast an die Preise heranreichen, die in deutschen Bahnhöfen verlangt werden. Klein kostet die Hälfte. Die Leute zahlen, ohne zu murren. Der Preis scheint also üblich zu sein. Schließlich müssen die Leute von etwas leben, und sie halten die Anlage in einem ganz ordentlichen Zustand.

Als alle Fahrgäste gestärkt und erleichtert sind, geht die Fahrt weiter nach Süden, über Denizli nach Pamukkale.

*

Nach Süden, immer nach Süden geht die Reise, und ganz im Süden liegt das Krankenhaus, wo der neue Tag heute erst kurz vor der Morgenmilch beginnt. Nach dem Abenteuer mit der Schüssel, der Erleichterung der Gedärme, aber vielleicht auch durch die innere Ruhe, die mit der zunehmenden Gewöhnung an die Umstände wächst, hat der Schlaf diesmal länger gedauert.

Ein ruhiges Wochenende?

Jetzt ist also Wochenende, Zeit zum Ausruhen, zum Kräftesammeln. Die nächsten zwei Tage werden nichts weiter als rumzubringen sein. Viel wird nicht los sein, wenn sogar die Ärzte zu Hause bleiben.

Wenigstens Schwester Gihan ist da. Kurz nach dem Frühstück schaut sie vorbei, fröhlich wie immer. Ich habe gehört, du hattest Bauchstopf gestern abend? Na ja, die ganze Geschichte braucht man ihr ja nicht zu erzählen, sonst macht sie womöglich noch Ärger auf der Station. Und das schlägt dann sicher auch auf den eigentlichen Auslöser zurück. In so einer gefährlichen Lage soll das möglichst vermieden werden. Ein verlegenes Mhm muss genügen. Jetzt weißt du ja, was zu tun ist, wenn du wieder so etwas hast. Und denk dran: Das ist das beste Krankenhaus in der ganzen Türkei. Hoffentlich kannst du bald nach Deutschland.

Ein sauberes, weiches Bett

Kaum hat Schwester Gihan sich verabschiedet, kommen zwei Männer, die so aussehen, als ob sie zum Krankenhaus gehörten. Sie meinen, es wäre Zeit, das Bett zu wechseln, und deuten naserümpfend auf das jetzige. Sie haben wohl recht damit, dass es nicht mehr ganz sauber ist, vor allem, wenn man sich vorstellt, welch einen schmutzigen Eindruck eine Zeitung macht, die mehr schlecht als recht unter den Körper gestopft worden ist und dort bereits seit einem ganzen Tag liegt. Aber wie soll das mit dem Transport zum Nachbarbett funktionieren? Und was wird es bringen außer etwas Hygiene und einer gefährlichen Aktion? An ein Brett werden sie bei dem neuen Bett wohl nicht gedacht haben. Schließlich sind das diesmal andere Leute als am Mittwoch. Und in einem weichen Bett wird der Rücken wesentlich stärker zu spüren sein. Aber das, was passieren könnte, wenn man sie darauf aufmerksam machen würde, ist derart gefährlich, dass die Schmerzen für ein paar Tage einfach auszuhalten sein müssen. Müssen. Denn wo würden sie den Patienten denn zwischenlagern, wenn sie erst das Brett austauschen müssten?

Ein drittes Bett wäre sicher zu viel verlangt, wo die Betten hier doch so knapp sind, dass sie zum Teil doppelt belegt werden. Da bliebe wieder nur noch der Stuhl. Noch einmal aufzustehen wäre wohl gefährlicher als am Mittwoch abend, da der Körper inzwischen sicher noch mehr abgeschlafft ist und außerdem der Kreislauf durch das lange Liegen schon etwas angeschlagen sein dürfte. Dazu besteht die Gefahr, dass die hilfsbereiten Leute es diesmal vielleicht tatsächlich nicht zulassen würden, dass der schwerverletzte Patient sich allein zu dem Stuhl schleppt und sich dort nicht einmal hinsetzt. Vielmehr würden sie ihn wohl zum Stuhl tragen beziehungsweise ihn draufsetzen. Und selbst wenn das mit dem Stuhl irgendwie gut gehen würde, und es könnte praktisch nur wieder aus eigener Kraft gut gehen, dann, gerade dann würde die Schwere der Verletzung noch unglaubwürdiger wirken.

Also durchhalten. Hoffentlich geht das mit dem Tragen gut. Nach zweieinhalb Tagen ist der Rücken sicher wieder etwas mehr aus der Übung, aber die Kraft müsste noch reichen, sie muss reichen.

Inzwischen stehen noch mehr Leute im Raum, vor allem kräftige Männer. Die Umbettung soll wohl ganz professionell von mehreren Leuten ausgeführt werden. Sie haben also dazugelernt und die Aktion gut vorbereitet.

Schon packen zwei Männer an, einer an den Beinen und einer an der Schulter. Zwei? Wieder nur zwei? Wieder den Körper brettsteif anspannen und nicht bewegen? Schaffen das die Muskeln noch? Und die anderen im Raum? Schaulustige? Könnte nicht einer davon den Rücken…? Die Gesichts- und Zeichensprache wird verstanden. Einer hält vorsichtig seine Hände unter den Rücken. Das hilft. Warum nicht gleich? Auch die anderen beiden sind dadurch etwas entlastet. Offensichtlich sind dreiundsiebzig Kilo ein hohes Gewicht. Aber zu dritt schaffen sie es fast bis zum frisch bezogenen Bett. Fast. Als der Mann in der Mitte nach zwei Metern das frische Bett berührt, schaut er kurz etwas verlegen und überlegt. Er wird sich doch nicht unter dem Rücken hindurchwinden und dabei die Wirbelsäule zu stark nach oben durchbiegen. Oder loslassen. Beides wäre gefährlich, vor allem das erste. Aber es sind noch mehr im Raum. Einer von denen kann den restlichen halben Meter in der Mitte schon übernehmen. Kann. Könnte. Der Mittlere lässt los und windet sich zwischen Patient und Trägern und dem Bett hinaus. Anspannen! Steifhalten! Die Träger ächzen unter dem Gewicht. Sie haben den Körper etwas ungünstig in der Hand. Jetzt bloß nicht einfach auf das Bett fallenlassen! Javash, Javash! Langsam, langsam! Selber steifhalten, komme, was wolle! Konzentrieren! Die beiden bemühen sich, den angespannten Körper vorsichtig auf die Matratze zu legen. Nicht mit dem Rücken schon mal Kontakt mit der Matratze suchen! Geduld! Steif halten! Sie legen ab. Anspannen, nicht bewegen! Vielen Dank!

Was jetzt? Kann man sich auf der weichen Matratze entspannen? Man muss. Tagelang den Rücken anzuspannen, würde zu viel Kraft kosten und wäre wohl auf Dauer unmöglich. Vorsichtig bettet sich Wirbel für Wirbel in die weiche Matratze. Die gebrochenen auch? Am Anfang, bevor das Brett untergeschoben worden war, ist das auch gegangen. Es muss also jetzt wieder gehen. Besser kontrolliert vorsichtig absenken, als vor Müdigkeit und Erschöpfung oder aus einem anderen Grund plötzlich einzuknicken. Vorsichtig Wirbel für Wirbel in die Matratze einsinken lassen, Millimeter für Millimeter, und, falls sich ein stechender Schmerz auch nur andeutet, sofort innehalten, erstarren. Vorsichtig, Millimeter für Millimeter das unterste Stück des Rückens an die Matratze schmiegen. Der Rücken liegt auf der Matratze auf, ist einigermaßen entspannt. Geschafft. Die Zehen bewegen sich noch ohne Probleme. Überstanden. Nachdem die Unterlage jetzt wieder sehr weich ist, stellt sich im Rhythmus des Herzschlags wie ein Echo ein pulsierender, stechender Schmerz ein, wellenförmig sich ausbreitend, von der Wirbelsäule nach außen, wie die Wellenringe, die entstehen, wenn man einen Stein ins Wasser wirft. Der Schmerz wirkt wie eine aus Energie bestehende Mauer. Was unterhalb dieses Schmerzwalls ist, ist nur noch undeutlich wahrzunehmen, nur in den kurzen Schmerzpausen, zwischen den Wellen.

Das ist erstens an sich unangenehm und führt zweitens zu mindestens einem weiteren Problem. Dadurch, dass man unterhalb der Schmerzmauer nicht mehr viel spürt, wird die Kontrolle über die dortigen Körperteile schwieriger, unter anderem über die Blase. Ob es nötig ist, Wasser zu lassen, ist nur noch zu erahnen, und der früher einfache und selbstverständliche Vorgang wird zu einer Konzentrationsaufgabe.

Jede Schmerzpause muss ausgenützt werden, um einen Befehl an die Blase zu schicken. Dazu muss man sich seine Organe vorstellen und sich erst einmal bildlich ausmalen, was sie so machen. Wie ist das sonst, wie war das früher? Nach einiger Zeit hat man sich genau zurechtgelegt, was zu tun ist. Und das muss ruhig, aber bestimmt, nach und nach in den Schmerzpausen nach unten übermittelt werden. Nicht aufgeben, früher oder später muss es funktionieren. Irgendwann läuft es dann tatsächlich, vielleicht etwas spärlicher und unregelmäßiger als früher, aber nach und nach wird die Blase leerer. Allein die Gewissheit, dass der Körper einstweilen wieder in einem Punkt entlastet ist, schafft ein Gefühl der Erleichterung. Bleibt nur zu hoffen, dass jemand kommt, der die Flasche ausleert, bevor die nächste Füllung fällig ist. Nachdem die Zimmergenossen, die man notfalls um Hilfe bitten hätte können, ausquartiert worden sind, kann das tatsächlich problematisch werden.

Mit der Zeit lässt der Schmerz nach. Vielleicht gewöhnt sich der Körper auch nur daran, dem Willen zu folgen, der zuerst krampfhaft und dann immer mehr spielerisch dem Gehirn Szenen vorführen lässt, die von den schmerzhaften Impulsen im Rücken ablenken sollen. Pumpadi, pumpadi, pumpadi... - immer schön rhythmisch - pumpadi, pumpadi, pumpadi... - etwa sechzig Schmerzkreise pro Minute, ein Rhythmus wie beim Rad fahren an einem Pass. Denk an eine schöne Strecke, an die Alpen. Denk an einen Pass und an Sonne, das heitert auf. Stell dir vor, es geht gleichmäßig bergauf, so, dass man gerade noch rhythmisch treten kann. Das lenkt ab von allem. Konzentrier dich auf das nächste Zwischenziel, ein Verkehrszeichen, einen Gullideckel, einen Baum oder einen Schriftzug auf der Straße „Visentini in rosa!", „Hinault Allez!" oder „Greg LeRoy". Du bist nicht gemeint, aber das macht nichts. Du konzentrierst dich genauso darauf, effektiv

vorwärts zu kommen, deinen Rhythmus zu halten, nein, die Trittfrequenz zu steigern, dabei aber nicht zu ruckartig zu beschleunigen, damit die Packtaschen nicht so gegen den Gepäckträger schlagen. Schlingern kostet Kraft. Freu dich über die schöne Landschaft, freu dich auf die Passhöhe, freu dich, dass du hier bist, dass du frei bist. Freu dich, dass du aus allen Poren tropfst vor Schweiß, obwohl neben der Straße noch Schnee liegt, und du trotzdem nicht außer Atem kommst. Denk nicht daran, dass andere das für verrückt halten. Du lebst für dich selbst! Streck den Rücken durch, wenn er durch das konzentrierte starke Treten verspannt ist. Der Schmerz hört schnell auf, die Energien fließen wieder frei.

Der Rücken schmerzt tatsächlich kaum noch. Die Wirbelsäule hat sich wohl an die neue Stellung gewöhnt. Hoffentlich wachsen die Wirbel nicht so durchgebogen zusammen. Aber in den zwei Tagen, bis das Korsett angelegt wird, kann wohl nicht so viel passieren. Und was dann kommt, muss man halt als Training betrachten. Das wäre doch gelacht, wenn man den Körper nicht wieder in Form bringen könnte, wenn die Wirbel erst einmal wieder stabil sind.

Wenn man die letzten Tage überstanden hat, dürfte das kein großes Problem sein. Mitten im Träumen von alten und künftigen Zeiten kommt wieder der kleine Junge. Er bemerkt sofort das neue Bett und fragt wie beim letzten Mal, ob er etwas helfen kann. Würde das nicht an Missbrauch grenzen, wenn man ihn bäte, die Flasche zu leeren? Aber wer weiß, ob heute sonst noch jemand kommt. Die Schwester, die das Essen bringt, kann man wohl kaum um diesen Gefallen bitten. Er wird es überleben, und es ist notwendig. Es gilt zwar sicher als eine niedere Arbeit, aber sie ist nützlicher und hilfreicher als vieles andere, was hoch angesehen ist.

Vielleicht ist er irgendwann einmal sogar stolz darauf.

Vorsichtig nimmt er die Flasche und geht damit zur Tür. Nach kaum zwei Minuten ist er schon wieder zurück. Das Klo muss gleich in der Nähe sein, aber das hat ja keine Bedeutung, wenn man im Bett liegenbleiben muss. Nachdem er die Flasche zurückgebracht hat, muss er noch einmal hinaus zum Händewaschen. Sehr glücklich war er über die Aufgabe sicher nicht, aber er hat sie tapfer und gewissenhaft ausgeführt. Und sie war notwendig. Wer weiß, wann heute wieder so eine Gelegenheit kommen wird. Die Blase schläft nicht, auch nicht, wenn man wegen eben dieser organisatorischen Schwierigkeiten bereits so viel weniger trinkt als vorher, dass es sicher ungesund ist.

Weil heute Samstag ist, ist seine Mutter schon am Vormittag gekommen. Jetzt erzählt er wieder Geschichten, was einen Jungen in dem Alter halt bewegt, vor allem über die Schule. Er unterhält den Fremden, der einen Unfall gehabt hat, und der hört zu. Und er kann wieder mit jemandem deutsch reden. Im Moment ist er wahrscheinlich weder Deutscher noch Türke, sondern muss erst seinen Platz finden. Aufgewachsen ist er in Deutschland, als Ausländer. Und hier ist er sicher auch so etwas wie ein Ausländer. Warum muss er sonst für die Schule Krafttraining machen? Was er aber hier erzählt, ist eher harmlos. Die Geschichten verschwimmen so mit der eigenen Schulzeit, dass nachher kaum noch festzustellen ist, was der Junge erzählt hat und was die eigene Erinnerung ist, die er geweckt hat.

Natürlich bleibt er nicht ewig, vielleicht bis um die Mittagszeit, aber er meint, dass er am Nachmittag vielleicht noch einmal kurz vorbeischaut.

Das Korsett aus der Apotheke

Nach dem Mittagessen kommt ein mittelgroßer, kräftiger Arzt ins Zimmer, gefolgt von einem recht schlanken jungen Mann in Zivil. Sie fahren morgen. Da geht ein Flug von Antalya nach Frankfurt. Nach Antalya fahren Sie wahrscheinlich mit dem Krankenwagen. Dazu brauchen Sie wohl ein Korsett, sonst kann es Schwierigkeiten geben. Ahmad kann Ihnen in der Apotheke eines besorgen. Er hat gefragt. Es kostet 70 000 Lira. Soviel kann er nicht auslegen. Das Problem ist, dass die Apotheke gleich schließt. Hast du 70 000? Das wird knapp. Moment. Vierzig Mark wären kein Problem, wenn man Reiseschecks umtauschen könnte, aber vom Krankenbett aus, und noch dazu am Wochenende... Mal schauen, wieviel noch im Geldbeutel ist. Zehntausend, zwanzigtausend,... Das wird ganz knapp... Reicht genau, Rest 1300 Lira. Gut, dass Stefan auf die Idee gekommen ist, einen Notgroschen dazulassen. Wer denkt denn daran, dass man in einem Krankenhaus Bargeld braucht? Und dass es dann um Minuten geht! Es hat ja gereicht. Natürlich kann man von Ahmad nicht verlangen, dass er Geld für jemanden auslegt, der am nächsten Tag bestimmt für längere Zeit das Land verlässt und möglicherweise nie wiederkommt. Es war ja genug da. Das mit dem Korsett ist wohl gesichert. Wieso erst jetzt? Es ist zwar bisher gutgegangen, aber die Verlegungen waren nicht ungefährlich.

Was das für ein Korsett sein wird? Aus Gips wird es nicht sein. Kann ein gekauftes überhaupt passen? Hoffentlich wird das kein grober Unfug! Aber der Arzt ist ja da, und der scheint sich schon Gedanken gemacht zu haben, Gedanken über eine Notlösung für den unvorhergesehen frühen Transport und die unerwartet lange Fahrt mit dem Krankenwagen. Noch während der Spekulationen über das Korsett aus der Apotheke kommt der Arzt in Begleitung von zwei Männern wieder. Einer trägt eine Schachtel von der Größe eines Schuhkartons, die mit dem Korsett. Die beiden werden Ihnen jetzt das Korsett anlegen. Die sind da recht geschickt.

Es geht also wieder los. Den Rücken wieder einmal gut steif machen und den Körper komplett auf die Seite drehen, damit die beiden das grobe Stofftuch um den Körper legen können, und auf alle Fälle vermeiden, dass dabei die Wirbelsäule verdreht wird. Das ist also mehr eine Bandage, ein etwa vierzig Zentimeter breiter Stoffgurt. Wo ist die gebrochene Stelle? Etwa hier. Nachdem der Gurt möglichst weit unten um den Körper gelegt und mäßig festgebunden worden ist, holt einer der beiden bleistiftdicke Metallstäbe aus der Schachtel. Aha, die werden in den Stoffgurt gesteckt. Die sollen also den Rücken vor Bewegung bewahren. Und noch einer. Und noch einer... Nachdem alle Stäbe im Gurt untergebracht sind, wird dieser noch einmal kräftig nachgezogen. So eng das Ding auch wirkt, der Arzt bittet darum, dem Korsett nicht allzusehr zu vertrauen. Es soll nur die Gefahr beim Transport etwas abmildern. Wenn's hilft, ist es recht. Hoffentlich gehen die Stäbe so weit über die gebrochenen Stellen hinaus, dass das Korsett nicht als Hebel auf einen der gebrochenen Wirbel wirkt. Hoffentlich sitzt die Bandage tief genug.

Am Sonntag geht ein Flugzeug - morgen! Noch einen Tag durchhalten. Bloß nicht in letzter Minute leichtsinnig werden. Der kleine Junge, der das natürlich bald mitbekommen hat, ist einerseits traurig, versteht andererseits aber auch, dass es sicher besser ist, zu Hause in Deutschland behandelt zu werden. Er bringt auch ein Abschiedsgeschenk mit: einen gläsernen Cowboy mit goldenem Hut und goldenem Colt, nicht nur für ihn ein wunderschönes Stück. Kann ich das überhaupt annehmen? Das ist ein Andenken. Hast du auch ein Andenken? Oje. Die Angewohnheit, nur das allernötigste auf Reisen mitzunehmen, rächt sich wieder einmal. Was will der Junge mit Kleidungsstücken, Klopapier, Verbandszeug oder Schnaps? Da habe ich eine große Stahltasse. Die ist sehr praktisch. Sogar als Kochtopf habe ich sie schon hergenommen, zum Tee- oder Suppekochen am Rande der Wüste von Marokko. Das ist eine sehr schöne und spannende Geschichte, das mit dem Tee machen und so, aber ich glaube, ich kann so etwas Wertvolles nicht annehmen. Na ja, auf so einer Reise versuche ich halt, nur das Allernötigste mitzuschleppen. Das versteht er und meint, das Wichtigste wäre die Erinnerung.

Schlaf ruhig

Und langsam und schwer senkt sich der Schlaf auf den gestressten Körper. Der Geist sieht noch den Patienten, der mit all den Ärzten und Pflegern diskutiert und versucht, bei ihren Aktionen keinen Schaden zu nehmen. Die Tage im Krankenhaus ziehen mehr oder weniger im Zeitraffer noch einmal vorüber. Wieviele Tage waren es bisher? Nachdem alle Gefahren von außen abgewendet worden sind, nachdem das Personal Feierabend gemacht hat, ist auch hier Zeit zum Schlafen. Erschöpft aber fast wohlig lässt sich der Körper ganz entspannt auf das Bett sinken. Endlich Schlaf, keine Gefahr mehr, endlich wieder eine Spur von Normalität. Der Dauerstress hat sich etwas gelegt. Fürs erste ist das Wichtigste geregelt. Sogar der Schmerz hat nachgelassen oder fällt momentan wenigstens nicht mehr so auf. Ganz normal liegt der Körper im Schlaf im Bett und dreht sich wohlig auf die Seite, dreht sich wohlig auf die Seite... Dreht sich auf die Seite?!! Ein Schrei. Das darf er doch nicht! Am Ende rollt er sich noch zusammen, und alles war umsonst. Langsam und vorsichtig in Rückenlage zurücksinken. Nun liegt der Rücken wieder ganz gerade. Das Herz schlägt wie verrückt. Der Schweiß läuft über den kaum zugedeckten Körper. War die Drehung geträumt oder real? War der Schrei vor oder nach dem Aufwachen? War er echt? Dafür klang die Stimme fast zu hoch. Vielleicht war es ein Schutzengel. Ganz schrill hat er geschrien, fast wie eine Alarmglocke, aber doch irgendwie menschlich. Jedenfalls ist der Schlaf jetzt beendet. Das Herz rast, und der Schweiß ist echt. Real ist vor allem die Gefahr. Darf man in so einer Situation überhaupt schlafen? Jedenfalls muss der Körper darauf eingeschworen werden, sich auf keinen Fall ohne durchdachte Befehle zu bewegen, müssen alle automatischen Bewegungsabläufe und Reflexe ausgeschaltet werden, die gefährlich werden können. Ruhig liegen, immer ruhig liegen. Während der Herzschlag sich allmählich beruhigt, wird die ganze Maschinerie auf Bewegungslosigkeit getrimmt. Nicht einmal ohne Fremdeinwirkung ist man sicher. Auch der eigene Körper erweist sich als Gefahr. Gibt es denn überhaupt keine Ruhe mehr? Wie lange kann ein Mensch ohne Schlaf überleben? Was passiert, wenn die Kräfte aufgebraucht sind? Wie lange kann man das durchhalten? Gibt es überhaupt eine Chance, hier heil herauszukommen? Jedenfalls war der Traum eine deutliche Warnung, niemandem zu vertrauen, nicht einmal sich selbst, wenn man müde ist. Alles muss selbst und bei voller Konzentration im Griff behalten werden, und zwar ständig. Panik oder Nachlässigkeit wäre lebensgefährlich, unverantwortlich.

Ist das nicht eine Beleidigung der Ärzte? Die können ja nichts dafür, dass jeder einzelne von ihnen viel zu viele Patienten hat. Für eine bessere ärztliche Versorgung ist einfach kein Geld da. In Deutschland ist das vermutlich ähnlich, wenn auch nicht so krass. Der Staat hat für alles mögliche Geld, aber nicht für die Gesundheit der Menschen, obwohl ihm vermutlich durch vermeidbare Versäumnisse und Pannen in der Medizin mehr Geld verloren geht, als wenn er mehr Ärzte bezahlen würde. Wenn man ein Krankenhaus als Behinderter verlässt, wird man wohl sein restliches Leben lang teurer kommen als ein Arzt. Wer redet da von Ärzteschwemme? Vergiss es. Arbeitslose Mediziner kosten auch etwas und bringen nichts. Leute, die in der Hektik eines Krankenhauses von überlasteten Ärzten versaut wurden, können oft keine Steuern mehr zahlen. Volkswirtschaftlich gesehen ist die Sparsamkeit im Gesundheitswesen vermutlich Humbug. Aber so etwas passiert halt bei getrennten Haushaltskassen.

Und so muss man eben versuchen, sich selbst so weit wie möglich zu helfen. Das ist man denen schuldig, die sich dafür eingesetzt haben, dass bisher alles gut gegangen ist. Was hätte das aber für Folgen? Eigentlich müsste demnach jeder, der sich irgendwie nicht ganz gesund fühlt, Medizin studieren. Die paar Minuten, die die Krankenkassen für eine ärztliche Diagnose gewähren, sind oft gefährlich knapp bemessen. Oft ist es aber zu spät für eigene Studien, wenn man krank ist. Dann muss man eben doch einem Arzt vertrauen. Und als Laie ohne Erfahrungen auf dem Gebiet muss man dem nächstbesten Arzt trauen. Wenn jeder wüßte, wer der beste Arzt ist, wäre der ja hoffnungslos überlastet. Also bleibt die Wahl des Arztes Glückssache. Am besten ist es wohl, wenn man gar nicht erst krank wird. Und wenn doch, muss man einfach auch auf seinen Körper hören, und dabei gegenüber dem Arzt diplomatisch sein. Auf jeden Fall immer nachfragen, und nie die Antworten offen anzweifeln, aber bei Zweifeln nachhaken. Schließlich geht es um den eigenen Körper, die eigene Gesundheit.

Aber wie hört sich der eigene Körper, die innere Stimme an, und wie der innere Schweinehund?

*

Mit Sally in Pamukkale

Am frühen Nachmittag ist Denizli erreicht. Die Hitze ist inzwischen nicht mehr so brütend wie beim Halt in dem kleinen Restaurant. Wolken lassen nur noch eine erträgliche Schwüle bei an und für sich angenehmen Temperaturen zu. Aber um das Wetter zu genießen und sich bei einem kleinen Stadtbummel die Beine zu vertreten, bleibt keine Zeit. Der Bus wird schon von Minibussen erwartet. Pamukkale? Hopphopp. Der Mann scheint es eilig zu haben. Bevor man einen Zug von der Luft in Denizli nehmen kann, sitzt man in einem vollen Minibus, der nach Pamukkale fährt. Der Fahrpreis, der wie üblich während der Fahrt kassiert wird, ist nicht höher als anderswo. Dazu kommen 1 500 Lira, die am Ortseingang als Eintrittsgeld beziehungsweise Kurtaxe kassiert werden. Das Geld wird der Ort schon wert sein. Nach und nach sieht man die weißen Terrassen auf der recht steil ansteigenden gewundenen Straße immer öfter und immer deutlicher. Bei dem grünen Hintergrund fühlt man sich auf den ersten Blick an einen Gletscher erinnert, der sehr weit ins Tal hinabreicht. In wenigen Minuten wird man die Sache näher betrachten können.

Der Mann, der die Fahrgäste aus dem Bus in den Minibus getrieben hat, erzählt hilfsbereit, dass er eine Pension mit Zimmern für 30 000 Lira hat. Soviel hat das Zwei-Sterne-Hotel in Afyon auch gekostet. Das Angebot wird dankend abgelehnt. So tief in der Provinz gibt es sicher auch billigere Übernachtungsmöglichkeiten. Zu viel Luxus wirkt nur bedrückend und ist für einen Studenten nicht nötig.

Provinz hin oder her, auch auf dem Parkplatz, der oberhalb der Terrassen liegt, wird man nicht alleingelassen. Die meisten Fahrgäste nehmen ein Taxi in den Ort, sofern sie sich nicht für eines der Hotels entscheiden, die gleich nebenan mit ihren Sternen und Swimming-pools werben. Außer den Taxifahrern ist auch noch ein Junge um die sechzehn am Parkplatz, dessen Vater ein Hotel im Ort hat. 20 000 Lira inklusive Dusche und WC. Das hört sich schon vernünftiger an als 30 000 Lira, und die Erfahrung aus Istanbul, dass Schlepper nicht immer überteuerte oder besonders schlechte Angebote bedeuten, ist ja noch fast frisch. Der Preis ist wesentlich höher als für die Absteige in Istanbul und genauso hoch, wie er für das winzige Zimmerchen in Bursa gewesen wäre, wenn man eine Dusche genommen hätte. Schließlich hat dieser Ort eine Attraktion, die sicher die Preise in die Höhe treibt. Die 20 000 Lira sind also wohl in Ordnung. Wer weiß, ob man allein in dem kleinen Dorf da unten etwas findet. O.K.

Der Ort liegt unterhalb der Kalkterrassen. Der Junge schlägt vor, den Weg dorthin zu Fuß über die Terrassen zurückzulegen. Wenn er das vorschlägt, kann es ja nicht so gefährlich sein. Auf den ersten Blick schaut das Ganze sehr rutschig aus, und noch dazu ist es ziemlich abschüssig. Was macht man da, wenn man nicht einmal Schneefelder ohne ein ungutes Gefühl quert? Der Junge wird schon wissen, was er tut. Schließlich wohnt er hier und geht die Strecke sicher öfters.

Der Kalk ist überraschend rau. Sogar an überspülten Stellen geht man wie auf grobem Sand-papier. Es besteht also offensichtlich keinerlei Gefahr, auszurutschen. Der Abstieg macht richtig Spaß. Auf den ganzen Terrassen sind keine Algen zu sehen, die ja besonders glitschig sind. Alles ist in reinem Weiß, als ob es tatsächlich Schnee wäre, Neuschnee. Alter Schnee wird ja durch die Luftverschmutzung grau. Von oben sieht man lauter weiße Becken, die etwa einen Meter breit und lang und etwa dreißig Zentimeter tief sind. Die meisten sind mit etwas Wasser gefüllt. Sie sind jedoch längst nicht ganz voll Wasser wie auf dem Werbeplakat in Istanbul. Aber es ist ja erst Freitag.

Diese Becken sind mehr oder weniger regelmäßig versetzt am Hang angeordnet, in Stufen von meistens einem viertel bis zu einem ganzen Meter Höhe, so dass man wie auf einer Treppe absteigen kann, wenn man sich die niedrigeren Absätze aussucht.

Der Junge geht nicht direkt über die Stufen zum Dorf, sondern er benutzt den Rand einer breiten und tiefen Rinne als Weg. Diese Rinne ist in den westlichen Rand des Hanges eingearbeitet, führt milchig weißes - warmes! - Wasser und ist selber genauso weiß und rau wie der übrige Hang. Das ist wohl das Wasser, das auch die Terrassen so bizarr geformt und gefärbt hat. Die Rinne führt zu den Feldern, die den Hang grün abschließen. Die Pension liegt ganz am Rand des kleinen Ortes. Eigentlich nennt sich das ganze „Motel", und auch ein kleines Restaurant ist im Gebäude und im Innenhof untergebracht. Ein Türke mittleren Alters, wohl der Wirt und der Vater des Jungen, stellt ein freundliches, sehr einfaches Zimmer vor. In dem weiß gekalkten Raum ist nicht mehr vorhanden als ein Fenster, eine Tür, ein Bett, ein Kleiderhaken, ein Spiegel, ein Schemel und ein Waschbecken mit warmem Wasser. Die Schlichtheit überzeugt sofort, vor allem bei dem freundlichen Licht, das gerade einfällt. Der Wirt fragt, ob das Zimmer in Ordnung ist. Çok güzel - sehr

schön. Wenn es um etwas wie Handeln geht, vor allem um den Preis, dann sollte man zwar mit derartigen Ausrufen vorsichtig sein, aber der Preis ist ja bereits mit dem Jungen abgemacht worden, und das Zimmer hat wirklich eine angenehme Atmosphäre. Was braucht man mehr als ein Bett, wenn man auf der Durchreise ist und vor allem die Landschaft erkunden will? Das Zimmer wird genommen, für zwei Nächte. Einen ganzen Tag ist der Ort sicher wert.

Erste Erkundung

Der Rucksack ist gleich in eine Ecke gestellt, und die Hände sind sofort gewaschen, so dass schon um vier Uhr eine erste Erkundung der Umgebung beginnen kann. Der erste Weg geht zurück zu den Terrassen. Der Hang erinnert immer noch an ein Skigebiet. Was soll es sonst sein? Nur die Tatsache, dass es so warm ist, dass man ohne zu frieren mit einer leichten Hose und einem T-Shirt bekleidet spazierengehen kann, obwohl es sogar etwas regnet, weist darauf hin, dass das weiße Zeug kein Schnee sein kann. Eis ist es auch nicht, weil es so rau ist. Aber weiß ist es, schneeweiß. Das einzige, was hier nicht weiß ist, sind einige Touristen, die genauso herumklettern, und etwas Müll, der allerdings stört. Aber wieso sollte unsere Zivilisation nicht auch in so einem Naturwunder Spuren hinterlassen? Schließlich ist die Türkei auch zivilisiert. An einer einzigen Stelle in dem weißen Wunder, in der Nähe der Straße, die praktisch mitten durch den weißen Hang führt, wächst einsam eine stachlige Pflanze. Die konnte vermutlich erst wachsen, seit der Hang nicht mehr ständig überflutet ist.

Warum das Naturwunder die meiste Zeit über trockengelegt wird, erklärt der Junge, der oben am Parkplatz schon wieder auf den nächsten Minibus wartet: Das Wasser wird für die Felder der Landwirte und die Swimming-pools der beiden Hotels oberhalb der Terrassen abgezweigt. Die Landwirte haben schon immer einen Teil des Wassers gebraucht und bekommen. Die Hotels behalten jetzt den Rest, haben aber einen Vertrag mit der Gemeinde, dass sie an zwei Wochentagen Wasser über die Terrassen leiten. Etwas Wasser wird auch den Hotels im Ort abgegeben, die ebenfalls Schwimmbecken haben. Ieser Anteil ist allerdings viel zu wenig für ordentliche Pools.

Man kann einfach nicht allen Touristen das warme Kalkwasser zum Baden anbieten. Pamukkale hat etwa vierhundert Hotels und Pensionen, und das bei ungefähr zweitausend ständigen Einwohnern. Alles in allem verdient inzwischen jeder Einheimische in Pamukkale sein Geld auf irgendeine Art und Weise mit Tourismus, auch wenn in der Gemeinde noch Baumwolle angebaut wird. Im Sommer wohnen oft bis zu zwanzigtausend Menschen in dem Ort. Im Winter, wenn es den Touristen zu kalt ist, gehen viele Einwohner auswärts zum Arbeiten, meistens nach Denizli. Zum Wintersport reicht es bei maximal fünf Zentimetern Schnee nicht.

Außer den Terrassen gibt es noch ein halb wieder aufgebautes Amphitheater und viele, viele antike Steine. Und überall auf dem Weg zwischen dem Parkplatz und dem Amphitheater verkaufen etwa zwölf- bis sechzehnjährige Kinder echt antike Münzen, die sie vermutlich irgendwo zwischen den unzähligen alten Steinen gefunden haben, die praktisch die ganze nähere Umgebung lose bedecken.

Diese alten Steine scheint man nur an wenigen Stellen beiseitegeschafft zu haben, um Platz für die Straßen, Souvenirläden und Hotels zu schaffen. An ein paar Stellen hat man begonnen, sie wieder zu Bauwerken zusammenzusetzen. Es wird interessant sein, den Ort in ein- bis zweihundert Jahren wieder zu besuchen, um zu sehen, wie weit die Aufbauarbeiten bis dahin fortgeschritten sind. Der größte Erfolg in dieser

Richtung ist das schon erwähnte Amphitheater, ein großes, rundes, steinernes Stadion mit einer nach innen schräg abfallenden Tribüne, die scheinbar um ein paar Gänge herumgebaut ist. Natürlich waren die Gänge früher unterirdisch, also unter einer Plattform verborgen, auf der dem Volk vor langer Zeit diverse Belustigungen dargeboten worden sind.

Im Westen ist das Theater noch nicht wieder zur vollen Höhe errichtet, so dass man von dort aus einen schönen Sonnenuntergang über einer weiten Landschaft fotografieren kann, die von einigen niedrigen Bergen abgeschlossen wird. Ein schöner Sonnenuntergang & Sonnenuntergang? Es ist wohl Zeit, umzukehren. Auch nach Einbruch der Dunkelheit ist über die leuchtend hellen Kalkterrassen und einen Trampelpfad durch ein kleines Feld das Dorf schnell gefunden. Oder sollte man es Hotelkomplex nennen? Hier reiht sich wirklich Pension an Pension an Hotel an Pension. Nur selten sieht man zwischen den recht neuen Hotelbauten ein kleines Lehmhäuschen, das aussieht wie ein Überbleibsel aus einer anderen Zeit, ähnlich wie das alte Haus Omars, das er auf dem Foto gezeigt hatte. Vermutlich bestehen aber in anderen Regionen in diesem Land viele Dörfer vorwiegend aus solchen Häusern. Und wahrscheinlich ist es nicht allzu lange her, dass auch in Pamukkale dieser Baustil vorherrschend war.

In den wenigen Nebenstraßen gibt es auch zweistöckige Wohnhäuser aus Stein ohne Hotel und Restaurant. Vor einem davon sitzt eine alte Frau mit einem jungen Mädchen, vermutlich ihrer Enkelin. Deren Arbeit scheint zu sein, ständig zu versuchen, neugierige Touristen anzuhalten und zu einem Tee einzuladen. Im Haus werden dann dünner geschmacksfreier Apfeltee gereicht und Münzen und kleine Bronzefiguren präsentiert. Sehr geduldig, aber beharrlich, bietet die alte Frau, der man auf den ersten Blick gar nicht so viel Schwung zutrauen würde, ihre Schätze an. Die Preise sind nicht hoch, wenn man sie nach sturem Ablehnen der Angebote auf knapp die Hälfte oder weniger heruntergehandelt hat. Soll man den günstigen Preis annehmen? So eine Figur wäre sicher ein nettes Andenken. Aber es wären auch hundert Gramm mehr Ballast. Die Faustregel, in Touristenorten keine Andenken zu kaufen, siegt, und nach einem kleinen suchenden Bummel endet der Spaziergang gegen halb elf wieder in der Pension. Dort wird das hauseigene Restaurant zu einem Abendessen mit Reis, grünen Bohnen und „Aubergine-Kebab" genutzt. Letzteres war wohl wieder einmal der Fehler. Zumindest nimmt der Magen schon nach wenigen Bissen übel, dass um diese Uhrzeit das Essen in den Buffets eiskalt ist, ebenso das Öl, in dem die Auberginen und Tomaten schwimmen.

Um den Magen irgendwie zu beruhigen, wird noch ein Spaziergang durch das Zentrum des Ortes angehängt. Wenigstens sieht man in dieser von Restaurants gesäumten Straße am meisten Licht und Menschen, so dass es wohl das Zentrum ist. Dort stehen hauptsächlich zweistöckige Häuser, meist Gaststätten mit dem üblichen Flachdach und Terrassen in jedem Stockwerk, luftig-leichte Sommerbauten, geplant für laue Sommernächte, in einer Vielzahl, die einem Touristen erlaubt, in einem zweiwöchigen Urlaub täglich ein anderes Restaurant zu wählen und danach immer noch das Gefühl zu haben, in den nächsten Jahren noch ein paar weitere ausprobieren zu müssen. Die einzigen Lokale, die so aussehen, als ob man sie auch im Winter ohne Mantel besuchen könnte, sind die Diskotheken, die mit Zeichnungen, die wohl anregen sollen, für die täglichen „Belly-Shows" werben, also für Bauchtanzauftritte, das Detail, das den hiesigen Discos vermutlich gerade noch den Hauch einer exotischen Note verleiht. Genauso werben viele der Restaurants stolz damit, dass sie auch türkische Küche anbieten.

In diesem Ort, einer Ferienstadt, scheinen die Einheimischen Tag und Nacht zu arbeiten. Diejenigen, die nicht in Restaurants beschäftigt sind, verkaufen Lederjacken, Karten und Teppiche oder bieten Bustickets an. Im Ort gibt es mehrere Busreisebüros, die auf schwarzen Tafeln mit weißer Kreide Fahrten zu unterschiedlichsten Zielen anbieten. Das Preisniveau ist mehr oder weniger einheitlich. Auch um diese fortgeschrittene Zeit stehen oder sitzen neben einigen Tafeln die Betreiber der Büros, meistens junge Männer, die versuchen, Leute anzusprechen, die so aussehen, als ob sie ihre Dienste brauchen könnten. Guten Abend, wo wollen Sie als nächstes hinfahren? Komm einfach wieder her, wenn du weißt, wann du fahren willst. Der Zeitpunkt ist klar, übermorgen gegen Mittag, aber nicht das Ziel. - Noch mehr solche schnell- und kurzlebigen Vergnügungsorte mit internationalem Flair? Oder eine banale, langweilige Kleinstadt, wo sich jeder ans Hirn langt, was ein Tourist in dem Kaff will, wo es doch so viele Extraplätze für Touristen gibt, die man sehen muss?

Ein seltsames Gefühl: Der Instinkt sträubt sich dagegen, sich einfach kanalisieren zu lassen, obwohl der Verstand es grundsätzlich für sinnvoll hält, Touristen, wenn sie in Massen auftreten, nicht ungeordnet auf das ganze Land loszulassen. Überall legt man Wege an, bei denen man in Kauf nimmt, dass dort nichts mehr wächst, um zu verhindern, dass alles Land gleichmäßig niedergetrampelt wird. Wir Europäer haben überall unsere Kolonialstädte und sonstige derartige Gebiete, die man besucht, wenn man ins Ausland fährt. Zwischendrin sind „Reservate", Land, das für uns nicht lohnend erscheint und darum den Einheimischen gelassen wird. Hier versuchen nur Individualisten ihr Glück, sogenannte Pioniere, die Länder Kilometer für Kilometer mit einfachen Fortbewegungsmitteln durch- und erfahren, jede Station, jedes Dorf.

Aber was macht man, wenn man mit dem Bus in diesem ausgezeichneten Netz von Verbindungen unterwegs ist und sich die Rosinen rauspicken kann? - Kann? Muss. Muss? Wenn die elende Angewohnheit nicht wäre, jeden Schritt rechtfertigen zu wollen, vor sich selbst und vor verschiedenen Gruppen. Warum kommst du gerade zu uns? Hier ist doch nichts. Warum warst du nicht da und da? Das und das muss man unbedingt gesehen haben. Was machst du eigentlich im Urlaub, wenn du dir nichts anschaust und nicht am Strand liegst? Was?...

Der Kauf des Tickets wird also vertagt. Der Junge verspricht einen Diskont, einen Preisnachlass. Als Antwort bekommt er vorerst ein Lachen. Wer weiß, was morgen ist, aber man kann sich das Reisebüro ja merken. Es ist eines von vielen.

Gegen Mitternacht ist das „Motel" nach kurzem Suchen wiedergefunden, und die gequälten Gedärme dürfen sich von dem kalten Aubergine-Kebab und wohl auch dem übrigen Abendessen befreien. Nach einer mehr oder weniger gründlichen Reinigung in dem kleinen Wasch- und Duschraum, der gleich neben der Toilette im gleichen Holzverschlag untergebracht ist, wird dann das kärgliche Schlafzimmer zur Nachtruhe aufgesucht.

Am nächsten Morgen wird den mitgebrachten Vorräten endlich und endgültig der Garaus gemacht. Platz genug ist ja im Magen, nach der Generalreinigung durch den Aubergine-Kebab in der letzten Nacht. Es ist zwar immer noch eine Menge an Brot und Käse, mit der es zu kämpfen gilt, aber die Aussicht auf lange, harte Wochen in der fremden und noch viel wilderen Türkei machen den Magen aufnahmebereit, um sich für weniger üppige Zeiten zu wappnen. Nun sind außer einer Flasche Schnaps für Notfälle keine Lebensmittel von zu Hause mehr übrig. Beginnt jetzt die eigentliche Fahrt? Es war ja schon einiges los. Mit Landkarte, Schulheft und Stift bewaffnet wird die Terrasse betreten, auf der erst eine Familie beim Frühstück sitzt, die Familie des Wirts, der freundlich grüßt. Die anderen Tische sind noch frei. Da kann man in Ruhe die Route für die nächsten Tage ausarbeiten und ein paar der Eindrücke von den letzten Tagen aufschreiben.

Die Familie ist bereits fertig mit dem Frühstück und zieht sich zurück. Der Wirt spendiert eine dreiviertelvolle riesengroße Glaskanne voll Tee, die übrig geblieben ist, und stellt die mehr oder weniger üblichen Fragen. Woher kommst du? Wo willst du hin? Wie lange bist du noch unterwegs? Bist du allein? Hast du keine Frau dabei?... Der gute Mann ist ja sehr besorgt um das Wohlergehen seines Gastes.

Irgendwann nach halb elf steht dann noch ein Gast auf, eine blonde junge Frau in wadenlanger Hose. Guten Morgen. Der Wirt bezieht sie gleich auf englisch in das Gespräch mit ein. Der arme Mann ist wochenlang ganz allein ohne Frau unterwegs. Ach, der Ärmste. Ihre Antwort klingt zwar nicht sehr bedauernd, aber was soll sie sonst antworten?

Natürlich bekommt sie auch von dem Tee ab. Sie heißt Sally, kommt aus Australien und ist über den Osten der Türkei angereist. Demnächst will sie vorerst weiter nach England zum Arbeiten. Nach Pamukkale hat sie ein Reiseführer geführt, ein ansehnlicher Schmöker aus dünnem Papier. Europa in dreißig Tagen oder so ähnlich steht darauf. Dort sind die wichtigsten Sehenswürdigkeiten in ganz Europa aufgeführt. Seltsamerweise werden die weißen Kalkterrassen mit keiner Silbe erwähnt. Wie kommst du dann hierher, wenn der Ort in dem Buch nicht erwähnt ist? Hier müssen ganz berühmte rote Quellen in einem Ort in der Nähe sein, in Meski, etwa fünf Kilometer von hier. Schau, hier ist das Kapitel über dieses Gebiet. Tatsächlich steht in dem Abschnitt über diese Gegend ein relativ kurzer Absatz über rote Quellen in Meski. Pamukkale wird nur als Übernachtungsmöglichkeit erwähnt. Offensichtlich sind die Sehenswürdigkeiten in dem Buch alle so sensationell, dass die weißen Terrassen keiner Erwähnung darin würdig sind. Gut, dass Sally hier ist und dieses wichtige Buch dabei hat, denn bisher hat in Pamukkale noch niemand auf dieses Naturwunder in der Nähe aufmerksam gemacht. Darf ich dich auf der Suche nach den roten Quellen begleiten? Ja, gerne.

Auf der Suche nach den Roten Quellen

Der Ort muss laut Karte an der Straße liegen, die durch die weißen Terrassen nach oben führt. Sally ist zwar mit dem Taxi in den Ort gekommen, aber sie findet es auch schöner, die Anhöhe nun zu Fuß über die Terrassen zu erklimmen. Vielleicht gibt es unterwegs etwas Interessantes zu sehen, und es sind ja nur fünf Kilometer bis zu den Quellen.

Heute, im strahlenden Sonnenschein, sind die Stufen unvergleichlich schöner. Sie sind aber nicht voller als gestern. Dabei ist heute Samstag, und laut Hans müsste das Wasser an diesem Tag über die Terrassen heruntergeleitet werden. Offensichtlich hatte er die Wochentage falsch in Erinnerung, oder sie haben sich geändert. Woher soll er auch so genau Bescheid wissen, wenn er selbst noch nicht hier war? Aber auch die fast ausgetrockneten Terrassen sind sehenswert. Auf den Fotos wird man den Betrachtern eine Schneelandschaft vorgaukeln können. An ein paar senkrechten beziehungsweise überhängenden Stellen, die auch auf den Ansichtskarten zu sehen sind, müssen bei Flutung des Abhangs Wasserfälle sein. Jetzt sind dort nur Eiszapfen zu sehen. Jedenfalls schauen die Tropfsteine, die zur Zeit nicht einmal tropfen, so aus. Und obwohl alles verschneit und vereist zu sein scheint, muss man keinerlei Angst haben, zu rutschen. Selbst an nassen und überfluteten Stellen ist die Kalkoberfläche so rau, dass in dieser Hinsicht keinerlei Gefahr

besteht. Diese Terrassen sind faszinierend, obwohl sie nicht in dem internationalen Reiseführer genannt werden.

Ganz oben am Hang sollen noch ein paar Stufen voll Wasser sein. Tatsächlich sind gleich neben einem der Hotels einige besonders große Stufen, die einen anderen Hang hinunterführen, geflutet. Das ist wohl deshalb der Fall, weil das überlaufende Wasser schließlich in die Bewässerungsrinne mündet. In diesen überfluteten Stufen spiegelt sich der zur Zeit strahlend blaue Himmel. Auf den ersten Blick sieht man eine Treppe aus Wasser, keinen Wasserfall, die Oberflächen der Stufen sind absolut ruhig und erscheinen durch den Kontrast mit den weißen Einfassungen sehr tief.

Bei den warmen Temperaturen ist es sehr angenehm, mit bloßen Füßen durch das laue Wasser zu waten. Sogar eine verschleierte Türkin nutzt die Gelegenheit, sich in den Mittagsstunden zu erfrischen, in denen nur wenige Leute unterwegs sind. Hat sie nicht sogar noch ihre Strümpfe an? Sie soll nicht durch neugierige Blicke in Verlegenheit gebracht werden. Schließlich geht das nur sie etwas an. Und der Ausblick ist wunderschön. Nach ein paar Metern endet abrupt die bizarre Stufenlandschaft und gibt den Blick auf eine grüne, bunt genutzte Landschaft frei, mit einer Bergkette im Hintergrund.

Aber das alles ist ja noch gar nichts. Die Roten Quellen müssen ein Weltwunder sein. Die Straße ist noch ein paar Meter weiter oben. Dort, am höchsten Punkt, ist auch die Bushaltestelle, wo der Junge von der Pension wieder auf mögliche Gäste wartet. Bis der nächste Bus kommt, erklärt er kurz, was hier los ist. Die Roten Quellen kennt er zwar auch nicht, aber der Ort, der im Reiseführer steht, ist wirklich nicht weit weg. Die Terrassen werden nur noch Mittwochs und Donnerstags geflutet. An den anderen Tagen brauchen die Swimming-pools der beiden Hotels auf dem Hügel das Wasser.

Der Parkplatz liegt zwischen den Hauptattraktionen. Da hier auch die Sammeltaxis anhalten, ist ein großer Lageplan aufgestellt. Unterhalb liegt der schneeweiße Hang, und gleich darüber beginnt ein Ausgrabungsfeld, wohl das, wo die unzähligen antiken Steinbrocken rumliegen. Jenseits der Hotels und Souvenir- und Erfrischungsstände ist das Amphitheater eingezeichnet, das als einziges der uralten Gebäude schon wieder seiner alten Gestalt nahekommt. Zwischen einem der Hotels und den Terrassen muss noch ein Museum sein. In ein Museum möchte ich nicht unbedingt, du etwa? Nein, nicht unbedingt, die haben meistens so etwas Totes, und es gibt auch so genug zu sehen. Da vorne gibt es Getränke. Das wäre eine vernünftige Investition. Sally kauft eine große Flasche Limonade. Danke, ich habe gerade im Hotel eine größere Menge Wasser auf Vorrat getrunken. Und wieder stehen überall kleine und größere Jungen rum und bieten den wenigen Touristen Münzen an. Echt antik, nur zwanzigtausend Lira. Wenn man keine haben will, laufen die Jungs einem hinterher. Fünfzehntausend. Nein, danke. Man braucht den Schritt gar nicht zu verlangsamen, und doch kostet die Münze hundert Meter später nur noch zwölftausend. Das sieht der Kollege nicht so gerne, der an diesem Teil der Straße seine gefundenen Münzen verkauft - wer will schon seine Preise verderben lassen? - und so wird nichts aus zehntausend.

Das Amphitheater wird nur sehr kurz besichtigt, da ja noch die berühmten Roten Quellen gesucht werden müssen. Momentan wirken die Steine, die nach und nach zu Mauern zusammengefügt werden, zwar schon beeindruckend, aber noch mehr bedrückend. Vielleicht wird die Bedrückung eines Tages in Bewunderung umschlagen, wenn das Gebäude einmal komplett zusammengesetzt ist. Bis jetzt liegen viele der Steine noch mehr oder weniger geordnet um das halbfertige Gebäude verteilt herum und

warten darauf, an der richtigen Stelle eingefügt zu werden. Am auffallendsten inmitten der schier undurchdringlichen Sammlung von Steinquadern und Säulenstücken wirkt eigentlich das Schild, auf dem darauf hingewiesen wird, dass es verboten ist, mit dem Auto in das Amphitheater zu fahren, das übrigens selbst zu Fuß nicht ganz leicht zu erreichen ist.

Zur Straße nach Meski muss man zuerst wieder zum Parkplatz zurückgehen. Um diesen herum versammeln sich außer den Erfrischungsständen auch Souvenir- und Teppichläden. Madam, wollen Sie ein paar sehr schöne Teppiche und Schmuckstücke besichtigen? Nein, danke. Nur anschauen, nicht kaufen. Gut, aber ich kaufe wirklich nichts. Solche Schmuckstücke und Teppiche sind oft sehr hübsch zum Anschauen, wenn man sie nicht kaufen muss. Geh nur, aber ich bleibe hier. Sonst kommt der noch mit der Masche, dass man einer solchen Frau doch mindestens dies oder jenes kaufen muss. Könnte man da widersprechen? Nach etwa zehn Minuten erscheint Sally wieder und meint, es wäre nichts Besonderes gewesen. Jetzt geht es aber endlich in die Richtung zu den Quellen.

Vorerst erstreckt sich entlang der Straße noch das antike Ausgrabungsfeld, das sich kilometerweit hinzieht. Hier sind wirklich nur die Steine verstreut. Ob im Lauf der Jahre alle Mauern wieder zusammengesetzt werden sollen? Dann ist Pamukkale sicher um eine Attraktion reicher. Vielleicht sollte man tatsächlich in ein paar Jahren wiederkommen und schauen, was aus den Steinen geworden ist. Hoffentlich sind die wieder aufgebauten Ruinen dann nicht der Ersatz für die vom Massentourismus ruinierten weißen Terrassen. Griechische und römische Baudenkmäler gibt es im ganzen Mittelmeerraum, aber solche wunderbar bizarren weißen Landschaften? Hoffentlich läuft da am Ende alles gut!

Der Tag ist zwar sonnig, aber wegen der Höhe

und der schon spätsommerlichen Jahreszeit und dank Sallys Limonadenflasche ist der Weg nach Meski durchaus erträglich. Nach einer Dreiviertelstunde ist das kleine Dorf erreicht. Natürlich wird man auch hier von Teppichhändlern eingeladen, aber jetzt müssen endlich die Quellen gesucht werden. Im Reiseführer steht nichts davon, dass sie weit außerhalb der Ortschaft liegen, die sich entlang der Straße hinzieht. Hoffentlich laufen wir nicht einfach vorbei. Aber da sind bestimmt Schilder, wenn das eine Sehenswürdigkeit ist, und noch dazu so eine berühmte. Seltsam, dass man im Nachbarort Pamukkale nichts davon gehört hat.

Bevor ein Schlepper angeheuert wird, der vor allem etwas verkaufen will, werden die Quellen lieber auf eigene Faust gesucht. Gehen wir erst einmal die Straße entlang durch das ganze Dorf, vielleicht finden wir ja einen Hinweis. So lang kann der Ort doch nicht sein. Als das Zentrum ganz offensichtlich schon längst durchschritten ist und die Bauweise bereits wieder deutlich niedriger und lückenhafter wird, als es also so aussieht, als ob das Ende des Dorfes bald erreicht sein müsste, kommen plötzlich ein paar Hinweisschilder auf Hotels, Restaurants und Campingplätze, deren Namen sich ähneln. Ein Blick in den Sprachführer bestätigt, dass die Namen alle in etwa „zur Roten Quelle" bedeuten. Ob das ein Zufall ist, dass gleich mehrere Fremdenverkehrsbetriebe, die praktisch nebeneinander liegen, einen solchen Namen haben? Hier rentiert es sich vermutlich, sich genauer umzuschauen. Sally deutet auf eine Gruppe von Menschen, die etwa fünfzig Meter von der Straße entfernt im Kreis im Sand herumstehen und zwischen sich auf den Boden schauen. Das ist sehr verdächtig. Ein fragender Blick, ein aufforderndes Nicken. Das ist es bestimmt, das muss es sein.

Das soll es sein? Ein verwunderter Blick zu Sally trifft seinesgleichen. Sie denkt wohl das gleiche. Das sind die berühmten Roten Quellen???

Da muss wohl ein Irrtum vorliegen. Aber weit und breit ist nichts zu sehen, was auf andere rote Quellen schließen ließe. Also ist es wohl das hier: Ein eiförmiger Wall aus rötlichem Sand, der etwa vier Meter im Durchmesser hat und knapp einen halben Meter hoch ist. Dieser Wall ist zu etwa einem Fünftel mit klarem Wasser gefüllt, das aus ein paar Löchern im rötlichen Sandboden zu kommen scheint. Und da stehen etwa zehn Leute herum. Das ist es. Das ist es also. Das ist es? Ohne die anderen Betrachter wäre man nie auf die Idee gekommen, dass das hier eine besondere Sehenswürdigkeit ist, die in einem „Europa"-Reiseführer praktisch die Sensationen der Türkei repräsentiert. Aber es gibt fast keinen Zweifel, dass das die Roten Quellen sind: Nirgends ist ein Hinweis auf andere Sehenswürdigkeiten, und neben dem Wasserloch bietet ein jüngerer Türke den Touristen Rundritte auf einem kleineren Kamel an. Das wäre etwas Passendes zur Erinnerung an die „Roten Quellen". Wenn man schon auf eine Art ganzjährigen Aprilscherz für Touristen hereingefallen ist, dann bitte richtig mit allem Drum und Dran. Was sind schon dreitausend Lire? Der gute Mann soll auch leben. Machst du ein Foto, Sally? Nach wenigen schaukligen Runden über den großen Sandplatz ist der Ritt schon zu Ende, und der Rückweg kann angetreten werden.

Darum hat in Pamukkale niemand etwas über die Quellen gewusst! Dafür läuft man eine ganze Stunde durch die Gegend? Es geht nichts über eine gute Werbung. Vielleicht ist das wie mit des Kaisers neuen Kleidern: Irgend jemand, vielleicht ein Schelm, der sehr angesehen ist, hat einmal von den tollen Roten Quellen in Meski erzählt, und seitdem muss jeder, der dort war, die Quellen preisen. Warum soll es denen, die nach mir kommen, anders ergehen als mir? Ob wir zu Hause auch von den wunderbaren Roten Quellen schwärmen werden?

Wunderlich ist die Tatsache auf jeden Fall, dass

in dem Reiseführer dieses runde Loch anstelle der Kalkterrassen aufgeführt ist. Aber Autoren von Reiseführern können vermutlich nicht alle Orte selber besuchen, über die sie schreiben, und sind daher zum Teil auf andere Bücher angewiesen. Ob die das aus anderen Reiseführern abgeschrieben haben oder andere das übernommen haben? Wievielen Touristen es wohl genauso geht wie uns?

Jedenfalls ist das ein gelungener Scherz. Ohne diese Werbung für die Roten Quellen wäre Sally wohl nie nach Pamukkale gekommen und hätte die weißen Terrassen nicht gesehen, und der heutige Tag wäre bei weitem nicht so schön gewesen.

Es bleibt kaum Zeit, darüber nachzudenken, denn schon wenige hundert Meter auf dem Rückweg später lädt ein Teppichhändler, der sieben Jahre in Deutschland gewesen ist und auch sehr gut englisch spricht, zu einem Tee ein. Und kaum ist der Laden wieder verlassen, hält ein Sammeltaxi. Hallo, wollt ihr nach Pamukkale? Der meint uns. Fahren wir mit? Wir wissen ja jetzt, dass wir auf dem Weg nichts versäumen. Setzen wir uns dazu. Jetzt ist der Wagen wenigstens richtig voll. Der Weg zurück in die Pension ist diesmal bald gefunden. Sally muss jetzt ihren Mittagsschlaf halten. Bis bald, ich schaue mir währenddessen noch die Gegend an.

Rundgang

Vielleicht gibt es ja noch weitere tolle Sehenswürdigkeiten, die man am Nachmittag Sally präsentieren kann. Die Ortschaft selbst besteht, wie gesagt, hauptsächlich aus neueren Pensionen, Cafés und sonstigen gastronomischen Einrichtungen. Die wenigen alten Gebäude wirken dazwischen richtig fremd. Als direkt sehenswert kann man diese Mischungen nicht bezeichnen. Außen um Pamukkale ist flaches

Land, vor allem mehr oder weniger fruchtbare Felder, nichts anderes als überall sonst in der Welt auch, wunderschöne Weite, aber nichts „Besonderes", vor allem nicht, wenn man allein unterwegs ist. Aber man kann herumstromern, den Ausblick auf die nicht allzu ferne und nicht allzu hohe Bergkette genießen. Auffällig im Vergleich zu Deutschland, sprich Oberbayern, ist, dass man außer den Hotels oberhalb der Kalkhänge weit und breit keine Häuser sieht, obwohl Pamukkale leicht erhöht liegt und kein dichter Wald da ist, der ein Dorf verbergen kann. Nur etwas außerhalb der Ortschaft, wenn man den Weg weitergeht, der zur Pension führt, ist noch ein kleines Anwesen. Die Gegend scheint wirklich dünn besiedelt zu sein. Nur das warme Kalkwasser lockt hier Menschen an. Früher waren es die Bauern, die damit ihre Felder bewässern können. Heute kommen nicht nur die Touristen, die davon fasziniert sind, was im Laufe der Jahrhunderte mit Hilfe der trüben Flüssigkeit entstehen kann. Es werden auch Menschen angezogen, die wissen, dass Touristen auch andere Bedürfnisse haben, als zu staunen.

Außerhalb des Ortes und abseits der Hauptattraktionen der Umgebung kann man als Tourist und allein eigentlich nur herumlaufen oder rumsitzen und seinen Gedanken nachhängen. Wenigstens ist es hier nicht so wie in Marokko, wo man an Stellen, wo Menschen sich aufhalten können, ohne dass ihnen die Sonne das Hirn aus dem Schädel brennt, niemals länger als ein oder zwei Minuten allein sein kann. Gut, hier ist einfach niemand in der Nähe, und im Ort wird man doch öfter angesprochen. Aber das gehört dazu. Allein sein kann man zu Hause in den Bergen. Jedenfalls war der Spaziergang entspannend.

Und auf der Terrasse kann man jetzt in aller Ruhe Notizen über die vergangenen Tage machen. Wo fängt man an? Gestern? Vorige Woche, als keine Zeit war, Aufzeichnungen zu machen? In Bursa? Die Erinnerung baut am Anfang am stärksten ab, und an die wichtigen Sachen erinnert man sich auch nach Monaten noch, da ist es wohl besser, mit den frischeren Eindrücken zu beginnen. Wie war das am vorigen Tag, die Fahrt von Istanbul, nein von Afyon nach Pamukkale? Liegt Afyon nicht schon länger zurück? Wie die Zeit in der Erinnerung verschwimmt... Nach einigen Seiten mehr oder weniger verworrener Eintragungen kommt der Wirt vorbei und erzählt von seinen Erfahrungen mit Deutschland. Wo ist übrigens die Lady? Mittagsschlaf, ach so. Sichtlich beruhigt verschwindet er wieder.

Ein oder zwei Seiten später kommt Sally auch schon auf die Terrasse. Wie war der Spaziergang? Nichts Besonderes, eine sehr ruhige Gegend.

Kupplung

Auch der Inhaber der Pension ist inzwischen wieder aufgetaucht: Na, hattet ihr einen schönen Tag? Sehr gut. Ihr könnt gerne zusammen ein Zimmer haben. Da habe ich nichts dagegen. Da könnt ihr zusammen duschen und alles. Kein Problem. Was ist mit dem los? Seine Großzügigkeit in Ehren, aber ist der nicht etwas eilig? Danke, wir werden es uns überlegen.

Wieso überlegen? Ich sehe, dass ihr euch gut versteht, was gibt es da zu überlegen? Wenn diese Kuppelei nicht so einen aufdringlichen Beigeschmack hätte, wäre dagegen ja nichts einzuwenden, aber so klingt das recht unromantisch. Der Mann hat wohl zu viele amerikanische oder sonstige freizügigere Spielfilme gesehen, oder er will einfach großmütig sein. Dieses Angebot scheint auch Sally peinlich zu sein. Mit ihr ausgetauschte Blicke scheinen zu bestätigen, dass sie ähnlich denkt: Lassen wir seine höflichen Angebote genauso höflich über uns ergehen und gehen wir unserer Wege, ob

getrennt oder gemeinsam. Lassen wir uns nicht beeinflussen! Muss das auch sein? Wäre ein wenig Zurückhaltung nicht angebrachter? Wir kennen uns schließlich erst seit wenigen Stunden. Schauen wir aus wie Leute, die nur aus Gründen des Körperkontaktes zum anderen Geschlecht in den Urlaub fahren? Vielleicht ist es nur seine Art der Gastlichkeit. Das Zögern scheint er als Misstrauen aufzufassen. Kein Problem, ihr könnt gemeinsam ein Zimmer haben, gemeinsam duschen und alles, und ihr bezahlt nur ein Zimmer. Ihr habt nur Vorteile. Es sieht so aus, als würde er es ernst meinen, er drängt sogar darauf. Warum wohl? Vermutlich ist ihm Sally sympathisch, und er macht sich Sorgen um ihre Sicherheit und findet es besser, wenn sie als Frau einen Mann als Begleiter hat. Oder vielleicht hat er einfach Spaß daran, wenn seine Gäste zueinander finden. Und wenn er Erfolg hat, kommen die beiden jedes Jahr an den Ort ihres ersten Zusammentreffens zurück, um durch die Kraft der Erinnerung ihre Liebe aufzufrischen. Bei so jungen Leuten kann das noch viele Jahrzehnte so gehen. Später kommen dann auch noch die Kinder mit, und vielleicht kommen ein paar von denen auch öfters allein, wenn sie einmal groß sind... Kuppeln bringt Stammkunden.

Was auch immer in ihm vorgeht, er besteht fast darauf, dass seine jungen alleinreisenden Gäste zusammenziehen, und ist schier verzweifelt, als sie immer noch nicht freudig zustimmen. Was ist los mit euch? Ihr versteht euch doch gut. Wieso zieht ihr nicht in ein Zimmer? Und wieder wiederholt er sein Angebot. Er hat halt nicht damit gerechnet, dass er mit zwei Dickschädeln redet, die sich nicht gerne etwas schenken lassen, und die als Alleinreisende gelernt haben, von Natur aus misstrauisch gegen allzu verlockende Angebote zu sein. Auch wenn er es nicht böse meint, vielleicht schafft er gerade durch seinen Kuppelversuch eine Distanz zwischen seinen beiden Gästen, nach dem Motto jetzt erst recht nicht oder so auf jeden Fall nicht. Der Augenkontakt mit Sally bestätigt, dass sie wohl ähnlich denkt. Sie ist ja überaus sympathisch, aber wie soll man bei diesem Drängeln von außen zueinander finden? Ihm einfach zu sagen Halt's Maul, das ist unsere Sache , liegt zwar auf der Zunge, und der Satz ist mehrere Male kurz davor, den Mund zu verlassen, aber er wäre einfach unhöflich. Also bleibt es bei Beschwichtigungsversuchen. Langsam, langsam. Was heißt hier langsam? Ist das kein tolles Angebot? Er wiederholt die unwiderstehlichen Details wie den niedrigen Preis und das gemeinsame Duschen. Als er aber sieht, dass er im Moment keinen Erfolg hat, gibt er schließlich vorerst auf. Überstanden.

Ein Blickwechsel mit Sally: Gehen wir gemeinsam Abendessen? Von wem der Vorschlag auch war, er wird einstimmig angenommen.

Beim Abendessen

Auf dem Weg in den Ort wird natürlich wieder die noch frische Erinnerung an die im Reiseführer gepriesenen Roten Quellen wach. Mit etwas Geschick kann man offensichtlich jeden Ort berühmt machen. In Selçuk zum Beispiel ist angeblich das Geburtshaus der Jungfrau Maria. Auf die Idee wird irgendein Tourismusmanager gekommen sein. Sie ist zwar reichlich geschmacklos, aber genial. Man stellt an ein Haus eine Tafel, dass hier eine Frau geboren wurde, die die Mutter von jemand ist, der in zwei Weltreligionen als Jesus bekannt ist, im Islam als wichtiger Prophet und im Christentum als von einer Jungfrau geborener Sohn Gottes. Wenn das keine Attraktion ist... Da sollen andere hinfahren.

Um diese relativ belebte Uhrzeit, am späten Nachmittag, sieht man noch mehr Busreisebüros als letzten Abend. Guten Abend, wo wollen Sie als nächstes hinfahren? Das wissen wir noch nicht genau. Wenn Sie sich entschieden haben, kommen Sie zu mir, ich gebe Ihnen Diskont. Wohin willst du überhaupt weiterreisen? Irgendwo nach Westen, wahrscheinlich doch zuerst nach Selçuk. Da geht um viertel nach Zehn vormittags ein Bus, das ist eine gute Zeit. Sally will in ein paar Tagen über Izmir die Türkei in Richtung England verlassen, genau in die andere Richtung. Die Wege haben sich in Pamukkale buchstäblich gekreuzt, dank des Plakates in Istanbul und des Hinweises in dem dicken Europa -Reiseführer.

In Pamukkale ist es überhaupt nicht schwierig, ein Restaurant zu finden. Die Auswahl ist wirklich sehr groß. Welches schaut vertrauenerweckend aus? Das? Nein, bummeln wir lieber noch etwas durch die Hauptstraße. Vielleicht finden wir etwas Besonderes. Bisher schauen alle Restaurants mehr oder weniger gleich aus: zweistöckige Gebäude mit Terrasse am Dach. Und vor einigen wird man angeredet. Wollen Sie nicht einmal raufschauen? Nur schauen. Das sagt er; sobald man oben ist, lässt einen das übrige Personal nicht mehr ohne ein Abendessen gehen. Ist diese Anmache und Schlepperei nicht ekelhaft? Das wollen wir nicht unterstützen. Die meisten der Restaurants, vor denen man nicht angesprochen wird, haben allerdings nicht geöffnet, es ist Nachsaison. Langsam gerät der Bummel zu einem Spießrutenlaufen. Bevor der Appetit ganz vergeht, wird kurzerhand ein Restaurant ausgewählt, das einen angenehmen Eindruck macht. Die Schlepper haben gewonnen und das ausländische Paar von der Straße entfernt, wenn auch nicht weggelockt, sondern eher weggejagt beziehungsweise heruntergeekelt.

Wenigstens hat das ausgesuchte Haus eine nette Dachterrasse. Vermutlich sehen alle anderen genauso aus. Je ein Bier und eines der üblichen Essen sind bald bestellt und auch recht schnell serviert. Die Konkurrenz und die Knappheit an

Gästen in der Nachsaison scheint dem Service durchaus förderlich zu sein. Die Terrasse ist nicht allzu belebt. Ein paar Paare verlieren sich an den Tischen. Am Nebentisch sitzt ein junger Mann, der seiner Kleidung nach ganz offensichtlich ein Tourist ist, aber nicht blond sondern eher noch dunkler als die meisten Türken. Vermutlich ist er aus einer anderen Region der Türkei oder aus Nordafrika wie Hassan.

Bald nach dem Essen stellt sich dieser junge Mann vor und fragt, ob er sich mit an den Tisch setzen darf. Er heißt Said und ist aus Marokko und ganz erstaunt darüber, dass sein deutscher Tischnachbar etwas arabisch spricht. Warum machst du das? Weil es eine schöne Sprache ist. Das scheint ihm zu gefallen, und er will gleich mit dem Unterricht beginnen. Das kann man Sally nicht zumuten, und so wird das Gespräch auf die Türkei und die augenblickliche Reise umgelenkt.

Was zahlst du denn für dein Zimmer? Diese Frage ist oft peinlich, weil die Preise doch recht unterschiedlich sind, auch innerhalb der gleichen Qualitätsstufe. Wer „zu viel" zahlt, sieht sich dann schnell als Dummkopf oder Anfänger. Der Marokkaner hat eine ganz einfache und für deutsche Verhältnisse lächerlich billige Unterkunft gefunden, wie man sie in einem solchen Fremdenverkehrsort eigentlich nie erwarten würde. Vielleicht sollte man sich auch in berühmten Orten nicht mit dem nächstbesten Angebot zufrieden geben in der Meinung, dass nichts Günstigeres zu finden ist. Nischen gibt es offensichtlich überall. Na ja, der Blick für so etwas wird sich in den nächsten Wochen schon noch schulen. Bei Sally stellt sich heraus, dass ihr der Wirt das gleiche einfache Zimmer geben wollte, womit sie aber nicht einverstanden war. Als sie gedroht hat, zu gehen, hat er ihr eines mit Dusche gegeben. Und auch den Preis hat sie so weit heruntergehandelt, dass sie für zwei Nächte kaum mehr zahlt, als für einen Anfänger eine Nacht in dem einfachen Zimmer

kostet. Na ja, die beiden sind ja schon länger in der Türkei unterwegs und sind über den Osten angereist, wo sicher niedrigere Preise normal sind. Trotzdem ist es ein dummes Gefühl, den schlechtesten Preis ausgehandelt zu haben. Warum eigentlich? Wo kommt das ungute Gefühl her? Ob es die Vorstellung ist, von Sally vielleicht nicht mehr ganz für voll genommen zu werden, wenn man sich so „übertölpeln" lässt? Unsinn - und wahrscheinlich ist es genau das. Woher kommt nur der versteckte Drang, irgendwie imponieren zu wollen, wo doch wirklich nichts zu einem Kampf drängt?

Nach längeren mehr oder weniger unbedeutenden Gesprächen, bei denen vor allem Said der Wortführer ist, wird es langsam Zeit, aufzubrechen. Sally will schlafen gehen und Said seinem neuen Bekannten ein original türkisches Teehaus zeigen. Da Sally in den nächsten Tagen über den Westen die Türkei verlassen und sich nach und nach auf den Weg dorthin machen will, Said hingegen eher wieder an die südliche Küste möchte, wo auch Marmaris liegt, spricht viel dafür, sich dem Marokkaner anzuschließen. Mit diesem wird für acht Uhr morgens ein Treffen vereinbart. Da er schon länger hier ist und sich etwas auskennt, wird die Pension als Treffpunkt ausgewählt.

Die Entscheidung

Die entscheidende Weggabelung naht. Von der kleinen Mauer aus sieht man schon die Pension. Sally meint, es wäre in Ordnung, wenn sie die hundert Meter allein gehen müsste, sie ginge auf jeden Fall nicht mehr mit in das Teehaus. Als Kavalier müsste man die Dame zwar bis zum Haus begleiten, aber Sally ist bestimmt eine emanzipierte Frau, die keinen übersteigerten Wert auf Brauchtum und Formalitäten legt. Gute Nacht, bis morgen. Bis morgen.

Das Teehaus, das wenige hundert Meter weiter in einer anderen Ecke von Pamukkale liegt, ist eigentlich eine größere Halle, und sie ist gestopft voll, ganz im Gegensatz zu all den Restaurants in der Touristenhauptstraße. Hier sitzen hunderte von Männern jeden Alters bis zum Greis auf einfachen Stühlen um kleine Tische herum, trinken Tee, unterhalten sich und spielen Back Gammon - Tavla. Auch Said lässt sich einen Tee und ein Tavla bringen. Natürlich ist gegen ihn nicht zu gewinnen, wenn man nicht einmal mehr die Regeln ganz parat hat. Die Aufstellung am Anfang kann man sich sowieso erst nach etlichen Spielen merken, aber wenigstens sind in der Türkei offensichtlich die sonstigen Regeln relativ einfach, vor allem beim Ausspielen: Sobald man alle Steine im letzten Viertel hat, darf man anfangen, auszuspielen. Da muss man nicht exakt die Augenzahl haben, die man braucht, um den Stein genau hinter dem letzten Feld abzusetzen, sondern es darf auch mehr sein. Man kann also zum Beispiel auch mit einer Vier einen Stein ausspielen, der schon im vorletzten Feld ist. Wie sich herausstellen wird, birgt diese Vereinfachung Raum für taktische Variationen und vor allem für Fehlspekulationen auf taktischem Gebiet. Aber an diesem späten Abend sind die Gedanken weniger bei dem Spiel als bei Sally. War es wirklich richtig, sie allein nach Hause gehen zu lassen? Wer weiß, was man sich auf den paar hundert Metern noch hätte sagen können? Said wäre sowieso am nächsten Morgen gekommen, und Teehäuser und Tavla-Spiele gibt es sicher auch im Süden. Zu spät, aber vielleicht ist sie nachher noch auf. Wenn sich diese Spiele nicht so hinziehen würden. Und dann dauert das mit dem Tee und dem Zahlen noch so lange. Wie bitte, unkonzentriert gespielt? So? Wie recht er hat. Noch ein Spiel, weil so viele grobe Fehler drin waren? Offensichtlich ist es langweilig, einen unkonzentrierten Gegner zu schlagen. Was tut man also, um ihn zufriedenzustellen? Gewinnen. Aber das ist ohne Übung

gar nicht so leicht. Immer wieder schimpft Said über übersehene Möglichkeiten, eigene Steine in Sicherheit zu bringen, neue Brücken zu bauen, Steine zu schlagen und dergleichen Versäumnisse. Wenigstens macht er auch Fehler: Sobald er ausspielen könnte, nutzt er nicht jede Gelegenheit, seine Steine wirklich auszuspielen, sondern versammelt sie erst nach Möglichkeit auf den letzten Feldern. Das ist taktisch völlig unlogisch, wenn man es genau durchrechnet. Er kann zwar, sobald er fast alle seiner Steine auf den letzten Feldern versammelt hat, bei praktisch jedem Wurf zwei Steine ausspielen, aber bis dahin verliert er Zeit, wertvolle Spielzüge. Wieso soll man bei einer Vier nicht einen Stein ausspielen, der auf dem viertletzten Feld steht, sondern einen vom fünftletzten Feld auf das letzte stellen? Wenn man annimmt, dass bei einem Wurf jede Augenzahl von eins bis sechs gleich wahrscheinlich ist, kann beim nächsten Wurf genauso gut eine fünf kommen wie eine eins. In beiden Fällen könnte man dann einen Stein ausspielen. Bei Saids Taktik wäre dann aber der Stein vom viertletzten Feld noch übrig. Das hört sich sehr kompliziert an, so leicht es ist. Jedenfalls ist der Crack Said noch nicht darauf gekommen. Er schilt vielmehr seinen Gegner über die vermeintlich nicht durchdachte Ausspielmethode. Dass sie augenscheinlich erfolgreicher ist und die zahlreichen Fehler aus dem bisherigen Spiel fast wieder wettmacht, schreibt er dem Würfelglück zu. Glück oder nicht, es reicht nicht, noch nicht ganz, um den begeisterten Spieler zu schlagen. Nach wenigen Spielen, deren Ausgang immer knapper wird, sieht er ein, dass er noch keinen ernsthaften Gegner vor sich hat, und es ist endlich Zeit, zurück zur Pension zu gehen.

Ob Sally noch auf ist? Nein, jetzt schläft sie bestimmt schon. Für heute ist es schon zu spät, aber morgen ist ja auch noch ein Tag, zumindest ein Vormittag. Jetzt fühlt sie sich wenigstens bestimmt nicht bedrängt. Wer weiß, welche Erfahrungen sie mit Männern hat, die sie nach Hause begleiten wollen? Manchmal schlagen sich schlechte Erfahrungen in dieser Hinsicht auf die Haltung gegen alle Männer nieder.

Auf dem Weg zur Pension selbst ist nicht zu verheimlichen, dass eine ziemlich lautstarke Gruppe angekommen sein muss. Die Autonummern der Fahrzeuge und das unverwechselbare Idiom sind wohlbekannt. Das sind Angehörige eines bestimmten Volksstammes aus einer Region in Süddeutschland, deren Vertreter nicht nur als sparsam und fleißig, sondern auch als äusserst geräuschvoll bekannt sind. Und sie tun alles dafür, um ihren Ruf zu rechtfertigen. Sollen sie ihren Spaß haben, und wer dabei lauthals rumgrölen muss, der braucht das eben.

Der Wirt ist natürlich auch da und hat ein nicht ganz glückliches Gesicht auf. Aus Deutschland. Ja, die sind aus Deutschland. Die Lady ist allein zurückgekommen. Hmm. Er macht einen besorgten, fast beleidigten Eindruck. Ich habe sie gefragt, was los ist. Gut Arkadas - guter Freund? Darauf hat sie gesagt, ja, ein guter Freund. Und als ich gefragt habe, wo der jetzt ist, hat sie nur mit den Schultern gezuckt. In dem Tonfall, wie der das bringt, wird das schlechte Gewissen darüber, sie nicht begleitet zu haben, noch stärker. Das liegt wohl auch in seiner Absicht.

Alles falsch gemacht, alles verdorben, aber woher soll man denn ohne weitere derartige Erfahrungen wissen, was eine Frau in Wirklichkeit damit meint, wenn sie sagt, es wäre O.K., sie die letzten hundert Meter allein gehen zu lassen. Die Person, die die Höflichkeit und Zurückhaltung erfunden hat, gehört den Opfern ihrer verheerenden Erfindung vorgeworfen. Wie kann man nur auf so etwas hereinfallen? Was darf man bei einem Menschen glauben, den man erst seit einem halben Tag kennt? Der Fehler war eindeutig, sie nicht so weit wie möglich zu begleiten. Kein Teehaus auf der Welt ist im Nachhinein betrachtet so

etwas wert. Was muss sie auch so einen herrscherischen Dickschädel zur Schau stellen? Du kannst ruhig mitgehen, ich gehe aber jetzt ins Hotel. Punkt. Ist es da für einen anderen Dickschädel nicht naheliegend, zu sagen: Du gehst deiner Wege, ich meiner. Punkt. Vielleicht wäre sie sich sonst sogar verfolgt vorgekommen. Vielleicht war alles so richtig, wie es gekommen ist, vielleicht auch nicht. Zu spät, alles zu spät, es ist so gekommen wie es gekommen ist.

Jetzt ist sie schon in ihr Zimmer gegangen. Der Wirt merkt offensichtlich, dass die Lady seinem Gegenüber durchaus nicht egal ist, und er gibt nicht auf. Er hat noch eine letzte, verzweifelte Idee. Du kannst noch zu ihr gehen, deine Sachen packen und zu ihr ziehen, ich berechne dann dein Zimmer nicht. Jetzt übertreibt er aber. Vermutlich, nein sicher hat er eine Äußerung von ihr überinterpretiert, dass ihr Begleiter ein guter Freund oder dergleichen ist. Erstens hat der beredte Mann ihr höchstwahrscheinlich die Formulierung vorgegeben, so dass sie eigentlich nur mit ja antworten konnte, etwa wie wohl auch Omar bei seiner Frau, und zweitens hat möglicherweise das Wort „Arkadaş - Freund" in der Türkei mehrere Bedeutungen, wie in Deutschland auch, und er hat eine sehr nahe Beziehung hineininterpretiert. Bei aller Sympathie, er übertreibt sicher. Er wünscht „sich" ein romantisches Ende eines schönen halben Tages, und deshalb hat er Sally falsch verstanden.

Die würde was erzählen, wenn man nach einem gemeinsamen Spaziergang und einem Abendessen mitten in der Nacht klopft und in ihr Zimmer ziehen will. Mädchen, die von so etwas begeistert sind, hat der gute Mann wohl in amerikanischen Spielfilmen oder Seifenopern gesehen. Wenn Sally so wäre, würde sie sogar einiges von ihrer Attraktivität einbüßen. Natürlich ist es die letzte Möglichkeit auf dieser Reise, sich irgendwie näherzukommen, weil die Wege am nächsten Tag in entgegengesetzte Richtungen auseinandergehen werden. Aber wer weiß, was der Wirt da zusammenträumt. Vielleicht hat er ja recht, aber wenn nicht, endet der an und für sich schöne gemeinsame Tag äusserst unerfreulich. Sie ist sehr nett, aber viel zu schade für nur eine Nacht. Am nächsten Morgen ist ja noch Zeit, um einige Gedanken auszutauschen. Jetzt ist Zeit zum Schlafen. Sally schläft bestimmt schon. Sie scheint viel Schlaf zu brauchen, wie man an dem Mittagsschlaf und dem späten Auftauchen am Vormittag gesehen hat.

Da hilft nichts, als sich unter dem verzweifelten, resignierten Blick des Wirts selbst auf sein Zimmer zu begeben und sich schlafen zu legen oder sich wenigstens hinzulegen. Der Wirt und wahrscheinlich nicht nur er hat es nämlich geschafft, dass alle möglichen Gedanken um den Kopf kreisen, ohne das Hirn in eine Traumwelt versinken zu lassen. Immer riesiger wirkt das kleine Zimmer, in dem praktisch nur das Bett und der Rucksack stehen. Und überall sind der Wirt und Sally zu sehen, und vor allem ihre Stimmen zu hören. Geh ruhig, ich gehe jetzt nach Hause. Geh zu ihr. Zieh zu ihr. Sie hat gesagt: gut Arkadaş. Und das Teehaus: Was sollte das? Die Vernunft mahnt zur Besinnung: Das war schon alles richtig. Sally ist ein nettes Mädchen, und sicher und hoffentlich auch ein anständiges, und sie geht auch ihrer Wege, und das war s, und jetzt schlaf ein, und träum was Schönes. Und doch tauchen immer wieder die Schlüsselszenen auf. Wurde sie bei dem Gespräch beim Abendessen schon zu sehr vernachlässigt? Wäre es ihr doch lieber gewesen, die letzten hundert Meter zur Pension nicht allein gehen zu müssen? Hat sie die Entscheidung, doch ins Teehaus zu gehen, übelgenommen? Hatte der Wirt mit seiner größeren Lebenserfahrung vielleicht doch recht? Was war an dem Vorschlag des Wirtes, doch noch bei ihr anzuklopfen? Dagegen kämpft die Vernunft. Es war bestimmt am besten so, wie es gekommen

ist. Der Wirt wollte eine „romantische" Wahrheit konstruieren. Höchstwahrscheinlich waren die Vorschläge des Wirtes für Sally genauso lästig. Schließlich geht es hier nicht darum, irgendwelche Punkte für intime Kontakte zu sammeln. Die Bemühung, alleinreisende jüngere Gäste einander näher zu bringen, in Ehren, aber so eilig ist es auch nicht... Entschuldigungen, Bilder, Trost, der Wirt hat alles übertrieben und falsch gesehen... So dreht sich nach und nach alles immer und wieder.

Das Morgengrauen kommt fast als Erlösung. Ein Rundgang um das Haus tut gut. Der Rucksack wird gepackt. Eigentlich ist bis auf den Beutel mit Waschzeug nicht viel zu packen. Bald ist es acht Uhr, und Said müsste kommen. Wieder einmal wird das obligatorische Schreibzeug mit der Landkarte in die Hand genommen und auf einen Tisch im Innenhof gelegt. Der Wirt lässt auch nicht lange auf sich warten. Wo ist die Lady? Sie schläft vermutlich noch. Schließlich ist sie am vorherigen Tag erst um halb elf zum Frühstück gekommen.

Said kommt pünktlich um acht Uhr. In aller Ruhe wird in der Pension ein Frühstück eingenommen und über dies und jenes geredet. Sally ist immer noch nicht aufgetaucht. Said schlägt vor, zuerst nach Dalaman zu fahren. Das liegt nicht sehr weit weg von Marmaris. Und in der Nähe kennt er noch einige sehr schöne Orte. Das hört sich gut an. Das ist gut, du wirst sehen. Inzwischen rückt die Abfahrtszeit für den Bus nach Selçuk um Viertel nach Zehn immer näher. Vielleicht hat Sally ihre Pläne geändert. In der Türkei fahren ja zu fast jeder Uhrzeit Busse in jede beliebige Richtung. Jetzt um Viertel nach Neun könnte man sie aber vorsichtshalber wecken, ohne sich unbeliebt zu machen. Aber bei dem Wetter schläft sie sicher nicht mehr, vor allem, da sie ja am Abend sehr früh ins Bett gegangen ist. Vermutlich ordnet sie nur noch in Ruhe ihre Sachen und hat sonst alles im Griff. Bestimmt ist es unnötig, sie zu wecken.

Said möchte also einige Orte an der südlichen Küste wiedersehen, die ihm besonders gut gefallen haben. Dir werden sie bestimmt auch sehr gut gefallen. Wenn er sich dessen so sicher ist, wird dem schon so sein. Außerdem passt es sehr gut, dass von diesen Orten aus Marmaris in kürzester Zeit zu erreichen ist. Said will sich vermutlich nicht allzu weit aus dieser Region entfernen, weil er möglicherweise mit dem Gedanken spielt, vielleicht doch noch einmal in ein bestimmtes Städtchen zurückzukehren, wo er sich in eine junge Frau verliebt hat und umgekehrt. Ihr Freund hat ihm zwar nahegelegt, sich nicht mehr sehen zu lassen, aber einmal ist er bereits zurückgekehrt. Vermutlich muss er jetzt noch einmal Mut sammeln für den nächsten Versuch. Und inzwischen kann er ja die schönsten Orte in der Gegend besuchen.

Gegen zehn Uhr geht auf einmal die Tür von Sallys Zimmer auf, sie stürzt heraus und peilt ohne Umweg die Rezeption an, einen Raum am Ende des Restaurants, gleich neben der Straße, in dem hinter einem Schalterfenster unter anderem eine Registrierkasse steht. Auf dem Weg dorthin fällt ihr Blick auf den Wirt, den sie packt und drängt, sich ohne Verzögerung in diesen Raum zu begeben, in dem zwar schon eine Frau sitzt, der sie aber offensichtlich das nötige Tempo nicht zutraut. Sie scheint es sehr eilig zu haben. Auf dem Rücken hat sie einen fast leeren olivgrünen Rucksack mit Tragegestell und in der Hand eine große, ziemlich volle Reisetasche. Es scheint so, als ob sie unbedingt noch den Bus erwischen wollte, der in weniger als einer Viertelstunde im Ort abfährt. Da muss sie wohl darauf vertrauen, dass der Bus nicht ganz pünktlich abfährt. Warum sie nicht die Hetze bleiben lässt und einfach einen anderen Bus nimmt? Nervös, ungeduldig und nervöser steht sie vor der Kasse, während der Wirt die Rechnung ausstellt. Das ist die letzte Gelegenheit, mit ihr Kontakt aufzunehmen. Hallo Sally. Sie schaut etwas verwundert, aber dann

doch freundlich: Ah, hallo. Äh, gute Fahrt und viel Glück. Danke, ebenfalls, man sieht sich. Wann? Vielleicht nie. Sie lächelt, bekommt die Rechnung durch das Fenster zugeschoben, schiebt ein paar Scheine zurück und rennt los.

Neue Ziele

Und schon beginnt ein neuer Abschnitt der Reise. Sally, gestern noch wie eine alte Bekannte, ist nicht einmal vierundzwanzig Stunden nach dem kennen lernen schon wieder tiefste Vergangenheit. Said schlägt vor, zuerst nach Dalaman zu fahren. Der Wirt, der wohl auch wegen der nicht in seinem Sinne zustande gekommenen Geschichte mit Sally nicht gerade fröhlich ist, bemüht sich um Gelassenheit. Wo wollte sie denn so schnell hin? Sie muss in zehn Minuten bei ihrem Bus sein, darf ich jetzt auch zahlen. Ja, zahle bitte bei der Dame an der Kasse. Zwei Nächte, wie die Frau von eben? Ja, und ein Aubergine-Kebab. Sie rechnet und nennt einen Preis, worauf dem Wirt aber wieder einfällt, dass in diesem Fall ein etwas höherer Preis vereinbart war. Auch gut, Hauptsache weg von hier, so schön es auch zeitweise war. Jetzt muss die Reise weitergehen, das alte zurückgelassen werden. Weg von hier.

Da ständig Busse nach Denizli fahren und dort ein großer Busbahnhof ist, hat es keine Eile, Pamukkale zu verlassen. Daher kann man auch noch der Einladung eines jungen Teppichhändlers folgen, der Englisch spricht und seine Teppiche herzeigen will. Wir kaufen aber ganz bestimmt keine. Aber anschauen könnt ihr welche. Sein Angebot umfasst offensichtlich eher kleinere Teppiche und Brücken, oder er hofft, bei den Rucksacktouristen wenigstens die kleinen Teppiche los zu werden. Die Bodenbeläge beziehungsweise Wandbehänge sehen nicht schlecht aus, aber sie werfen einen nicht um, wenn man die grandiosen Kunstwerke in Istanbul gesehen hat. Und wenn man nicht allzu gut gelaunt ist, kann man an jedem der Teppiche etwas auszusetzen finden. Der ist zu knallig. Der ist langweilig. Der ist zu dunkel und traurig. Wieso hat der überall, um jedes Muster, Trauerränder? Mit letzterem Urteil ist Said überhaupt nicht einverstanden, er ist von dem Teppich begeistert. Da er sowieso nicht gekauft wird, ist das aber nebensächlich. Nichts für ungut, auf Wiedersehen.

Die Haltestelle für die Minibusse nach Denizli ist gleich erreicht, und die knapp zwanzig Kilometer zum Busbahnhof sind bald geschafft. Dort wird es wie bei der Herfahrt etwas hektisch. Da etliche Busse eng nebeneinander stehen, hört man vor lauter Angeboten seine eigene Stimme nicht mehr. Aydin Aydin Aydin! Ankara Ankara Ankara! Vor jedem der Busse steht mindestens ein Mann, der ständig Ortsnamen brüllt. Nicht nur sein eigenes Wort versteht man nicht, auch die Ortsnamen werden im allgemeinen Stimmengewirr undeutlich. Wir müssen Richtung Marmaris, das ist eine der größeren Ortschaften in der Gegend, aber wir steigen früher aus und fahren dann mit einem anderen Bus weiter. Gut. Die Aufgabe besteht also jetzt darin, aus dem Gebrüll irgendwo den Namen Marmaris herauszuhören. Hat der nicht etwas von Marmaris gesagt? Es hat sich zwar aus dieser Ecke eher wie Dalaman angehört, aber das wäre ja eigentlich noch besser. Aus so einem Stimmenwirrwarr hört man vermutlich alles heraus, woran man gerade denkt. Der junge Mann, der am nächsten steht, bittet darum, einzusteigen. Nerededen? Wohin? Marmaris? Ja, ja, steigt nur ein, schnell, schnell. Er nimmt sich der Rucksäcke an und legt sie ins Gepäckfach. Ob er bei dem Lärm die Frage nach Marmaris überhaupt gehört hat? Ob er nicht auch nur gehört hat, was er gern gehört hätte? Aber er hat so ausgesehen, als ob er sich sicher wäre, dass er die richtige Richtung nimmt. Außerdem ist der Bus inzwischen sowieso schon losgefahren.

In der Zeit gibt es für uns kein Zurück.

*

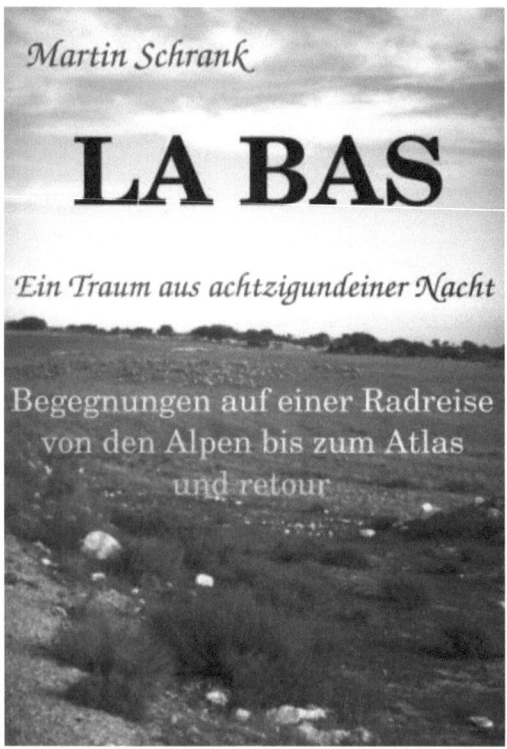

Eine tödliche Falle?

Auch die Zeit in diesem Krankenhaus wird bald Vergangenheit sein. Die Stunden in der Türkei sind praktisch gezählt. Der Transport zum Flughafen soll viereinhalb Stunden dauern. Aber vorher wird wohl ein Problem auftauchen, das bisher völlig verdrängt worden ist: Der Transport zum Krankenwagen. Hält der Rücken nach viereinhalb Tagen im Liegen noch einmal einen Transport auf dem wabbelig überzogenen Stahlgestell aus? Bringen die Helfer das Ding wieder über die enge Treppe hinunter, ohne ihre Hauptlast zu verlieren?

War's das?

Ganz plötzlich, zwischen Frühstück und Nachsinnen, muss es wohl wirklich ernst werden mit dem Transport. Das ganze Zimmer scheint auf einmal voll zu sein von Leuten. Wenn man sich nicht aufsetzen darf, ist es nicht leicht, den Überblick über das Zimmer zu bewahren. Schwester Gihan erklärt kurz, worum es geht. Die zwei Männer helfen dir zum Krankenwagen. Dann muss sie in ein anderes Zimmer. Vorher deutet sie aber noch auf eine schlanke, dunkelhaarige Frau. Das ist die Mutter des kleinen Jungen. Sie kann perfekt deutsch. Falls du noch etwas brauchst, kannst du sie bitten, es zu übersetzen. Vielen Dank. Also, mach's gut, gute Reise, und werde wieder gesund. Das habe ich vor. Auf Wiedersehen und vielen Dank.

So, wie geht's jetzt weiter? Einer der beiden Männer, die den Transport über die Treppe bewerkstelligen sollen, erklärt, was sie vorhaben. Die Treppe ist sehr eng. Das ist zu problematisch mit der Trage. Diese Erkenntnis kommt nicht überraschend. Aber welche andere Möglichkeit gibt es? Darüber haben die beiden sich schon Gedanken gemacht. Wir werden dich gut stützen. Oder wenn du nicht gehen kannst, tragen wir dich mit dem Stuhl.

Jetzt wird es brenzlig. Der Krankenwagen wartet, und den beiden muss noch das mit dem gebrochenen Rücken erklärt werden, und die Tatsache, dass der Orthopäde jede Bewegung verboten hat. Und das Wichtigste ist, dass man dabei freundlich bleibt, damit sie das gerne kapieren und verstehen, dass man mit ihnen zusammenarbeiten will und nicht einfach aus Verdruß oder Bosheit Schwierigkeiten macht. Obwohl die ganze Misere vorhersehbar war, obwohl sie sogar ganz klar vorhergesehen worden ist, schnürt sich jetzt trotzdem die Lunge zu. Diesmal wird es wirklich ernst, so kurz vor der nächsten Ebene, der Behandlung in einem besser ausgestatteten Krankenhaus. Ruhig bleiben, keinen Fehler machen, nicht ungeduldig werden, aber trotzdem bestimmt wirken, Luft holen, Luft!

Entschuldigung, aber mein Rücken ist gebrochen und darf nicht bewegt werden. Der Mann, der englisch spricht, nickt verständnisvoll. Kein Problem, du darfst dich auf den Stuhl setzen, und wir tragen dich. Da würde der Rücken aber abgeknickt, und zwar genau da, wo er gebrochen ist. Luft holen. Die Handzeichen und das an der entsprechenden Stelle begleitende crrrk machen ihnen die Situation hoffentlich deutlich.

Aber der Krankenwagen wartet. Das ist ein Argument, das gar nicht weiterhilft. Aber was hilft? Die Standpunkte gehen ein paarmal hin und her, während wohl alle fieberhaft und vergeblich nach einer befriedigenden Lösung suchen. Die beiden Helfer werden immer ratloser. Die Ratlosigkeit droht bereits in eine verzweifelte Entschlossenheit zu münden. Die Worte werden immer stereotyper wiederholt, was wohl bedeutet, dass die Hoffnung auf eine sinnvolle Zusammenarbeit praktisch aufgegeben worden ist. Der eigene Standpunkt ist klar, und der andere macht nicht mit, obwohl er auch keine bessere Lösung weiß. Du musst runter zum Krankenwagen. Punkt. Um dich da hinzubringen, gibt es zwei Möglichkeiten, und wenn du mit keiner davon einverstanden bist, suchen wir eine aus. Für lange Diskussionen ist keine Zeit. Das sagen sie zwar nicht, aber sie denken es bestimmt. Sie müssen es denken. Der weißhaarige Chefarzt ist inzwischen auch da. Er ist wohl davon benachrichtigt worden, dass der Deutsche Schwierigkeiten macht. Jetzt haben die beiden Rückendeckung von oben. Die Lage ist festgefahren.

Der Krankenwagen wartet, und es scheint keine Möglichkeit zu geben, jemanden gefahrlos in durchgestrecktem Zustand die Treppe hinunterzutragen. Für die Brücke auf der Trage würde die Kraft womöglich nicht reichen. Außerdem scheint es für die beiden von vornherein nicht zumutbar, das sperrige Ding über die Treppe zu balancieren. Wahrscheinlich können sie es sich selbst nicht vorstellen, wie sie das machen sollen, ohne den Patienten zu verlieren. Also mit dem Stuhl oder zu Fuß. Vergiss es.

Gibt es keine andere Lösung? Die beiden werden ungeduldig. Wir helfen dir jetzt auf den Stuhl. Das war's dann wohl. Die viereinhalb Tage waren nur eine Schonfrist, Zeit, nach und nach Abschied von den Beinen zu nehmen, eine versäumte Gelegenheit, da dieser Moment, der jetzt gleich kommen wird, bisher Stück für

Stück weiter hinausgeschoben worden ist, mit dem Ziel, ihn zu verdrängen. Zwischendurch ist er wirklich aus dem Hirn verdrängt worden. Wozu ist bisher alles gut gegangen? Irgendwie muss der Moment doch zu umgehen sein, egal wie. Jetzt ist er wohl doch da.

Was wird jetzt passieren? Die beiden werden den Stuhl heranholen und dann den Patienten vorsichtig aufsetzen. Die Vorsicht wird nichts nützen. Während der Körper aufgerichtet wird, wird auf einmal ein stechender Schmerz im Rücken zu spüren sein, und vielleicht reicht die Kraft dann noch zu einem Schrei, während die beiden unerbittlich, zwar vorsichtig, aber doch zu schnell, um rechtzeitig zu reagieren, den Körper weiter aufrichten. Der Schrei wird sie dazu veranlassen, innezuhalten, aber dann wird es für das Rückenmark zu spät sein, um wenige Millimeter zu weit und für immer zu spät. Ob der Schmerz so stark sein wird, dass er zu einer Ohnmacht führt, wird sich zeigen. Sicher wird jedoch, sobald durch die Krümmung der gebrochenen Wirbel das Rückenmark durchtrennt worden ist, der Körper in sich zusammensacken. Ob das Bewusstsein bleibt oder nicht, die Kontrolle über den unteren Teil des Körpers wird für immer verloren sein. Der Rest ist dann vorerst egal. Alle werden dann verloren haben. Der Patient ist tot oder gelähmt, wird also zumindest bis auf weiteres keinen eigenen Einfluß mehr auf das Geschehen ausüben, und die anderen im Zimmer, allen voran die beiden Helfer, haben einen Schock fürs Leben. All das ist schon jetzt vorhersehbar und offensichtlich doch unabwendbar. Der Kampf ist aus.

Es wird sich nur noch um Sekunden handeln. Er war wohl von vornherein verloren. Es war wohl schon eine reife Leistung, bis hierher ohne Lähmung durchzuhalten, zweimal mit gebrochenem Rücken und lädiertem Fuß aufzustehen, meterweise rückwärts den Berg hinunterzukrabbeln, all die unsäglichen Hebeaktionen unbeschadet zu überstehen, ganz zu schweigen von dem unfreiwilligen Bad am Strand. All das war wohl eine respektable Leistung, aber umsonst.

Gleich ist es vorbei. Das Ende lässt sich jetzt nicht mehr hinauszögern. Ein paar Minuten sind vielleicht noch drin, auch wenn es nichts nützen wird. Noch ist das Bewusstsein voll da, noch ist die Kontrolle über alle Muskeln vorhanden. Noch kann der Körper sich wehren. Wenn der Patient um sich schlägt, beschließen die vielleicht, ihn mit einem Mittelchen ruhigzustellen. Dann wird alles nicht so schmerzhaft, und niemand wird sagen können, man hätte zu früh aufgegeben. Wenn schon untergehen, dann mit fliegenden Fahnen. Ein vager Funke Hoffnung schimmert durch die Resignation. Vielleicht legen die den betäubten Körper doch auf eine Trage, und vielleicht geht der Transport dann doch zufällig irgendwie gut. Jedenfalls wird keine Aktion, die zwangsläufig zu einer Querschnittlähmung führen würde, kampflos zugelassen. Der Kampf wird so lange dauern, bis sie aufgeben oder zur Spritze greifen. Der alte Chefarzt steht zum Beispiel gerade so, dass er mit einem Fußtritt in den Solarplexus mühelos außer Gefecht gesetzt werden kann. Die Fußspitzen sind schnell nach außen gedreht und können, von den durchtrainierten Oberschenkelmuskeln unterstützt, bestimmt kraftvoll nach außen schnalzen. Vielleicht würde diese Aktion schon reichen, zumindest soweit, dass sie sich vorerst um den Chef kümmern müssen und sich dann vielleicht zur Beratung zurückziehen. Das Taschenmesser ist gleich beim Verbandszeug, also leicht erreichbar im Rucksack, für den Fall, dass sie dann versuchen, mit Gewalt ein Hinsetzen zu erzwingen. Außerdem ist die Betthöhe ideal, um Angreifer durch Schläge in die Bauchgegend mit Hand, Knie oder Fuß abzuwehren. Und wenn es der letzte Kampf ist, leicht werden sie es nicht haben. Es bestehen reelle Aussichten, das Ende noch hinaus-

zuzögern. Schließlich sind Krankenpfleger keine Kampfschweine. Warum sollten die wegen eines um sich schlagenden Patienten ihre Gesundheit riskieren? Also los geht's! Aber wäre das fair, hilfsbereite Menschen ohne Vorwarnung mit schmerzhaften und möglicherweise sogar gefährlichen Schlägen zu traktieren? Warnen muss man sie schon. Eine letzte Chance sollen sie haben.

Die junge Frau versteht deutsch, sie kann ja übersetzen. Die Atmosphäre im Raum scheint zum Schneiden dicht und angespannt zu sein, nicht von Aggressivität, sondern von Ratlosigkeit. Die beiden Helfer wollen, sollen, müssen jetzt mit dem Transport beginnen.

Aber der Rücken ist doch gebrochen und darf nicht bewegt werden. Wir sind ganz vorsichtig. Erste Chance vertan. Aussichtslos. Aussichtslos. Ein letztes Aufbäumen.

Ich lass mich von euch nicht verstümmeln!

Der Schrei war bestimmt bis Istanbul und Bagdad zu hören. Die junge Frau schaut betreten. Das wird sie wohl doch nicht übersetzen. Egal, jetzt beginnt der letzte Kampf. Der Stationsarzt kommt ins Zimmer mit einem Gesichtsausdruck, der deutlich sagt: Jetzt reicht s! Er deutet auf das Bett und spricht mit den beiden völlig ratlosen Helfern. Die treten an das Bett heran, einer am Kopfende, einer am Fußende. Was wird das? Eine Brücke ohne Trage? Das wäre eine harte, sehr gefährliche Sache über die gesamte Strecke, die Treppe hinunter und durch das ganze Krankenhaus. Aber es bietet die Spur einer Hoffnung auf einen Ausweg. Nach dem Transport auf dem Stuhl würde der nächste Stuhl nämlich Räder haben. Bei einer Brücke besteht eine geringe Chance. Mit Willenskraft und bei der Aussicht auf Erfolg wird der Rücken wohl eine Viertelstunde lang steifzuhalten sein. Nur eine Viertelstunde - was ist das schon für einen Ausdauersportler?

Einer der beiden zieht noch einmal die Bänder des Stoffkorsetts an. Also wieder einmal anspannen. Nicht auf das Korsett vertrauen, hat der Arzt gestern gesagt. Javash, javash, langsam, langsam. Die beiden greifen zu. Langsam und vorsichtig heben sie die Matratze. Die Matratze! Sie heben die Matratze hoch! Die biegt sich zwar natürlich durch, aber praktisch nur der Länge nach. Ein bisschen hilft sie doch, den Rücken zu stützen. Und sie verhindert im Gegensatz zu der Trage ein seitliches Rollen. Das ist bequemer und sicherer als die Trage. Und das Stoffkorsett hilft ja vielleicht doch ein bisschen, wenn man selbst die Rückenmuskulatur anspannt.

Leider ist so eine Matratze sehr sperrig. Die beiden Ärmsten müssen augenscheinlich fast noch mehr Kraft dafür aufwenden, das Ding halbwegs ordentlich zu fassen, als dafür, das Gewicht zu stemmen. Hoffentlich entgleitet ihnen die Matratze nicht auf der Treppe. Das Keuchen und Schwitzen wirkt beängstigend. Den Gesichtern nach ist einiges an Angstschweiß dabei, vor allem auf der Treppe. Wie kann der obere das Ding in dieser steilen Lage überhaupt halten? Er schafft es, wie auch immer. Und der untere bekommt das ganze Gewicht ab. Steif halten, ganz besonders anspannen, falls ihnen die Matratze doch entgleitet. Schließlich machen sie das sicher nicht jeden Tag, und es ist wirklich schwer. Man sieht und hört, dass die Anspannung an ihre Grenzen geht. Aber sie schaffen es, eine Riesenleistung. Unten hinter dem Krankenhaus steht schon der Krankenwagen, wo sie mit letzter Kraft, aber immer noch vorsichtig, die Matratze hineinlegen, ja, die Matratze samt Patient.

Der Fahrer wundert sich vermutlich etwas, aber das scheint so abgesprochen zu sein. Auf der Matratze liegen bleiben zu dürfen, hat natürlich den Vorteil, dass damit noch eine riskante Hebeaktion gespart worden ist. Und man liegt darauf bestimmt relativ sicher auf dem Boden eines Krankenwagens, wenn der Fahrstil des Fahrers und die Kurven der Straße nicht zu extrem sind.

Professionell ist die Ausstattung dieses Sanka nicht. Wenn die Fenster oben nicht wären, könnte das genauso gut ein Lieferwagen sein. Außer einer Gasflasche, einer Matratze und einem Deutschen ist der Laderaum leer. Für Patienten gilt offensichtlich keine Anschnallpflicht.

Aber der Transport über die Treppe ist geschafft. Wenn es Wunder gibt, war das eines. Die Idee mit der Matratze war eine Rettung in letzter Minute, wie sie in einem schlechten Film zu kitschig und unglaubwürdig wirken würde. Aber es hat funktioniert. Das Krankenhaus ist Vergangenheit. Dem Personal ist eine Tragödie erspart geblieben, und sie haben einen unbequemen Patienten los. Am Ende haben sie doch alles richtig gemacht. Alles ist gut gegangen. Die Transportfahrt wird wohl auch noch zu bewältigen sein, wenn auch streckenweise sicher nicht leicht. Der Kampf geht weiter, aber die größte Spannung scheint vorbei zu sein. Jetzt gilt es nur noch, keinen Leichtsinn aufkommen zu lassen. Festhalten, man weiß nie, wann die nächste Kurve kommt, und wie sie beschaffen ist, nicht einmal, in welche Richtung sie geht. Also gut festhalten, aber wo???